日刊コンピ王2018

コンピの事典

「競馬最強の法則」
日刊コンピ研究チーム

JN164822

KKベストセラーズ

・成績、配当、日程等は必ず主催者発行のものと照合してください。
・名称、所属等は一部を除いて、2017年12月末日時点のものです。

◎馬柱&コンピ表・日刊スポーツ
◎撮影・野呂英成
◎装丁&本文DTP・オフィスモコナ

●本書を購入されたお客様へ――

本書は年度版として刊行している日刊コンピ馬券術（データ）のアンソロジー集です。本書は2018年度版としてご活用ください。

本書では、さまざまなカテゴリーに渡って、日刊コンピの買い目や消し目、特性を公開しています。データの切り口が少しでも異なると、似たようなカテゴリーでも、買い目など、一致しないケースも少なくありません。また、どのカテゴリーが的中しやすいのか、的中しにくいのかなどの優劣にもお答えできません。

本書編集部の指針として、カテゴリー別のデータと、その分析・見方を公開するということに徹し、その中から**どのカテゴリー（買い目）を選ばれるのか、そうした選択の一切は、読者の皆さまの判断にゆだねております。**

これは、例えば競馬新聞でも、同じレースで記者（ＴＭ）の人数分だけ、異なる印がつくのと同義とお考えください。情報（コメント）でつく◎もあれば、調教でつく◎、血統でつく◎もあるということです。

誰かひとりの記者の印（予想）に沿って買うのか、何人かの印を併せて買うのか、自分の予想の参考にするだけなのか。さまざまなケースがあると思いますが、結局はお客さまの選択になるということです。

また、巻頭企画「王様判定ボード＆女王様シート」に現れるコンピ順位はあくまで買い目の候補であり、本書の他企画と同様、**馬券は自己責任において購入**お願いいたします。

以上、なにとぞご了承よろしくお願いいたします。　＜本書編集部＞

ボードの審判が今、下る！

気軽に日刊コンピ馬券術の凄さを味わってみよう——こんなコンセプトから始まった「王様判定ボード＆女王様シート」企画も、日刊コンピ・ファンの皆さんの後押しを受けて、これで６回目。

前回は「競馬場別」「枠順別」といった〝先祖返り〟のジャンルだったが、今回はまったく新分野の「九星」「開催日」という、〝その日〟にちなんだ新分野にチャレンジだ。とかく勝負ごとでは、その日の運勢など気にする方も多いだろう。日刊コンピの〝その日〟の傾向は、王様ボードでどう現れるのか。コンピの不思議な世界に今、ご招待！

※今回の女王様シートは巻末（P171 〜）にまとめてあります。そのほうがボードを重ねやすいという、読者の方の声があったからです。2018 年の「九星」「開催日」早見表もラストに付けてあるので、ご活用ください。（ボード＆シート製作・本書編集部）

不思議なコンピワールドを体感!

九星開催日

王様

王道の競馬理論では見つからない穴馬も、コンピでなら拾える

ここ数年の「王様判定ボード＆女王様シート」攻略は、データ面を重視してボードを作成していたが、今回は〝出目的要素〟を強く意識している。

日刊コンピ馬券術に限らず、競馬攻略法は根拠や理屈がしっかりとしたものが現在の主流だ。ラップ馬券術にせよ、時計理論にせよ、必ずといっていいほど数字やデータとの整合性が問われることが目立つ。しかし、当たり前だがどの馬券術でも、百発百中とはいかない。

もちろん、精度の高い馬券術を使いこなしている御仁もいることだろう。しかし、競馬はすべてのレースが理屈で決まるものでもないだろう。誰もが〝こんな馬は買えない〟という結果をイヤといっていいほど味わっているはずだ。

ところがコンピ馬券術では、競馬予想では王道のラップや時計理論などでは買えなかった、思わぬ穴馬を拾えることが少なくない。例えば、コンピスト（日刊コンピ指数で馬券を買っている人）には有名だと思うが、指数49～46に合致する馬は穴のヒモとして激走することがある。

２０１７年のＧⅠ戦線でも、桜花賞は指数49のレーヌミノルが10番人気（40・８倍）で１着となっているし、続く皐月賞でも指数46（56・1倍）のダンビュライトが3着に入り、３連単１０６万４３６０円に貢献した。

17年は他にもスプリンターズSで指数48のワンスインナムーン（16・0倍）が3着、菊花賞では指数48（30・９倍）のクリンチャーが2着に入り高配当に絡んでいる。

もちろん、この中には理詰めでピックアップできる馬もいただろうが、コンピの世界では「指数49～46が穴のヒモ候補」ということを知っているだけで、浮上する穴馬たちだ。

個々の馬の特徴を知らなくても、コンピで穴馬を見つける方法はいくらでも存在しているのだ。そういった意味でコンピは統計的なデータも有効だが、出目的な要素も強いといっていい

だろう。

オカルトではなく、編集部秘蔵の
コンピ・データが不思議の世界を解明

今回の「王様判定ボード」と「女王様シート」では、開催日別、九星別の2種類を用意した。

これまで通り、開催日別の王様ボードとシート、九星別の王様ボードとシートを対《つい》にして使用するという、いたってシンプルな作業から買い目候補を抽出。その具体的な使い方はP12～13、18～19をご覧いただきたい。

この王様ボードの企画も、本書編集部秘蔵のコンピ・データがベースになっているが、本書中の他の企画でもあらゆる角度から分析したデータが詰まっている。

競馬場ごとの1位の強さ（複勝率の高さなど）や騎手ごとによる分析、クラス別の順位や指数別の成績など、馬券術というよりはデータ集としての役割を多く掲載している。つまり、コンピに関するデータ事典といっていいだろう。

コンピはデータ収集方法や管理が意外と難しい。日刊スポーツ紙上はもちろん、日刊スポーツのサイト（極ウマ・プレミアム、URLなどはP48参照）でも公開されているが、データを集計するのは意外と大変だろう。そういった意味で、本書を見直してもらえれば、さまざまな角度からコンピのデータが手に入るはずだ。

そういった意味で、当ボード企画はもっと気楽にコンピ馬券術（データ）に触れてもらうために、出目的な要素を強くして作成したのだ。

もちろん、出目だって一定期間の集計を要しなければ、ただの当てずっぽうになってしまう。

基本的にコンピ馬券術は「1位を買えるのかどうか」を意識するだろう。そこで、14年1月5日～17年11月26日をデータ集計期間（以降、特に断りのない限り、集計期間と表記）として、さまざまな角度から分析した。

そのうちのひとつが**開催日とコンピとの相関関係**である。

集計期間におけるコンピ1位の複勝率は62・

８％だった（平地のみ）。同期間における１番人気の複勝率が64・０％なので、若干、複勝率は低い値となるが、コンピ１位は１番人気に代用できるシロモノだろう。

また、ひと口にコンピ１位といっても、指数は90を上限とし、下限は62までと幅広い（64〜62が１位だった例は極端に少ないが……）。当然、１位90と69以下では複勝率に大幅な差が出てくるのだ。

集計期間における１位90の複勝率は82・９％ある。しかし、なんと**開催日別に見ると、大きな差があること**が今回判明したのだ。

表１は１位90の開催日別成績。以前は１開催というと４週間（８日間）開催を基本としていた（現在はその限りではない）。例えば１回中山開催の１日目というと、よほどのことがない限り、「金杯デー」ということになる（18年は１月６日）。

今は１開催４〜12日間と弾力的に行なわれることになっている。このあたりはいちいち説明

表１●１位90の開催日別成績（2014年１月５日〜17年11月26日）

開催日	着別度数	勝率	連対率	複勝率	単回値	複回値
１日目	45- 19- 14- 11/ 89	50.6%	71.9%	87.6%	79	97
２日目	46- 13- 11- 21/ 91	50.5%	64.8%	76.9%	73	84
３日目	48- 17- 10- 15/ 90	53.3%	72.2%	83.3%	84	91
４日目	51- 20- 8- 10/ 89	57.3%	79.8%	88.8%	86	96
５日目	46- 19- 10- 18/ 93	49.5%	69.9%	80.6%	80	90
６日目	32- 19- 7- 8/ 66	48.5%	77.3%	87.9%	79	99
７日目	36- 7- 7- 8/ 58	62.1%	74.1%	86.2%	96	94
８日目	25- 14- 6- 19/ 64	39.1%	60.9%	70.3%	62	79
９日目	18- 2- 4- 5/ 29	62.1%	69.0%	82.8%	95	91
10 日目	7- 6- 1- 1/ 15	46.7%	86.7%	93.3%	72	102
11 日目	3- 2- 0- 4/ 9	33.3%	55.6%	55.6%	52	60
12 日目	7- 0- 0- 0/ 7	100.0%	100.0%	100.0%	155	111

2017年11月26日、ジャパンCデーの日刊スポーツ。この日は５回東京の最終日（８日目）だった。１日目は初日、８日目は最終日と表記されることもあるので、ご注意を。

すると長くなるので、競馬新聞やスポーツ紙新聞を見れば、その日に行なわれる競馬が○日目と掲載されているので、そこを参照してほしい。

改めて1位90の開催日別成績を見ると、意外なことに気づくだろう。1位90の複勝率は集計期間では82・9％と先ほど紹介した通りだ。しかし、開催日別で検証すれば、明らかに信頼度に違いがあることがわかる。

例えば、1日目（初日）の開催日では1位90の複勝率は87・6％と集計期間の複勝率を約5％上回っている。一方、2日目は76・9％と6％も低い。1位90といっても、初日と2日目では複勝率で11％も差があるのだ。

これが8日目（8日間開催なら最終日）になると、複勝率70・3％という具合で、初日に比べて17・3％も数字が低い。

開催日数が少ないとはいえ、1位90が11日目に出現した際は、複勝率はなんと55・6％なのだ。一方で、12日目に出現した場合は7戦全勝という状況だ。

1位90が初日に複勝率が高くて、8日目は低いというのは、確かな根拠があるものではないだろう。推測として開催の最終日に該当する8日目は芝なら馬場状態が悪化したり、ダートでも上級条件の番組が特別以降のレースで組まれたりするので、波乱要因を抱えているということはあるのかもしれないが、確たる根拠にはなりえない。

該当数が少ないとはいえ、11日目に複勝率が最も低く、12日目は7戦全勝——これだって説明がつかない。ある意味、不思議なコンピ現象、いや、コンピワールドだ。

そこで開催日別ボード攻略では、1位の指数と開催日別の複勝率を元に、あらゆる傾向を想定した。

データを使ってはいるが、開催日によっては1位の信頼度が揺らぐという出目的要素を多く盛り込んでいるのだ。一応、注意しておくが、それでも1位というのは指数にもよるが、出現率は他の順位に比べてやはり高い。そのシチュエーションでの出現率は低いのに、買い目に含まれているのはそういった事情もあり、あくまでも、〝コンピ出目〟のひとつのバージョンとして、このボード攻略術を活用してもらえれば幸いだ。

「開催日」ボードから福島記念の7万馬券を割り出した!

ここからは的中例を説明しながら、王様ボード、女王様シートの使い方に触れていこう。

例えば、17年11月12日福島11R福島記念が対象レースだ。

まず、1位をチェックしよう。すると1位79で⑯サンマルティンだというのがわかる。「第3回福島開催4日目」というのも新聞に載っている。

1位79の複勝率は集計期間で58・7%だった。表2は1位79の開催日別成績を見てほしい。すると、「開催4日目」は1~8日目では2番目に低い複勝率52・7%だというのがわかること

表２●１位79の開催日別成績

開催日	着別度数	勝率	連対率	複勝率	単回値	複回値
１日目	19- 13- 15- 28/ 75	25.3%	42.7%	62.7%	68	85
２日目	32- 14- 14- 40/100	32.0%	46.0%	60.0%	90	84
３日目	19- 10- 14- 42/ 85	22.4%	34.1%	50.6%	65	71
４日目	15- 24- 9- 43/ 91	16.5%	42.9%	52.7%	43	70
５日目	30- 12- 10- 32/ 84	35.7%	50.0%	61.9%	97	84
６日目	28- 16- 17- 33/ 94	29.8%	46.8%	64.9%	90	91
７日目	16- 10- 12- 34/ 72	22.2%	36.1%	52.8%	55	72
８日目	20- 14- 10- 28/ 72	27.8%	47.2%	61.1%	80	84
９日目	11- 2- 4- 9/ 26	42.3%	50.0%	65.4%	124	95
10日目	2- 1- 0- 1/ 4	50.0%	75.0%	75.0%	275	140
11日目	3- 0- 1- 5/ 9	33.3%	33.3%	44.4%	123	67
12日目	2- 2- 2- 3/ 9	22.2%	44.4%	66.7%	68	98

福島記念の行なわれた開催４日目は全開催日で最も勝率が低いことがわかる。

だろう。このデータは福島記念の結果自体も含んでいるが、それを除いたところで、複勝率は大きくアップするものではない。

つまり、1位79は4日目では無視するのは危険だが、着外もあり得るという日なのだ。繰り返すが、なぜ4日目に1位79の成績が低迷するのかは定かでないが……このような出目的要素とデータを組み合わせて、ボードは作成された。

では、ここで「王様判定ボード」「女王様シート」を重ね合わせてみることにしよう。

最大の注意点として、王様ボードと女王様シートは対になっている。開催日別の王様ボードと女王様シート、九星別の王様ボードと女王様シートを重ね合わせよう（手順の実写詳細はP12～13）。

くれぐれも開催日別の王様ボードと九星別の女王様シートを重ね合わせないように。データは異なるし買い目が作成されないことが大半のはずだ。

福島記念の場合、開催日別の王様ボードと女

開催日別のボード&シートの使い方～

2017年11月12日福島11R福島記念＝【１位79・３回福島４日目】

３連単３位→２位→８位的中

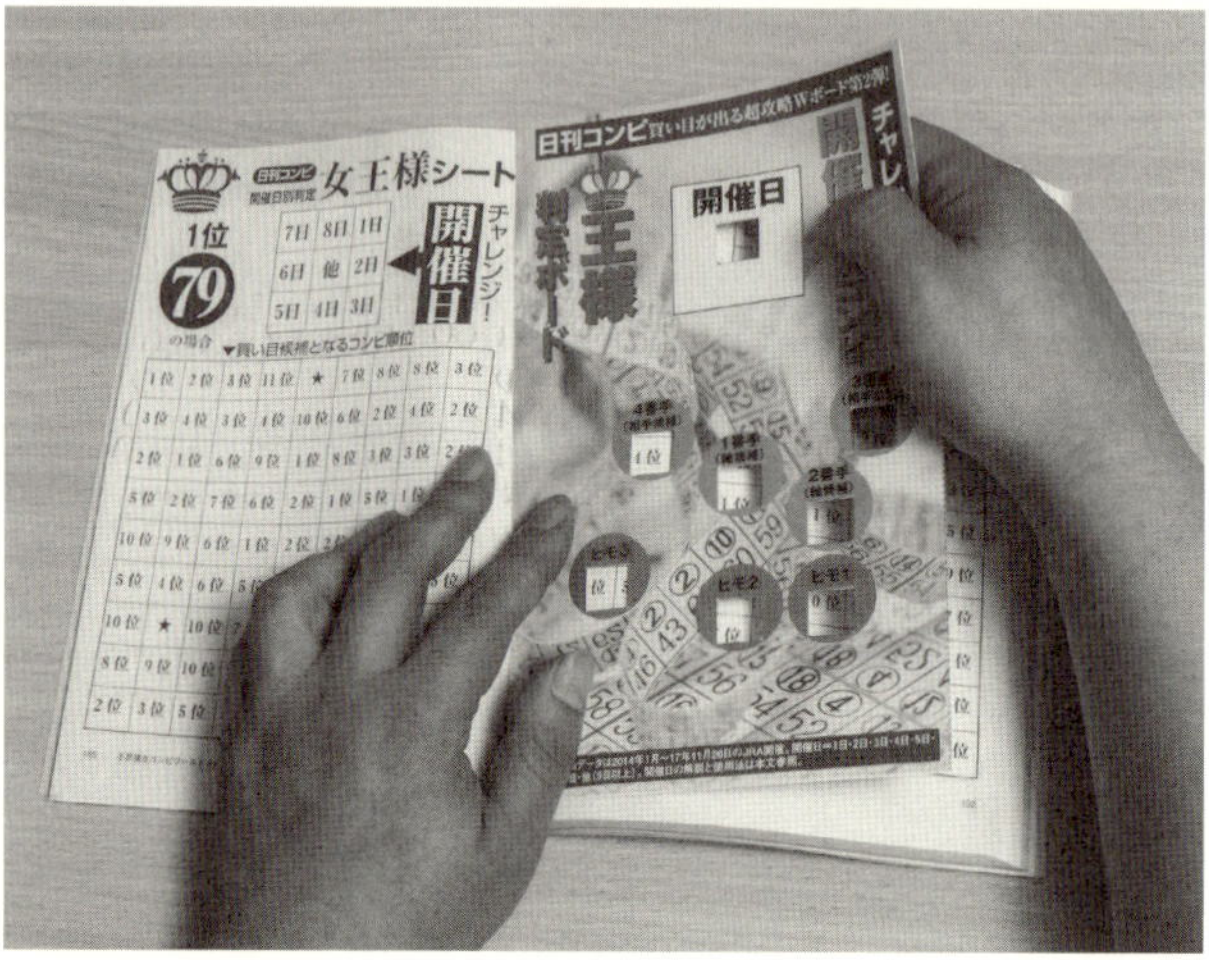

STEP 1

巻頭添付（２枚目）の「開催日別」王様判定ボードを本書から切り離し、女王様シートの該当ページを開く。この場合、１位79なのでP 187となる。

STEP 2

開催日は４日目なので、王様判定ボードの一番上のブランチ（穴の開いているマス）を、女王様シートの「４日」に合わせる。

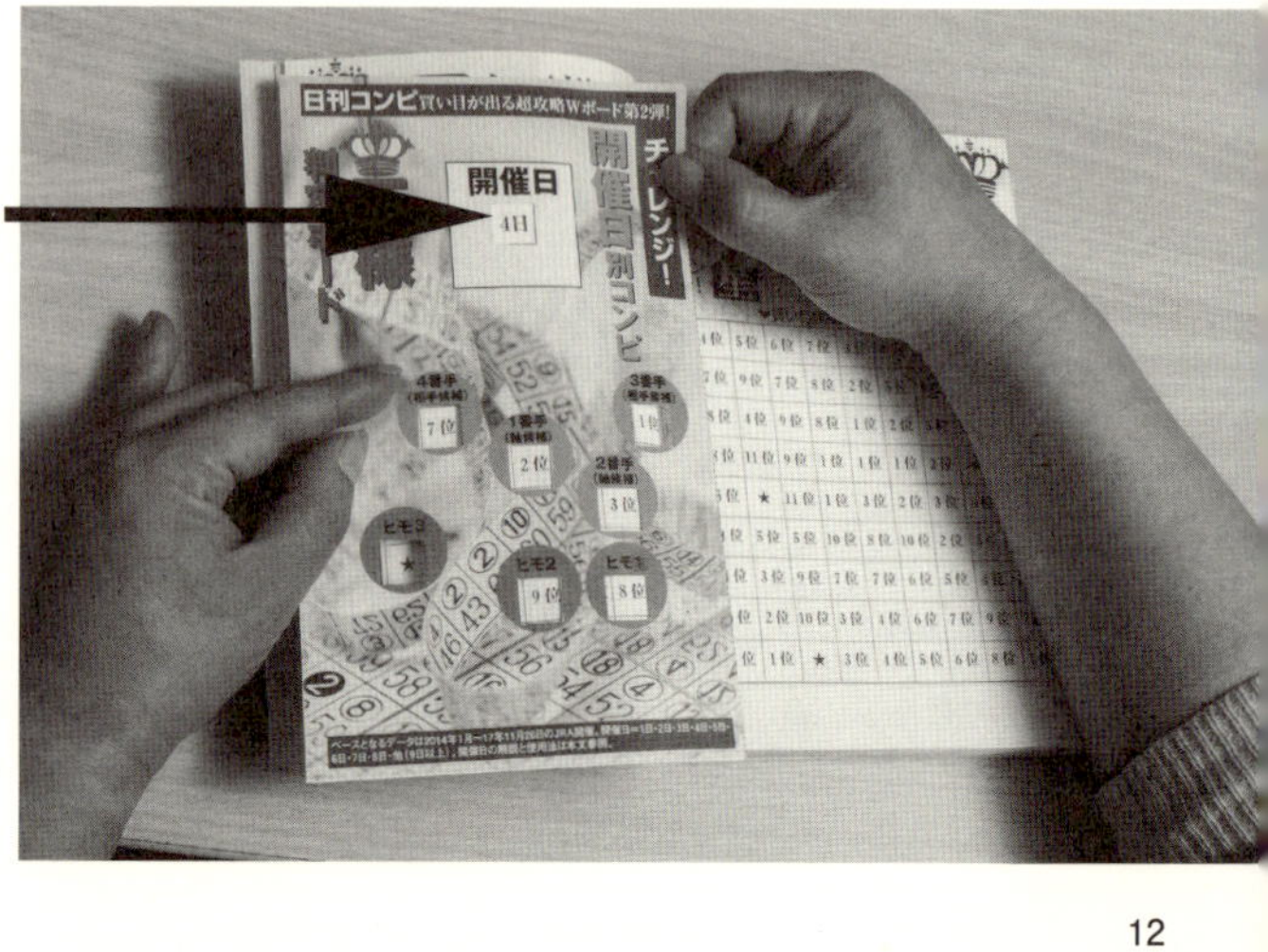

STEP 3

まっすぐ重ね合わせると、下の７つのブランチにコンピの買い目候補（順位）が出る。曲げて重ねたりすると、誤った買い目が出るので注意！　この場合、２番手（３位・③ウインブライト）→１番手（２位・⑬スズカデヴィアス）→ヒモ１（８位・⑥ヒストリカル）で決着。３連単配当は７万 5420 円。18 年の開催日の早見表は P 202 ～ 205。

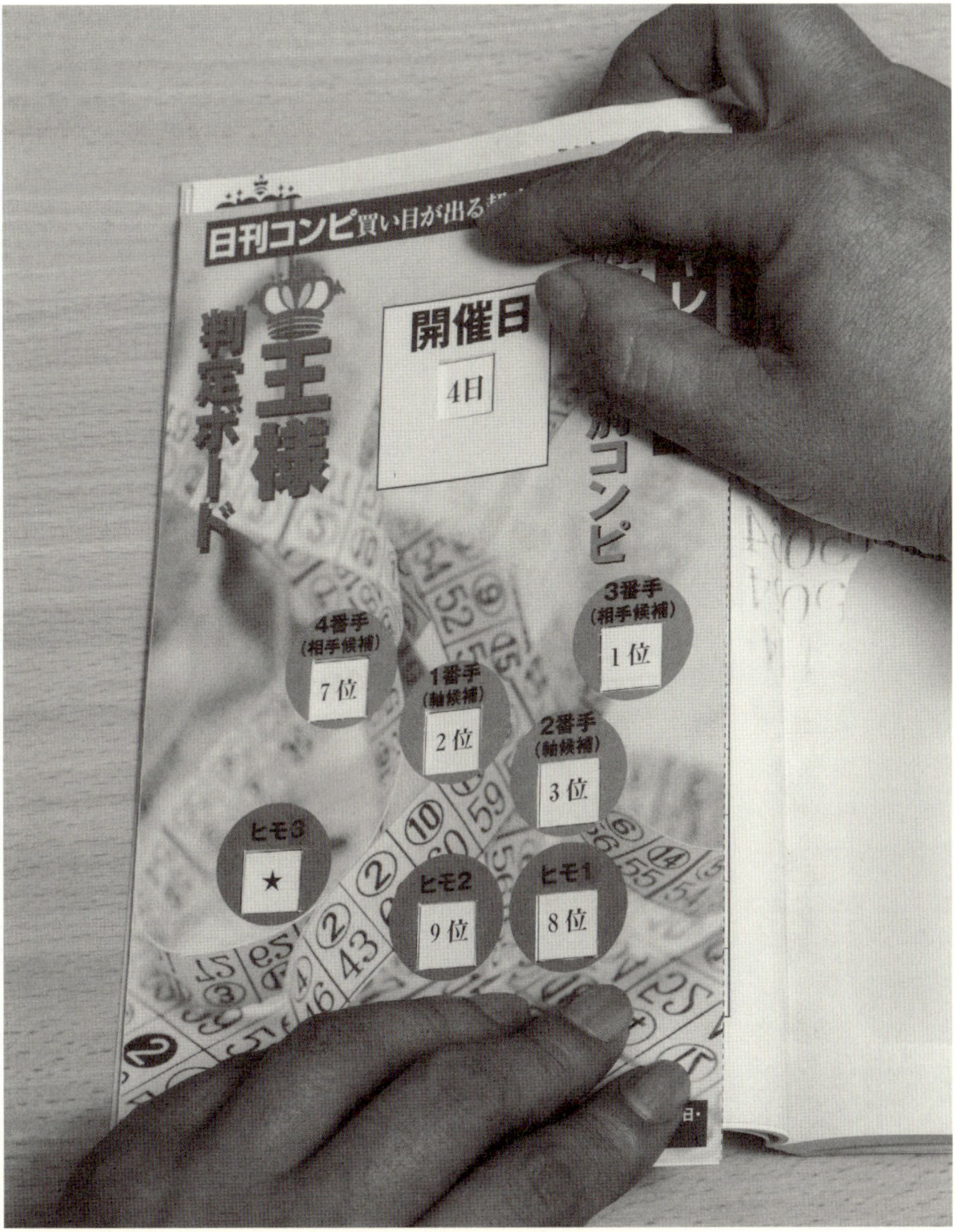

王様シートを用意する。1位79なので、シートは1位79のページを開く。そして開催4日目の欄にボードを合わせてみてほしい。

　すると、次のような買い目候補がピックアップされる。

・1番手…2位⑬スズカデヴィアス（3番人気）
・2番手…3位③ウインブライト（2番人気）
・3番手…1位⑯サンマルティン（1番人気）
・4番手…7位⑮フルーキー（8番人気）
・ヒモ1…8位⑥ヒストリカル（10番人気）
・ヒモ2…9位④ショウナンバッハ（6番人気）
・ヒモ3…★（12位以下）

　これを3連単フォーメーションで組み合わせたのが的中画像だ。

　1着に2位⑬スズカデヴィアスと3位③ウインブライトを置いて、2着に1位⑯サンマルティンと4番手候補の7位⑮フルーキーを加え、3着には1、2着に置いた4頭とヒモをマーク。★が示す12位以下の馬はレースによっては頭数も多くなってしまうが、このあたりは指数やオッズ、予算によって柔軟に買い目に入れてほしい。

　なお、同じ二ケタ順位でも10、11位は17年に3連単100万円超の馬券で絡むことが非常に多かったので、★とは一線を画し独立させた。福島記念の場合は、残念ながら10、11位の出番はなかったが、ボードを使用しているうちに、きっとドデカイ配当に巡り合うことだろう。

　レースの結果は、1着に2番人気（単勝5・4倍）で3位ウインブライト、2着に3番人気

福島 11 WIN5③ 第53回 福島記念 GⅢ
（3歳上特指・オープン・国際・ハンデ）
◆65年の創設から2000年ハンデ戦・秋の福島競馬の名物競走
レコード＝1・57・3（13年ダイワファルコン 57.5川 須）
本紙予想 馬連 13—16 3—16 10—16 15—16 7—16 6—16 4—16 3連単
激戦 ハイペース
賞金 1着 4100万円 2着 1600万円 3着 1000万円 4着 620万円 5着 410万円
1 1 プリメーラアスール

単③ 540円
複③ 240円
　⑬ 240円
　⑥ 600円
馬連③－⑬ 2380円
馬単③→⑬ 4060円
３連複③⑥⑬
　17960円
３連単③→⑬→⑥
　75420円

2017年11月12日福島11R福島記念（GⅢ、芝2000m良）＝3回福島4日目

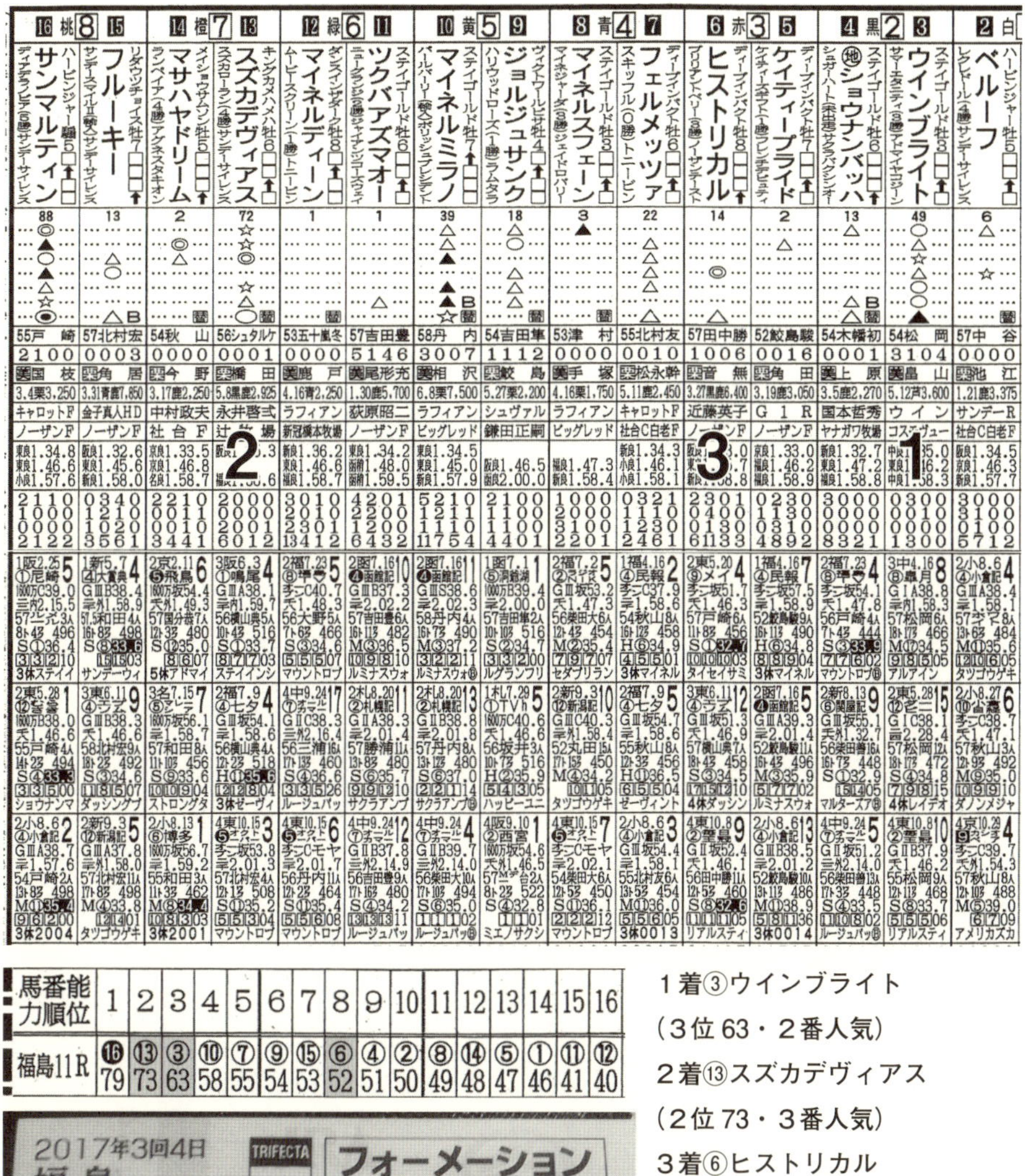

枠	馬番	馬名	騎手
桃8	16	サンマルティン	55戸崎
桃8	15	フルーキー	57北村宏
橙7	14	マサハヤドリーム	54秋山
橙7	13	スズカデヴィアス	56シュタルケ
緑6	12	マイネルディーン	53五十嵐冬
緑6	11	ツクバアズマオー	57吉田豊
黄5	10	マイネルミラノ	58丹内
黄5	9	ジョルジュサンク	54吉田隼
青4	8	マイネルスフェーン	53津村
青4	7	フェルメッツァ	55北村友
赤3	6	ヒストリカル	57田中勝
赤3	5	ケイティープライド	52鮫島駿
黒2	4	ショウナンバッハ	54木幡初
黒2	3	ウインブライト	54松岡
白	2	ベルーフ	57中谷

馬番能力順位	1	2	3	4	5	6	7	8	9	10	11	12	13	14	15	16
福島11R	⑯79	⑬73	③63	⑩58	⑦55	⑨54	⑮53	⑥52	④51	②50	⑧49	⑭48	⑤47	①46	⑪41	⑫40

1着③ウインブライト

（3位63・2番人気）

2着⑬スズカデヴィアス

（2位73・3番人気）

3着⑥ヒストリカル

（8位52・10番人気）

※1位79⑯サンマルティン

は14着

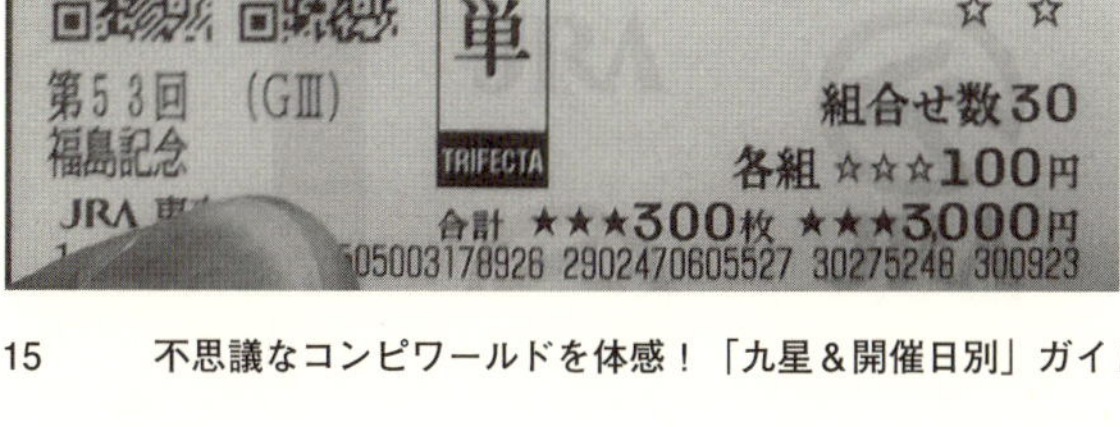

で2位スズカデヴィアス、3着に10番人気の8位ヒストリカルで決着。3連単は7万5420円とオイシイ配当だった。

ちなみに4着は16位40の⑫マイネルディーン。予算の都合で削ってしまったが、3着⑥ヒストリカルとはクビ差とわずかだった。3着と4着が入れ替わった際の配当は3連単で約43万馬券。★が出現したら極力押さえるようにすると、忘れた頃に大万馬券が的中することだろう。

どちらにしても、「1位79が開催4日目に弱い」という傾向を活かすことができたからこその的中劇だったのは間違いない。

また、女王様シートを見てもらえればわかるように、開催日はその基本単位である「1〜8日目」をメインとした。9日目以降は回数がそれほど多くないことを考慮し、ひと括りにまとめて「他開催日」としている。

1位90の例でも説明した通り、本来は11日目や12日目で違うこともあるのだが、「他開催日」については、9日目以降の総合データを基本に傾向を算出しているので、ご了承願いたい。

コンピと九星が初めて合体 最強の買い目候補が飛び出す!?

開催日の九星によって分類された王様判定ボードと女王様シートも、基本的な使い方は同じだ。ただし、こちらはより出目的要素を強くしている。

九星とは、古代中国から伝わる民間信仰や占いで用いられる区別。

一白水星・二黒土星・三碧木星・四緑木星・五黄土星・六白金星・七赤金星・八白土星・九紫火星の九つに区分されている。

巻末には18年の開催日別九星を掲載しているので、そちらを確認してほしい。

出目攻略術の類を好まれている方は、「一白だから1枠が強い」とか「九紫だから9番を狙えばいい」というようなことを見聞きしたことがあるはずだ。九星はその日のツキや勝負運を左右するともいわれたりする。そのせいか、競馬専門紙やスポーツ紙にも、九星は掲載するケースが多い。

そこで次のように、コンピの順位との相関関係を分類してみた。あくまでもコンピと九星気学とのコラボというくらいのライトな感覚で試してみてほしい。

●一白、四緑、七赤デー
…1位、4位、7位、10位、13位、16位
●二黒、五黄、八白デー
…2位、5位、8位、11位、14位、17位
●三碧、六白、九紫デー
…3位、6位、9位、12位、15位、18位

九星日を3パターンに分類し、重なる順位を基本的に狙うというもの。出目攻略術では1番、2番……という馬番を、ここではコンピの順位に置き換えたのだ。さらに、九星日別のコンピの出現傾向をデータとして加味して、今回の王様ボードを製作している（九星のデータ集計期間は17年1月5日～12月3日）。

的中例として取り上げるのは、17年10月15日京都12R藤森S（3歳上1600万下、ダート1200m）。

10月15日の九星は四緑木星日。コンピの順位でいえば、1位、4位、7位、10位、13位、16位が狙い目。

このレースの場合、1位の指数は74だった。実際、17年に行なわれた四緑木星日で1位74を満たした際、1位の成績は【3－4－1－4】（このレースも含む）という成績で、複勝率は66・7％とまずまず。1年間のコンピ1位の総合複勝率を上回っているのだ。

枠順別の王様ボードと女王様シートを用意してあてはめてみよう。1位74、四緑と書かれた女王様シートに王様ボードを合わせる（手順の実写詳細はP18～19）。

すると、軸候補の筆頭として取り上げられたのは1位⑦オアシスクイーンである。1番人気（単勝4・0倍）だが、素直に狙うのがいいだろ

九星別のボード&シートの使い方〜

2017年10月15日・京都12R藤森S【1位74・四緑木星】

3連単1位→9位→8位的中

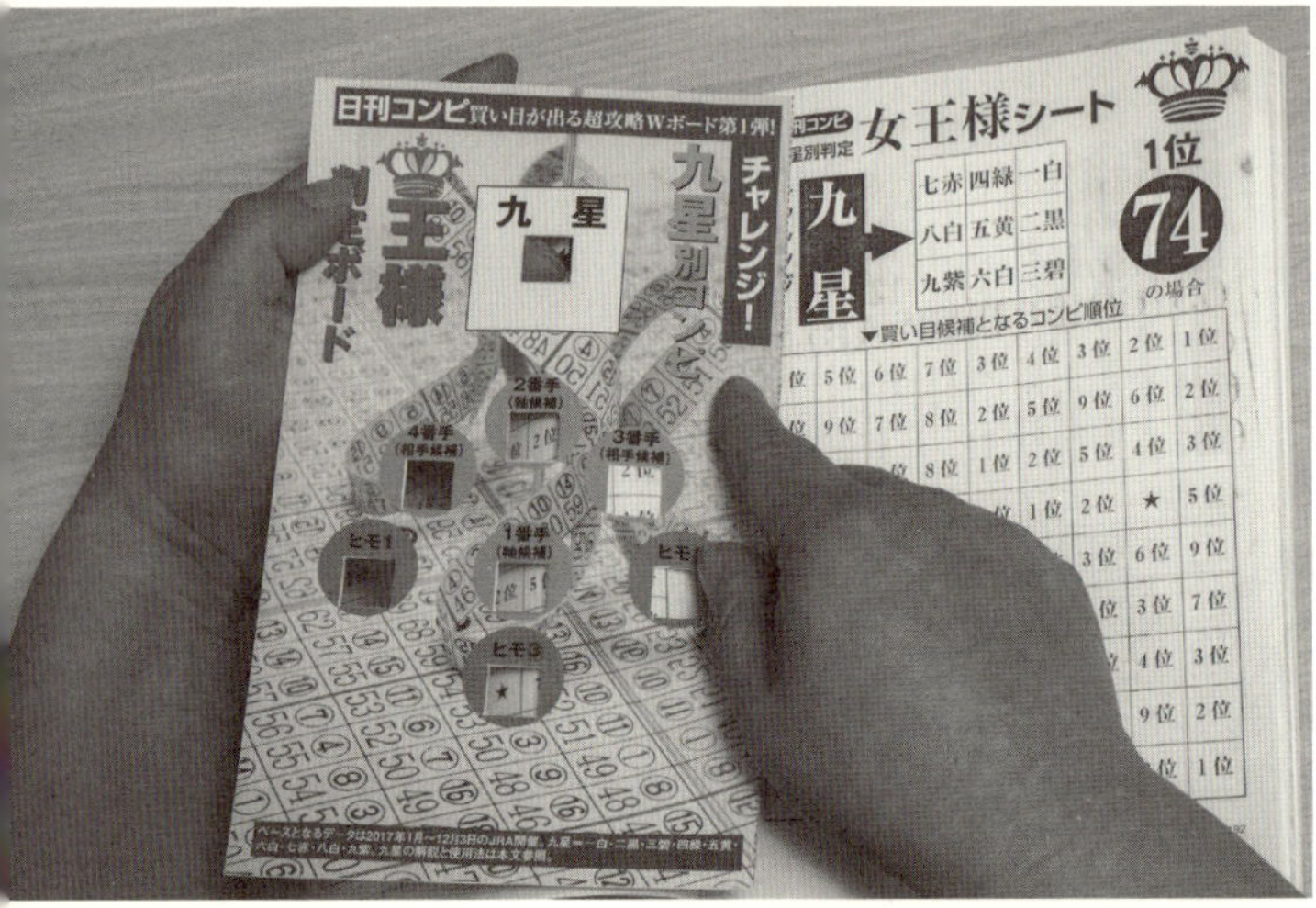

STEP 1

巻頭添付（1枚目）の「九星別」王様判定ボードを本書から切り離し、女王様シートの該当ページを開く。この場合、1位74なのでP194となる。

STEP 2

開催日は九星の「四緑木星」にあたるので、王様判定ボードの一番上のブランチ（穴の開いているマス）を、女王様シートの「四緑」に合わせる。

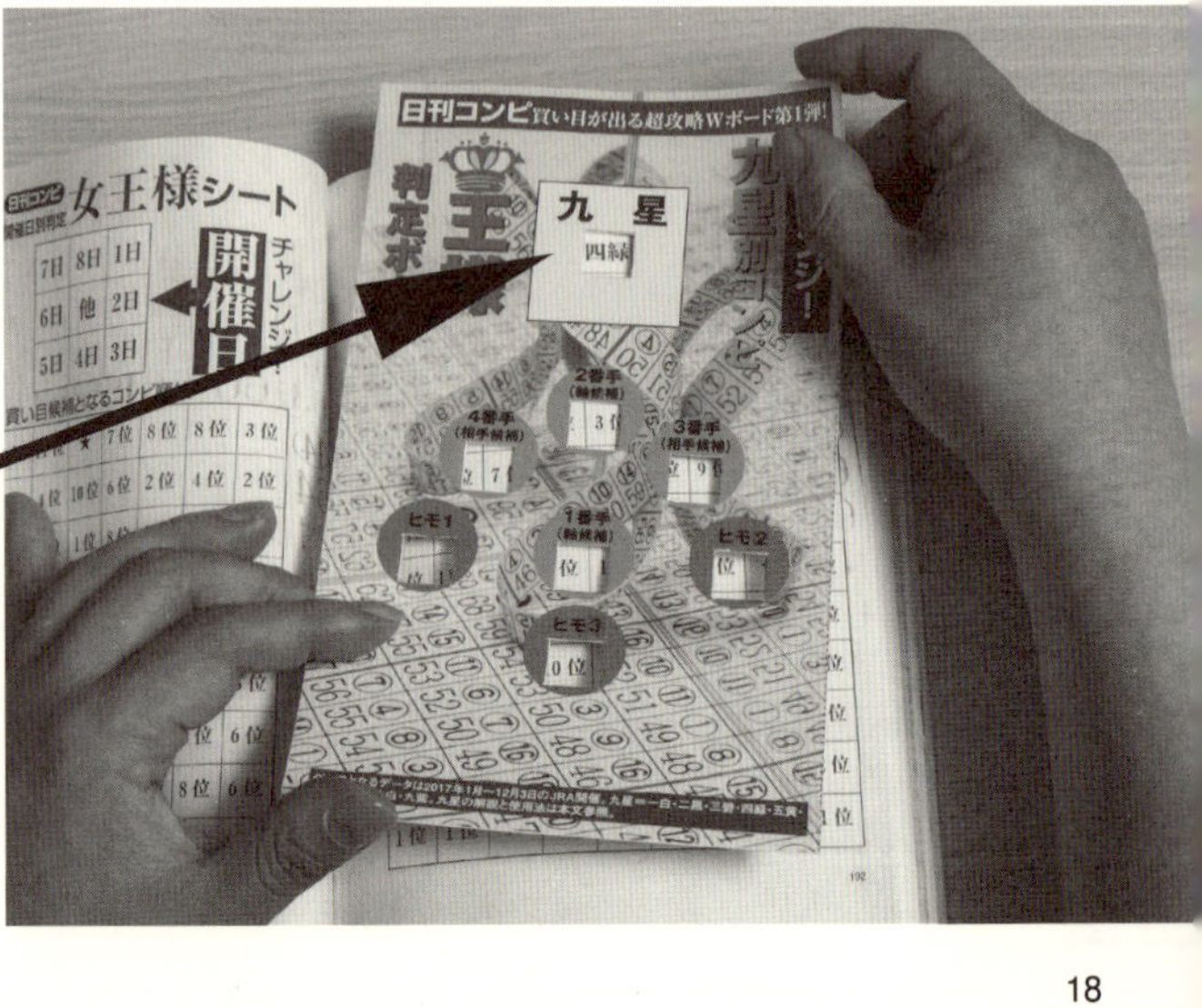

STEP 3

まっすぐ重ね合わせると、下の７つのブランチにコンピの買い目候補（順位）が出る。再三注意しているように、曲げて重ねたりすると、誤った買い目が出るので気をつけてほしい。この場合、１番手（１位・⑦オアシスクイーン）→３番手（９位・⑧サーティグランド）→ヒモ３（８位・⑬モルジアナ）で決着。３連単配当は38万6360円。18年の九星早見表はＰ202～205。

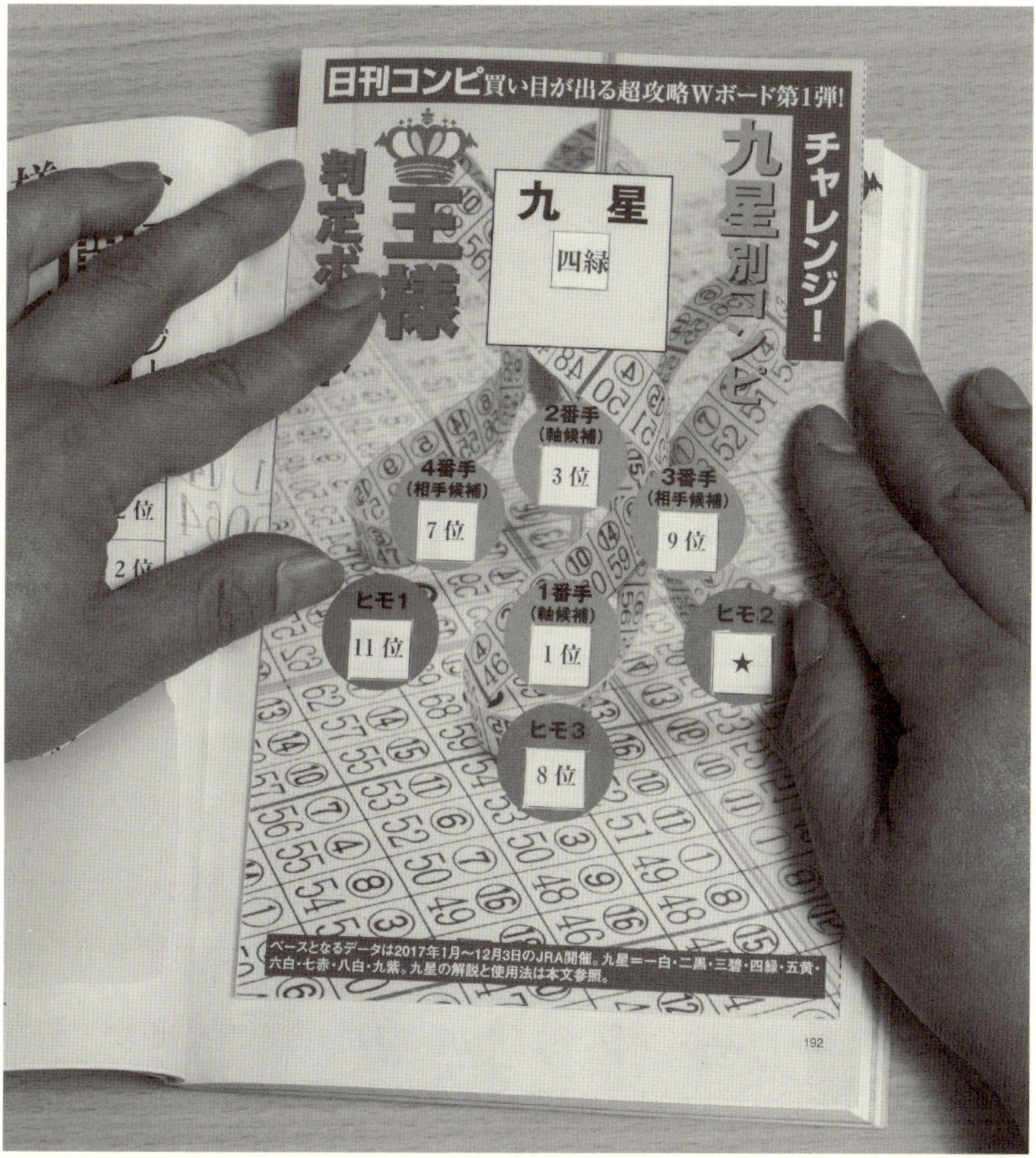

う。余談だが、〝四緑〟の〝4枠7番〟と出目の後押しもありそうだ。これも含めてボードでピックアップされるのは、次のようになる。

・1番手…1位⑦オアシスクイーン（1番人気）
・2番手…3位⑯スミレ（5番人気）
・3番手…9位⑧サーティグランド（12番人気）
・4番手…7位⑩ガンジー（7番人気）
・ヒモ1…11位②ワンダーヴィーヴァ（10番人気）
・ヒモ2…★（12位以下の馬）
・ヒモ3…8位⑬モルジアナ（8番人気）

一白、四緑、七赤デーに1位、4位、7位、10位、13位、16位が1～3着まで塊で出現してくれれば楽だが、実際はそううまくいくものではない。そのあたりは当日の九星別と1位の指数値ごとの成績で補正している。

京都
12
藤森S
(3歳上(混)[特指]・1600万円下・定量)
◆ふじのもり 京都市伏見区にある神社。5月上旬の藤森祭は有名
発走＝16時25分
ダート1200メートル
レコード＝1・09・1
(09年サマーウインド 57ルメール)
難解
ハイペース
本紙予想
馬連
1—7
7—9
7—13
2—7
7—10
7—11
7—16
賞金
1着 1820万円
2着 730万円
3着 460万円
4着 270万円
5着 182万円

単⑦ 400円
複⑦ 200円
⑧ 1250円
⑬ 650円
馬連⑦ー⑧ 12180円
馬単⑦→⑧ 17750円
3連複⑦⑧⑬ 84770円
3連単⑦→⑧→⑬ 386360円

結果は1位⑦オアシスクイーンが1着、9位⑧サーティグランド2着、8位⑬モルジアナ3着と入って、3連単38万6360円となっている（オビ表の的中例）。

ちなみに、このレース以降も含めて、1位74&四緑デーのケースでは2、3位馬はなかなか連対できず不振傾向。複勝率は41・7%とあるが、あっても3着止まりで回収率が悪いのだ。

そういった傾向を含めて、思い切って上位馬を除外しているので、九星では、先に紹介した開催日別ボードより、穴目の順位が浮上することが少なくない。

あまりにも人気薄馬が浮上する際は、3連複でもいいだろう。この藤森Sの場合、3連複でも8万4470円となっている。

●2017年10月15日京都12Ｒ（３歳上1600万下、ダート1200ｍ）＝四緑（木星）

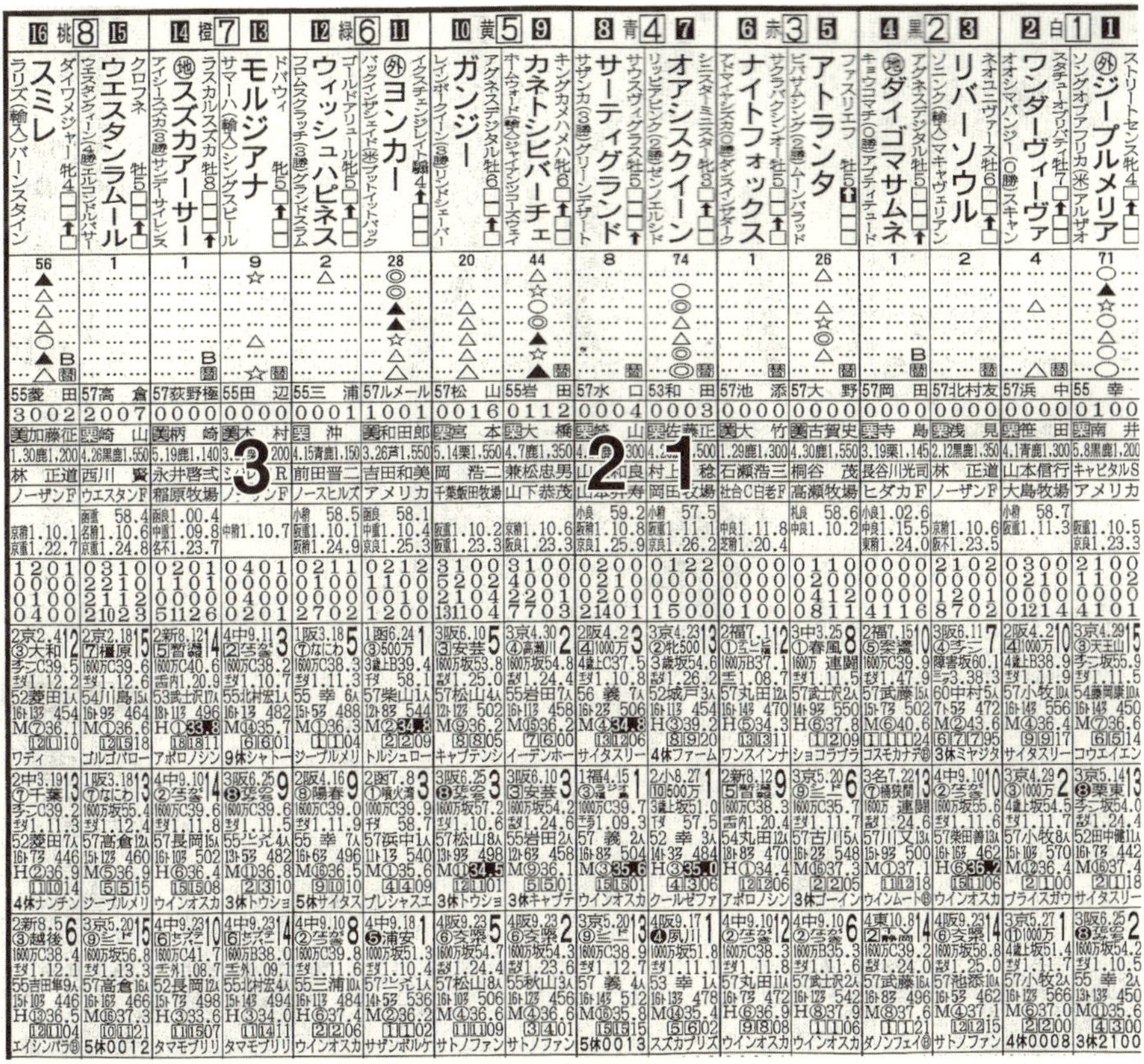

馬番	馬名	指数	騎手
1	ジープルメリア	71	55 幸
2	ワンダーヴィーヴァ	4	57浜中
3	リバーソウル	2	57北村友
4	ダイゴマサムネ	1	57岡田
5	アトランタ	26	57大野
6	ナイトフォックス	1	57池添
7	オアシスクイーン	74	53和田
8	サーティグランド	8	57水口
9	カネトシビバーチェ	44	55岩田
10	ガンジー	20	57松山
11	ヨンカー	28	57ルメール
12	ウィッシュハピネス	2	55三浦
13	モルジアナ	9	55田辺
14	スズカアーサー	1	57荻野極
15	ウエスタンラムール	1	57高倉
16	スミレ	56	55菱田

指数	1	2	3	4	5	6	7	8	9	10	11	12	13	14	15	16	17	18
12 R	⑦74	❶73	⑯67	⑨60	⑪56	⑤55	⑩54	⑬50	⑧49	③48	②47	⑫46	⑥43	⑭42	⑮41	④40		

１着⑦オアシスクイーン

（１位 74・１番人気）

２着⑧サーティグランド

（９位 49・12 番人気）

３着⑬モルジアナ

（８位 50・８番人気）

3連単超配当レースのカギを握っているのは10、11位

ここまで説明してきたように、本企画は、1位のコンピ指数がわかれば、あとは手順に沿って王様ボードと女王様シートを重ね合わせるだけ。注意点は、低順位の馬が軸候補に表れた際と★(12位以下)の取り扱いだろう。

低順位の馬が軸候補(1番手や2番手)に表れているケースは、レースそのものが大波乱になる可能性が示唆されていると思っておいてほしい。

★印が10位以下ではなく、12位以下になっている理由についても、改めて説明することにしよう。集計期間で3連単50万円超の配当は758レース出現している。先述したように、その中で10、11位がカギを握っていることがわかったのだ。

表3は3連単50万円超となったレースのコンピ順位別成績。11位は勝利数で4位に続く成績を残している。10位は複勝率の21・3%と3位を記録。こうしたデータから、10、11位は★印にまとめるのはもったいないと考えたのだ。

実際に馬券が獲れるかは別としても、10、11位絡みで凄い馬券が飛び出した例を、近走から列挙すると——。

・17年10月21日新潟7R(3歳上500万下、ダート1200m)
1着3位⑬ナニスンネン(1番人気)
2着10位⑧カンテンサス(12番人気)
3着11位③ヴァルール(16番人気)
3連複26万570円
3連単115万970円

・17年11月26日京都12R京阪杯(GⅢ、芝1200m)
1着11位④ネロ(9番人気)
2着6位⑥ビップライブリー(6番人気)
3着10位⑭イッテツ(14番人気)
3連複29万5980円
3連単1667万4510円

表3●3連単50万円超レースでのコンピ順位別成績
（14年1月5日～17年11月26日）

順位	着別度数	勝率	連対率	複勝率	単回値	複回値
1位	29- 35- 36- 654/ 754	3.8%	8.5%	13.3%	15	22
2位	51- 52- 38- 617/ 758	6.7%	13.6%	18.6%	37	44
3位	40- 42- 63- 613/ 758	5.3%	10.8%	19.1%	38	55
4位	63- 62- 48- 584/ 757	8.3%	16.5%	22.9%	89	84
5位	52- 57- 43- 603/ 755	6.9%	14.4%	20.1%	94	89
6位	51- 46- 56- 604/ 757	6.7%	12.8%	20.2%	114	102
7位	55- 51- 57- 594/ 757	7.3%	14.0%	21.5%	144	128
8位	61- 60- 52- 584/ 757	8.1%	16.0%	22.9%	303	199
9位	57- 44- 52- 605/ 758	7.5%	13.3%	20.2%	307	218
10位	56- 50- 55- 594/ 755	7.4%	14.0%	21.3%	471	283
11位	62- 57- 49- 581/ 749	8.3%	15.9%	22.4%	525	345
12位	46- 55- 47- 592/ 740	6.2%	13.6%	20.0%	396	327
13位	45- 38- 51- 579/ 713	6.3%	11.6%	18.8%	542	371
14位	38- 42- 34- 569/ 683	5.6%	11.7%	16.7%	608	388
15位	25- 34- 39- 531/ 629	4.0%	9.4%	15.6%	429	477
16位	18- 22- 23- 469/ 532	3.4%	7.5%	11.8%	512	358
17位	6- 9- 5- 124/ 144	4.2%	10.4%	13.9%	419	369
18位	3- 6- 7- 102/ 118	2.5%	7.6%	13.6%	511	507

・17年12月10日中山5R（集計期間外）
（2歳新馬、芝１８００ｍ）
1着11位⑪トーセンウィナー（13番人気）
2着5位⑩タカラトゥーン（8番人気）
3着10位⑦タケショウエリック（10番人気）
3連複29万２５７０円
3連単１４２万７６３０円

これだけ短期間に10位と11位が、２頭同時に馬券に絡み、3連単１００万円超の配当に寄与していることを考慮し、独立して掲載しているのだ。

★（12位以下）は以前から指摘している通り、予算などを考えて馬券を組み立ててほしい。先述したように、★が1番手や2番手に出現する際は、レースそのものが波乱となる傾向を示している。

手広く流すのもありだろうし、3連系の馬券にこだわらずワイドを購入するなど、応用してもらえれば、より的中に近づくことだろう。

以上が開催日別、九星日別王様ボードと女王様シートの使い方になる。

手順と注意事項を、最後に改めてまとめておこう。

基本的な手順や注意は別掲を参照してもらうとして、1位の指数と当日の九星または開催日がわかれば、それぞれの王様判定ボードと女王様シートを重ねるだけである。

あとはそこから導き出された順位の馬が買い目候補となるということだ。

その際に1番手は単複や軸馬として活用しやすい馬、専門紙の記号でいえば◎。2番手は3連複や3連単のフォーメーションを組む際の相手馬、印でいえば○という役どころ。3番手が▲、4番手が☆（爆弾馬）で、あとはヒモとなる。

波乱が予想されるレース（10、11位、★印が1番手や2番手に上がるレース）では、ボックスなどを活用するといいかもしれない。または★の馬からチョイスし、他の候補馬へのワイドなども有効的だろう。

買い目の工夫は各自の予算や券種などで変わってくると思うので、適宜応用してほしい。もちろん、1、2番手の馬を軸に、馬連、馬単、3連複、3連単を購入する基本的な買い目でも的中するケースは、実践例で示した通りだ。

また、ボードでカットされた馬でも、アナタが気になる馬がいればヒモに加えるなどするのも大いにありだろう。

特に3連系の場合、ボードの7頭でしとめるのは、なかなか困難。サイフの中身と相談しながら、自己責任でお願いしたい。ボードの7頭は、コンピ・データから確率的に高いものをチョイスしているが、あくまでも買い目の候補に過ぎないことを忘れないでもらいたい。

もうひとつ、読者の皆さんから、2つのバージョン（今回は「九星別」「開催日別」）で、どちらが当たるのかという声を聞くが、前回も記したように**優劣はつけられない**というのが、本書編集部の回答である。

九星と開催日という、カテゴリーがまったく違うコンピ・データから導かれる買い目候補は、同じレースであってもまったく異なる。どちらを選択するかは、読者の皆さんに委ねるというのが、ボードを2枚にした『進撃！日刊コンピ王』時からの、本書編集部の方針。なにとぞご了承願いたい。

両方買ってみるという方もいらっしゃるかもしれないが、まずは何日か（何レースか）、レース結果と本書のボード戦略を突き合わせて、どちらが自分に合っているかを見極めたうえで、実際に購入したほうが無難だろう。そのほうが、より失敗の少ない券種選択も可能になるかもしれない。

●手順の説明と注意点

①まず、開催日別か九星日別のどちらかの王様ボードを用意しよう（ここでは九星別を用意したとする）。

↓

②予想したいレースの１位指数と当日の九星を確認（巻末の早見表参照）。

↓

③１位指数が該当する女王様シートを開く。

↓

④王様判定ボードの一番上のブランチ（穴）を、シートの上部９マス中で該当する当日の九星に合わせて重ねる。

注意：この際、ボードとシートはまっすぐ重ね合わせること。また、斜めに置くなどズレてしまうと、正確な順位は反映されない。

もちろん、王様ボードと女王様シートがきちんと対応されていない場合（例えば九星のボードを開催日のシートに合わせたりすること）も正確な順位が表れず、ブランチの中に同じ順位が複数出てしまうことがあるので、絶対に間違えないこと。

また、印刷や用紙の問題から、ボードとシートのマスに多少のズレが発生する場合もあることはご了承願いたい。王様判定ボードについては、切り取り線が入っているものの、力任せに引っ張ると破損することもある。カッターを使用するなど、ていねいに切り取ることをオススメする。

●注意事項補足

①障害戦　コンピボードシリーズでは、障害戦のデータは使用していない。最大で14頭立てということもさることながら、中央4場での開催が減っていることもあるからだ。今や障害は3場開催では、ローカルが中心となっている。ただ、コンピ指数は障害も平地も区別されているものではないので、気にならなければ使用しても構わない。

②少頭数　特に問題なく使用できるが、やはり荒れるレースは多頭数のケースが多いだろう。少頭数レースのメリットとしては、ピックアップされる馬の頭数が少なくなって、点数が絞れる場合がある。ただ、さすがに10頭未満ともなると、該当する順位の馬がいない場合もあるので、状況に応じて馬券を買うかどうかを見極めてほしい。

③12位以下（★）の取捨選択　出走頭数によっては該当馬が多く、どの馬を購入していいのか難しい局面もあるだろう。

基本的に★がヒモで出現した場合は、データ上、12位以下の指数の馬が3着以内に入って、高配当を演出していたという意味を表している。前述したように、1番手、2番手に現れた場合は大波乱を、3、4番手に表れた場合は大波乱とはいえないまでも荒れる可能性があるということを示唆しているのだ。

資金に余裕がある場合は、原則としてすべての馬を押さえたほうが無難だが、該当馬を絞りたい際は、多くのコンピ予想家が指摘するように、11位以下の中から指数46以上の馬を取り上げるといったことや単勝50倍未満の馬を購入する（万馬券馬を切る）、自分の予算に合わせて下から切っていくなどという工夫があってもいいかもしれない。本書のこの後の「コンピの儲かる事典」企画を参考にして、買い目をピックアップする手もあるだろう。

女王様シートはP171～

儲かるコンピ事典①

騎手

コンピで炙り出す「騎手穴馬券」10の法則

外国人騎手、花盛りの時代となった。馬券も彼らの騎乗馬を中心に売れ、終わってみれば、そのワン・ツー・スリー・フィニッシュという結果も珍しくない。

外国人騎手を過剰人気だからと嫌い、穴狙いに走っては結果、切歯扼腕という苦い経験をした競馬ファンも少ないだろう。

そこで、今回は穴党の期待に応えてくれる「日刊コンピでしか発掘できない秘蔵穴騎手」のオイシイ狙いどころを紹介する。データ集計期間は2013年1月〜17年11月26日だが、一部の若手騎手はデビュー年度によって、期間が多少異なることをお断りしておきたい。

横山武史騎手

裏開催のダート戦が主戦場
大駆け期待は指数40台の牝馬騎乗時

17年デビュー。同年11月終了時点で13勝とまずまずの船出となったが、表（P29）にあるように表開催の中央場所では2勝止まり。勝率、連対率、複勝率いずれも一ケタ台。この条件で狙うのはまさに無理筋だ。

しかし、裏開催では騎乗数そのものが表開催の2倍強。11勝・2着19回・3着17回と成績もそれに比例して伸びている。ただ、単複回収率を見れば明らかなように、同騎手を買えば買うほど財布の中身は減っていくことに。

そこで必要になるのが、横山武騎手の得意条件に照準を絞るという一工夫。

まず、全成績をトラック別に見ると、芝4勝に対し、ダート9勝と砂戦の実績が上回っているのがわかる。

さらにその内容を子細に見ると、ダート戦9勝のうち7勝を牝馬騎乗時にマーク。騎手の中には、当たりの柔らかさで牝馬騎乗時に好成績を残す騎手が存在するが、同騎手もそのひとりというわけだ。

これまで紹介した条件をまとめると、「裏開催のダート戦での牝馬騎乗時」。これが、横山武騎手の狙いどころだ。その条件でのコンピ指

横山武史●開催場種別成績

場所	勝率	連対率	複勝率	単回値	複回値
表開催	19.0%	3.7%	5.6%	22	51
裏開催	45.0%	12.2%	19.2%	33	73

横山武史●裏開催ダート戦での牝馬騎乗時のコンピ指数別成績

指数範囲	勝率	連対率	複勝率	単回値	複回値
40 ～ 49	0%	12.9%	16.1%	0	132
50 ～ 59	0%	8.7%	17.4%	0	46
60 ～ 69	30.8%	53.8%	76.9%	162	150
70 ～ 79	50.0%	50.0%	50.0%	132	57

指数 80 以上での騎乗例はナシ。いずれも着別度数は省略

数別成績を見ると、さらに同騎手のヒットポイントが鮮明に見えてくる。堅実に賭けるなら指数70～60台。リターンはやや少なめとなるが、収支は確実にプラスになる。

一攫千金的な狙いなら、指数40台騎乗時。好走率は見劣りするが、このレベルの騎乗馬はいずれも単勝7番人気以下の伏兵だけにリターンは大きく、一発大逆転が見込める。

17年10月22日の新潟11R北陸Sは、同騎手の真骨頂ともいえるレースだった。舞台は裏開催の新潟ダート1200m。

騎乗馬は6歳牝馬パイメイメイ。コンピ指数は40、15頭中15位（14番人気）という泡沫候補に過ぎなかった。しかし、前年の北陸Sでも人気薄で3着に入っているように、左回りダート1200mのスペシャリスト的存在。それに、この条件を得意とする横山武騎手騎乗なら一発の期待を託すに十分な存在でもあったのだ。

レースでは4角までインの経済コースを通り、直線に入るとやや外目に持ち出して、馬群を縫うようにスルスルと抜け出して勝ち馬にハナ差まで迫った。同騎手の好騎乗が光る一戦でもあった。

勝ったのはコンピ3位ドリームドルチェだったにも関わらず、配当は馬連で4万3280円をつけた。人馬の十八番とも呼べる条件を把握していれば、十分手の届く馬券だった。

2017年10月22日新潟11Ｒ北陸Ｓ（３歳上1600万下、ダート1200ｍ）

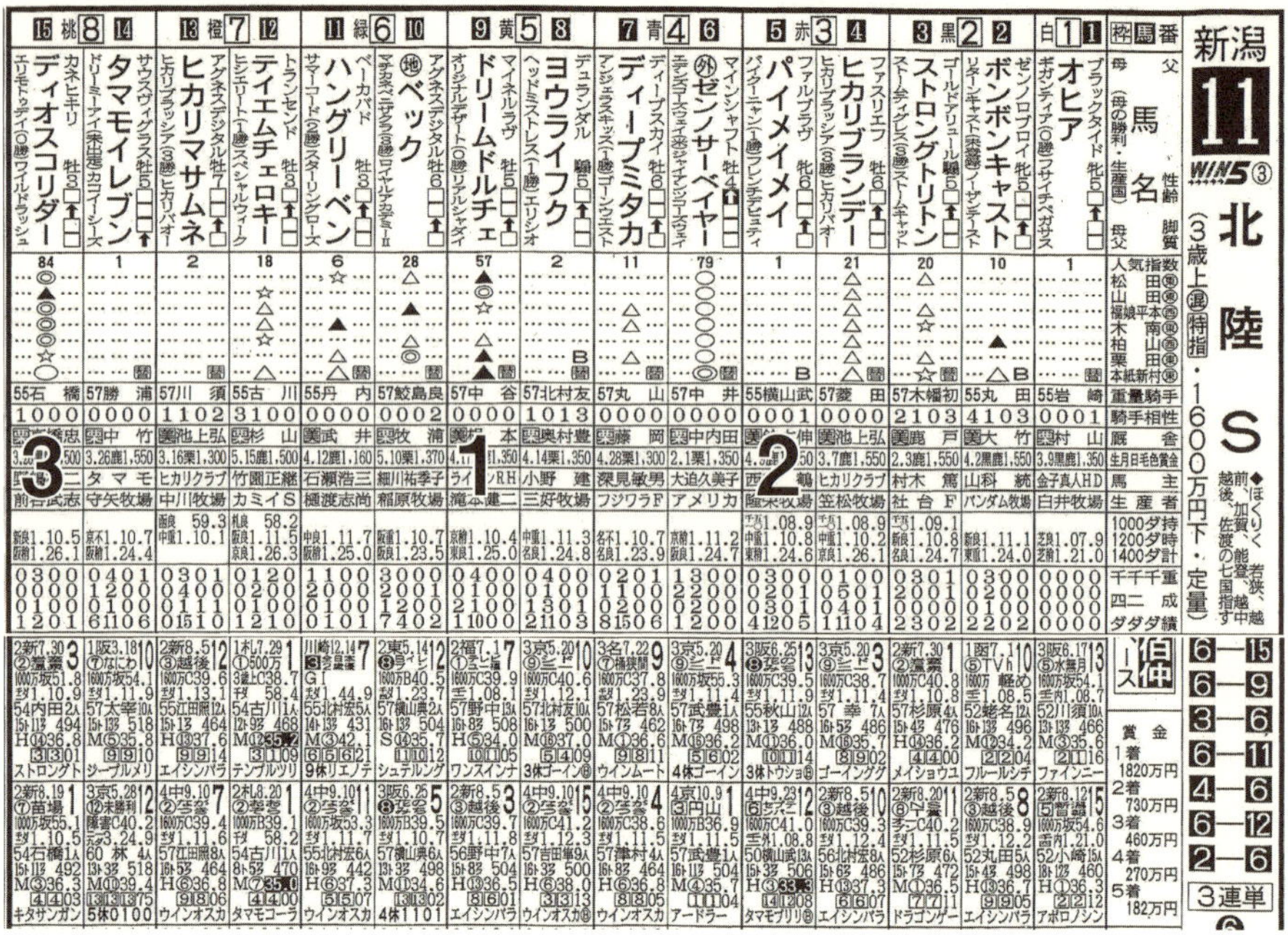

新潟 11 WIN5③ 北陸Ｓ （３歳上（混）［特指］・1600万円下・定量）

馬番	枠	馬名	性齢	父	母（母の勝利・生産国）	母父	人気指数	重量騎手	騎手相性	厩舎	生月日毛色賞金	馬主	生産者
1	白1	オヒア	牝5	ブラックタイド	ギガンティア(0勝)	フサイチペガサス	1	55岩崎	0001	美村山	3.9黒鹿1,350	金子真人HD	白井牧場
2	黒2	ボンボンキャスト	牝5	ゼンノロブロイ	リターンキャスト(未出走)	ノーザンテースト	10	55丸田	4103	美大竹	4.2黒鹿1,550	山科統	バンダム牧場
3	黒2	ストロングトリトン	騸5	ゴールドアリュール	ストームティグレス(3勝)	ストームキャット	20	57木幡初	2103	美鹿戸	2.3鹿1,550	村木篤	社台Ｆ
4	赤3	ヒカリブランデー	牡6	ファスリエフ	ヒカリブラッシア(3勝)	ヒカリバオー	21	57菱田	0000	美池上弘	3.7鹿1,550	ヒカリクラブ	笠松牧場
5	赤3	パイメイメイ	牝6	ファルブラヴ	パイクーニャン(1勝)	フレンチデピュティ	1	55横山武	0001	美[illegible]伸	4.[illegible]50	西[illegible]鶴	[illegible]牧場
6	青4	(外)ゼンノサーベイヤー	牡4	マインシャフト	エンデヴァーズウェイ(米)	ジャイアンツコーズウェイ	79	57中井	0000	栗中内田	2.1栗1,350	大迫久美子	アメリカ
7	青4	ディープミタカ	牡6	ディープスカイ	アンジェラスキッス(1勝)	ゴーンウエスト	11	57丸山	0000	栗藤岡	4.28栗1,300	深見敏男	フジワラＦ
8	黄5	ヨウライフク	騸5	デュランダル	ヘッドミストレス(1勝)	エリシオ	2	57北村友	1013	栗奥村豊	4.14栗1,350	小野建	三好牧場
9	黄5	ドリームドルチェ	牡5	マイネルラヴ	オリジナルデザート(0勝)	リアルシャダイ	57	57中谷	0000	美[illegible]本	4.[illegible]1,350	ライ[illegible]RH	滝[illegible]二
10	緑6	(地)ベック	牡6	アグネスデジタル	マチカネベニザクラ(3勝)	ロイヤルアカデミーII	28	57鮫島良	0002	栗牧浦	5.10栗1,370	細川祐季子	稲原牧場
11	緑6	ハングリーベン	牡3	ベーカバド	サマーコード(2勝)	スターリングローズ	6	55丹内	0000	美武井	4.12鹿1,160	石瀬浩三	樋渡志尚
12	橙7	テイエムチェロキー	牡3	トランセンド	ヒシエリート(1勝)	スペシャルウィーク	18	55古川	3100	栗杉山	5.15鹿1,500	竹園正繼	カミイＳ
13	橙7	ヒカリマサムネ	牡7	アグネスデジタル	ヒカリブラッシア(3勝)	ヒカリバオー	2	57川須	1102	美池上弘	3.16栗1,300	ヒカリクラブ	中川牧場
14	桃8	タマモイレブン	牡5	サウスヴィグラス	ドリーミーアイ(未出走)	カコイーシーズ	1	57勝浦	0000	栗中竹	3.26鹿1,550	タマモ	守矢牧場
15	桃8	ディオスコリダー	牡3	カネヒキリ	エリモトゥデイ(0勝)	ワイルドラッシュ	84	55石橋	1000	栗[illegible]橋忠	3.[illegible]500	[illegible]二	前谷武志

馬番能力順位	1	2	3	4	5	6	7	8	9	10	11	12	13	14	15
新潟11R	⑮ 78	❻ 73	⑨ 66	⑩ 57	④ 54	⑫ 53	③ 52	⑦ 50	② 49	⑪ 48	⑧ 47	⑬ 46	⑭ 42	① 41	⑤ 40

万馬券的中証明書

[redacted]

2017年10月22日
JRA日本中央競馬会

あなたは下記の万馬券を的中させましたので
ここに証明いたします。

記

2017年　3回新潟4日　11R
馬連　05－09　100円購入
払戻金単価　@43,280円
払戻金合計　43,280円

１着⑨ドリームドルチェ
（３位 66・３番人気）
２着⑤パイメイメイ
（15 位 40・14 番人気）
３着⑮ディオスコリダー
（１位 78・２番人気）
単⑨ 920 円
複⑨ 250 円
⑤ 1620 円
⑮ 150 円
馬連⑤－⑨ 43280 円
馬単⑨→⑤ 73860 円
３連複⑤⑨⑮ 49990 円
３連単⑨→⑤→⑮ 496220 円

水口優也騎手

中京1400m以下の短距離戦に要注目
コンピ9位以下の穴馬で一発大駆け

18年でデビュー9年目を迎えるが、まだGI騎経験がなく、重賞勝ちもないため一般的な知名度は低い。しかし、だからこそ穴騎手としては注目すべき存在といえる。

まずは水口騎手の開催場別成績（P33）を見てほしい。関西圏が主戦場。その中では、中京開催で良績を収めているのがわかるはず。単勝回収値も99と、あと一歩で100に迫っており、中京に限れば馬券的妙味はまずまず。しかし、中京開催騎乗時すべてで同騎手を買っていては、まだ効率は悪い。

そこで注目したいのが、距離区分別成績。1500m以下（中京では1500mのコースはないので、実際は芝、ダートとも1400m以下）、1600m以上に分けた距離別成績だが、一見大きな差はないように見える。

1着数だけでなく、2、3着数もほぼ横並びだ。しかし、注目すべきは単複回収率。1600m以上の単複回収率がいずれも30%以下と低めとなっているのとは対照的に、1500m以下では単勝回収率178%、複勝回収率147%と、いずれも100%超を記録。

ちなみに、1500m以下での連対時の単勝人気は古い順に、5・2・10・9・13・7・1・11・13番人気。決して、大駆け一発だけで回収率が高くなっているわけではないのだ。

中京1400m以下（中京では1500mコースがないので）でのコンピ順位別成績を見ると、コンピ9位以下での回収率がひときわ高くなっているのがわかるだろう。

地味な騎手ではあるが、「中京開催の1400m以下」という条件に狙いを絞れば、馬券的妙味溢れる存在であることがおわかりいただけたはず。

17年7月2日中京11RのCBC賞（芝1200m）は、その意味で水口騎手を狙い撃てる条

2017年７月２日中京11ＲＣＢＣ賞（ＧⅢ、芝1200ｍ）

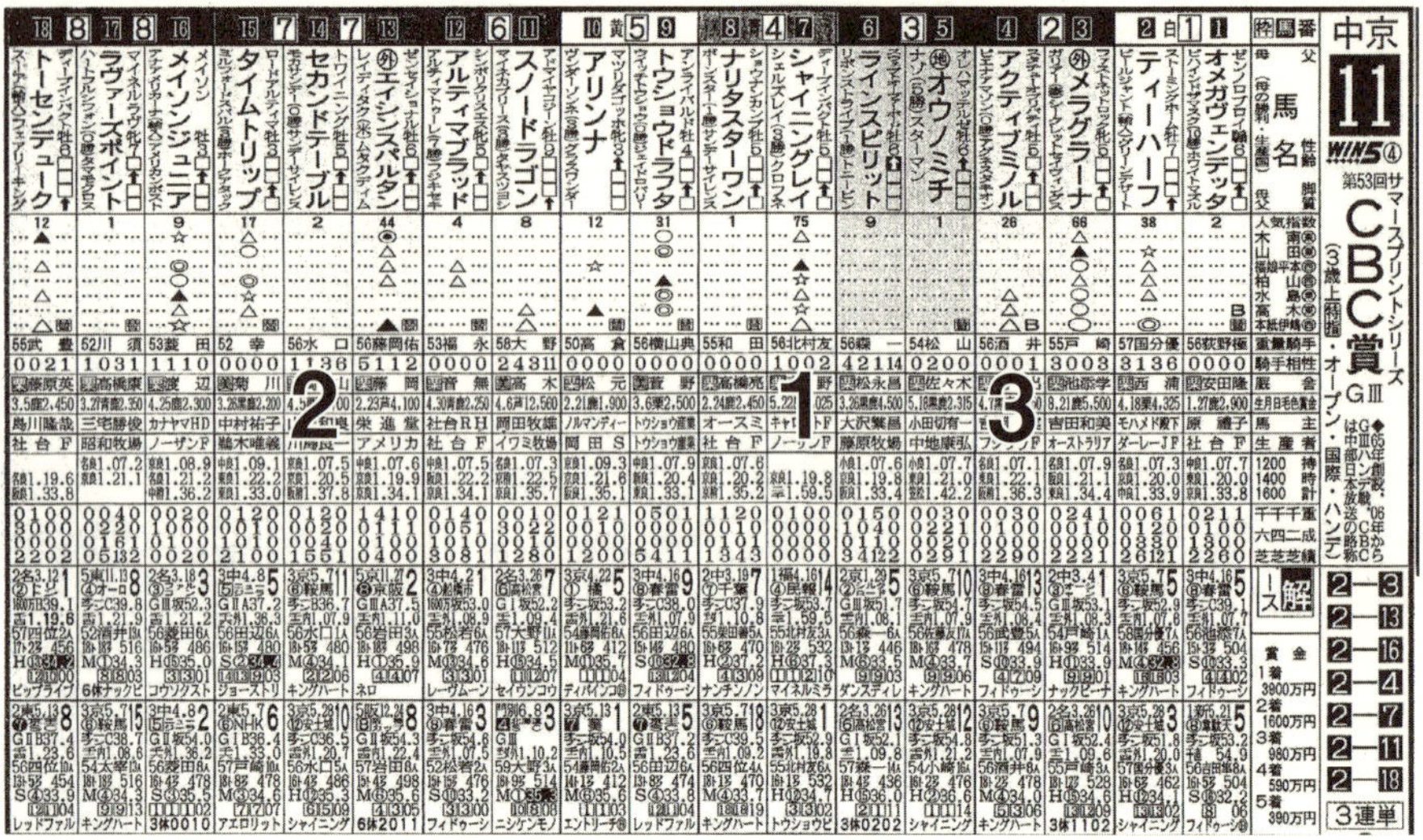

馬番能力順位	1	2	3	4	5	6	7	8	9	10	11	12	13	14	15	16	17	18
中京11R	⑦80	③68	⑬61	⑨59	②56	④55	⑮54	⑩53	⑱52	⑪51	⑯50	⑥49	⑫48	①47	⑭46	⑧42	⑤41	⑰40

万馬券的中証明書

[redacted]

2017年07月02日
JRA日本中央競馬会

あなたは下記の万馬券を的中させましたので
ここに証明いたします。

記

2017年　3回中京2日　11R
馬連　07－14　100円購入
払戻金単価　@18,380円
払戻金合計　18,380円

１着⑦シャイニングレイ
（１位 80・２番人気）
２着⑭セカンドテーブル
（15 位 46・13 番人気）
３着④アクティブミノル
（６位 55・８番人気）
単 570 円
複⑦ 290 円
⑭ 1000 円
④ 520 円
馬連⑦－⑭ 18380 円
馬単⑦→⑭ 28240 円
３連複④⑦⑭ 89500 円
３連単⑦→⑭→④
417490 円

水口優也●開催場別成績

場所	勝率	連対率	複勝率	単回値	複回値
札幌	2.5%	5.0%	15.0%	146	154
函館	5.3%	5.3%	10.5%	15	18
福島	0%	3.4%	6.9%	0	34
新潟	0%	0%	3.0%	0	113
中山	0%	0%	0%	0	0
中京	7.5%	12.5%	16.7%	99	83
京都	1.9%	5.4%	11.1%	49	92
阪神	0.9%	3.8%	6.6%	17	29
小倉	6.0%	10.0%	12.0%	58	95

東京は期間内に騎乗ナシ。回収率のいい札幌、新潟は出走数自体が少ない

水口優也●距離区分別成績

距離	勝率	連対率	複勝率	単回値	複回値
～ 1500m	8.9%	14.3%	17.9%	178	147
1600m ～	6.3%	10.9%	15.6%	30	27

水口優也●中京1400m以下戦騎乗時のコンピ順位別成績

順位	勝率	連対率	複勝率	単回値	複回値
1位	66.7%	66.7%	66.7%	263	90
2位	0%	0%	0%	0	0
3位	―	―	―	―	―
4位	0%	0%	0%	0	0
5位	50.0%	50.0%	50.0%	480	100
6位	―	―	―	―	―
7位	0%	33.3%	33.3%	0	176
8位	0%	0%	0%	0	0
9位	28.6%	42.9%	42.9%	1177	441
10位	0%	0%	50.0%	0	945
11位	0%	0%	20.0%	0	254
12位	0%	0%	0%	0	0
13位	0%	0%	0%	0	0
14位	0%	0%	0%	0	0
15位	0%	33.3%	33.3%	0	33.3%

１６位以下は件数が少ないため省略

件が揃った一戦だった。同騎手騎乗のセカンドテーブルはコンピ15位。つまり、「中京開催」「１５００ｍ以下」「コンピ９位以下」と三拍子揃っていたわけだ。

レースでは好発から番手を取り、直線に入ると逃げていたアクティブミノルを交わし、先頭ゴールインかと思った瞬間、後方から脚を伸ばしてきたシャイニングレイにゴール寸前でハナ差かわされたが、勝ちに等しい内容だった。

勝ち馬がコンピ1位だったにも関わらず、馬連１万８３８０円をつけたのは、他でもない水口騎手の好騎乗があったからこそ。今後も、こ

の得意条件では目の離せない存在であることは間違いない。

幸 英明 騎手

重賞でのコンピ下位馬騎乗時に注意
回収率重視ならコンピ4～6位が狙い目

　騎手デビューから25年目を迎えるベテランだが、17年は高松宮記念をセイウンコウセイとのコンビで勝利。13年のチャンピオンズC以来となるGI勝利をマークし、健在ぶりをアピールした。

　重賞での騎乗馬に恵まれているとは決していえない現況だが、それでも騎乗馬を人気以上の着順に持ってくる技術は高く評価されるべきもの。

　そんな幸騎手の狙いどころは、やはり重賞。17年の重賞で3着以内が8回あったが、そのときのコンピ順位は、古い順に10・5・4・4・7・2・15・13。コンピ10位以下の穴馬を重賞で3回も3着内に持ってきているのが、最大の注目ポイントだろう。まさに、重賞戦線での台風の目となっているわけだ。

　そこで、まず重賞騎乗時のコンピ順位別成績を見てほしい。単複回収率の高さではコンピ11位あたりが狙いどころといえるが、好走率と回

幸 英明●重賞騎乗時のコンピ順位別成績

順位	勝率	連対率	複勝率	単回値	複回値
1位	11.1%	11.1%	44.4%	33	60
2位	16.7%	50.0%	66.7%	98	125
3位	0%	16.7%	16.7%	0	36
4位	9.1%	27.3%	36.4%	79	73
5位	20.0%	40.0%	40.0%	380	209
6位	10.0%	10.0%	10.0%	132	33
7位	0%	0%	11.1%	0	57
8位	0%	0%	6.3%	0	30
9位	0%	0%	8.3%	0	71
10位	0%	0%	5.9%	0	53
11位	6.7%	13.3%	13.3%	499	160
12位	0%	0%	5.3%	0	145
13位	0%	9.1%	9.1%	0	78
14位	0%	0%	0%	0	0
15位	0%	8.3%	8.3%	0	84

16位以下は件数が少ないため省略

幸 英明●重賞でのコンピ4～6位騎乗時の脚質別成績

脚質	勝率	連対率	複勝率	単回値	複回値
逃げ	—	—	—	—	—
先行	14.3%	42.9%	42.9%	156	122
中団	14.3%	14.3%	21.4%	271	108
後方	0%	0%	0%	0	0

2017年 2月26日阪神11R阪急杯（GⅢ、芝1400m）

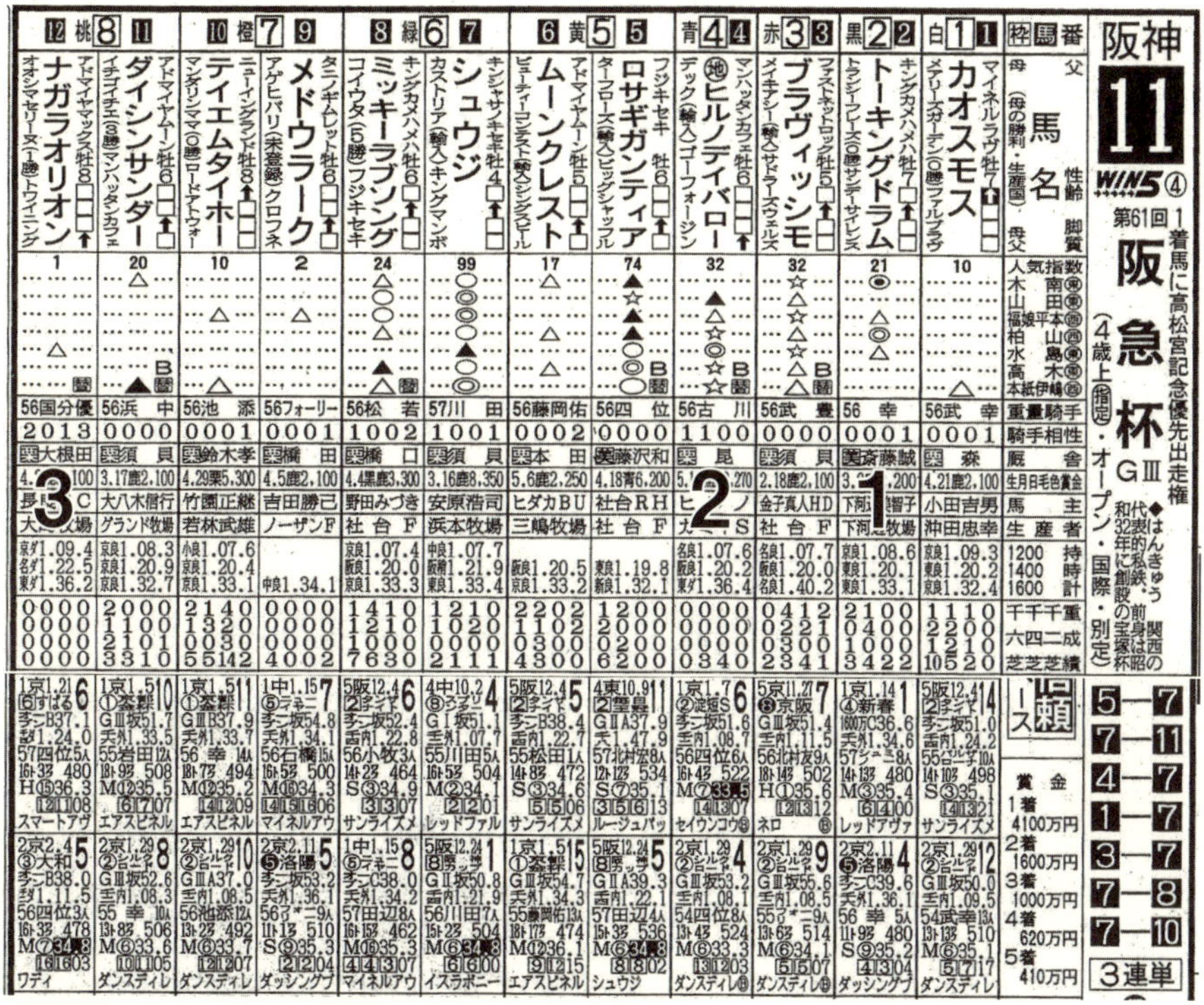

阪神 11 WIN5④ 第61回 阪急杯 GⅢ（4歳上（指定）・オープン・国際・別定）
1着馬に高松宮記念優先出走権
◆はんきゅう 関西の代表的私鉄・前身は昭和32年に創設の宝塚杯

馬番	枠	馬名 性齢	父	母（母の勝利・生産国）	母父	人気指数	印（木南・山田・福娘平本・柏山・水島・高木・本紙伊嶋）	重量騎手	騎手相性	厩舎	生月日毛色賞金	馬主	生産者	持時計 1200/1400/1600	千六芝/千四芝/千二芝/重成績
1	白1	カオスモス 牡7	マイネルラヴ	メテリーズガーデン（0勝）	ファルブラヴ	10	・・・・・・△	56武幸	0001	栗森	4.21鹿2,100	小田吉男	沖田忠幸	京良1.09.3 / 東良1.20.2 / 京良1.32.4	1110 / 2200 / 1210 / 10520
2	黒2	トーキングドラム 牡7	キングカメハメハ	トランシーフレーズ（0勝）	サンデーサイレンス	21	◉・△◎△・・	56幸	0001	美斎藤誠	3.…,200	下河…智子	下河…牧場	京良1.08.6 / 東良1.20.1 / 東良1.33.1	2100 / 0400 / 1000 / 3422
3	赤3	ブラヴィッシモ 牡5	ファストネットロック	メイキアシー（輸入）	サドラーズウェルズ	32	☆△☆△☆△△ B	56武豊	0000	栗須貝	2.18鹿2,100	金子真人HD	社台F	名良1.07.7 / 阪良1.20.0 / 名良1.40.2	0412 / 0221 / 0300 / 2341
4	青4	㊞ヒルノデイバロー 牡6	マンハッタンカフェ	デック（輸入）	ゴーフォージン	32	・▲△☆◎☆☆ B	56古川	1100	栗昆	5.…270	ヒ…ノ	大…S	名良1.07.6 / 阪良1.20.2 / 東ダ1.36.4	0000 / 0000 / 0000 / 0340
5	黄5	ロサギガンティア 牡6	フジキセキ	ターフローズ（輸入）	ビッグシャッフル	74	▲☆▲▲○◎○ B	56四位	0000	美藤沢和	4.18青6,200	社台RH	社台F	― / 東良1.19.8 / 新良1.32.1	1200 / 2000 / 0200 / 6200
6	黄5	ムーンクレスト 牡5	アドマイヤムーン	ビューティーコンテスト（輸入）	シングスピール	17	△・・△・△・	56藤岡佑	0002	栗本田	5.6鹿2,250	ヒダカBU	三嶋牧場	― / 阪良1.20.5 / 京良1.33.2	2202 / 1102 / 0300 / 4300
7	緑6	シュウジ 牡4	キンシャサノキセキ	カストリア（輸入）	キングマンボ	99	○◎◎○▲○◎	57川田	1001	栗須貝	3.16鹿8,350	安原浩司	浜本牧場	中良1.07.7 / 阪稍1.21.9 / 東良1.33.4	1210 / 1020 / 0000 / 2111
8	緑6	ミッキーラブソング 牡6	キングカメハメハ	コイウタ（5勝）	フジキセキ	24	△○○△・▲△	56松若	1002	栗橋口	4.4黒鹿3,300	野田みづき	社台F	京良1.07.4 / 阪良1.20.0 / 京良1.33.3	1410 / 1210 / 1000 / 7630
9	橙7	メドウラーク 牡6	タニノギムレット	アゲヒバリ（未登録）	クロフネ	2	・・△・・・・	56フォーリー	0001	栗橋田	4.5鹿2,100	吉田勝己	ノーザンF	― / ― / 中良1.34.1	0000 / 0000 / 0000 / 4002
10	橙7	テイエムタイホー 牡8	ニューイングランド	マンダリンママ（0勝）	ロードアトウォー	10	・・△・・・△	56池添	0001	栗鈴木孝	4.29栗5,300	竹園正継	若林武雄	小良1.07.6 / 京良1.20.4 / 京良1.33.1	2140 / 1320 / 0030 / 55142
11	桃8	ダイシンサンダー 牡6	アドマイヤムーン	イチゴイチエ（3勝）	マンハッタンカフェ	20	△・・・・・▲ B	56浜中	0000	栗須貝	3.17鹿2,100	大八木信行	グランド牧場	京良1.08.3 / 京良1.20.9 / 京良1.32.7	2000 / 1100 / 2101 / 3310
12	桃8	ナガラオリオン 牡8	アドマイヤマックス	オオシマセリーヌ（1勝）	トワイニング	1	・・・・△・・	56国分優	2013	栗大根田	4.…100	長…C	大…牧場	京ダ1.09.4 / 名ダ1.22.5 / 東ダ1.36.2	0000 / 0000 / 0000 / 0000

賞金 1着 4100万円 2着 1600万円 3着 1000万円 4着 620万円 5着 410万円

信頼 5—7 7—11 4—7 1—7 3—7 7—8 7—10 3連単

馬番能力順位	1	2	3	4	5	6	7	8	9	10	11	12
阪神11R	⑦90	⑤70	③57	④56	②55	⑧54	⑥52	⑪51	⑩49	①48	⑨46	⑫40

万馬券的中証明書

[redacted]

2017年02月26日
JRA日本中央競馬会

あなたは下記の万馬券を的中させましたので
ここに証明いたします。

記

2017年　1回阪神2日　11R
馬連　02－04　100円購入
払戻金単価　@13,090円
払戻金合計　13,090円

1着②トーキングドラム
（5位55・7番人気）
2着④ヒルノデイバロー
（4位56・4番人気）
3着⑫ナガラオリオン
（12位40・12番人気）
単② 2570円
複② 980円
④ 600円
⑫ 2930円
馬連②－④ 13090円
馬単②→④ 33100円
3連複②④⑫ 239760円
3連単②→④→⑫ 2483180円

収率とのバランス重視なら同4~6位あたりに注目したい。さらに、コンピ4~6位に限定しての脚質別成績を見ると、鮮明に傾向がつかめるだろう。

中団以降に待機しての差しも悪くはないが、連対率、複勝率いずれも40%超となる先行が最も馬券になりやすい、という注目すべき傾向が現れている。

重賞では、先行タイプのコンピ4~6位騎乗時こそ、最も効率的な狙い方というわけだ。そんな幸騎手の真骨頂ともいえるレースが、17年2月26日の阪神11R阪急杯。

同騎手騎乗のトーキングドラムはコンピ5位。脚質も近走は前目でレースを進める先行策で結果を出していた。ここは、まさに幸騎手の絶好の狙い目だったわけだ。

結果は、直線でヒルノデイバローとの叩き合いを制したトーキングドラムが1着。コンピ5―4位の決着で馬連1万3090円という高配当に。幸騎手のヒットポイントさえ把握していれば、さほど難易度の高くない万馬券だった。

北村友一騎手

函館・福島・新潟のローカル戦で真価発揮
函館のコンピ9位騎乗時は複勝率40%

17年の函館開催で10勝をマークし、騎手リーディング3位となった北村友一騎手。

13年以降の成績を見ても、勝率、連対率、複勝率いずれも最高値を記録しているのが函館開催。やはり、北村友騎手の狙いどころは北海道シリーズの函館ということは間違いない。

しかし、同開催での単勝回収率は100%を割り込んでおり、何の対策も立てずに同騎手を狙うのは得策ではない。そこで注目したいのが、困ったときの「コンピ」だ。

まず、コンピ1位騎乗時の圧倒的ともいえる良績に要注目。10回騎乗して【6―1―2―1】と複勝率は90%にも達する。唯一着外に終わった1回は指数70台。指数80台のコンピ1位なら【5―0―1―0】と複勝率100%に達する。

コンピ2位以下でも、その単複回収率の高さが示すように馬券的妙味は十分。まさに、どこからでも狙いが立つといっても過言ではない。

特にコンピ9位の複勝率40%台という記録は、このレベルの順位としては破格の好成績。17年6月17日にはコンピ9位馬騎乗で3回穴をあけるという離れ業を演じている。

まずは、1R（牝馬限定未勝利戦）コンピ9位のメイショウワンモアで3着に。続いて10R駒ケ岳特別では9位トロピカルストームで2着。そして、12R遊楽部特別で9位デルマオギンも2着に。最後は馬連2万1150円という万馬券のオマケ付き！

北村友一●開催場別成績

場所	勝率	連対率	複勝率	単回値	複回値
札幌	0%	8.3%	8.3%	0	10
函館	13.1%	24.6%	36.9%	88	109
福島	12.0%	20.0%	27.2%	133	80
新潟	10.4%	19.7%	26.4%	43	61
東京	0%	11.1%	22.2%	0	50
中山	3.2%	12.9%	12.9%	51	39
中京	7.5%	19.4%	28.6%	68	106
京都	5.5%	12.5%	21.3%	79	85
阪神	7.1%	14.1%	21.2%	78	82
小倉	7.9%	16.0%	25.9%	89	96

北村友一●函館開催騎乗時のコンピ順位

順位	勝率	連対率	複勝率	単回値	複回値
1位	60.0%	70.0%	90.0%	139	112
2位	20.0%	40.0%	60.0%	54	95
3位	25.0%	50.0%	62.5%	201	126
4位	11.8%	35.3%	47.1%	82	103
5位	13.3%	20.0%	26.7%	137	64
6位	11.1%	22.2%	33.3%	245	114
7位	0%	10.0%	30.0%	0	89
8位	8.3%	8.3%	8.3%	136	32
9位	0%	22.2%	44.4%	0	244
10位	0%	0%	0%	0	0
11位	0%	0%	0.333	0	356
12位	0%	0%	0.125	0	247

13位以下は件数が少ないため省略

これからも「函館開催のコンピ9位」騎乗時の北村友騎手には要注意である。

中谷雄太騎手

活躍が際立つ8枠騎乗時
コンピ7位以下なら単勝回収率200%超

デビューから21年目を迎えるベテラン騎手だ

が、前出・水口騎手と同様、重賞勝ちもないため一般的な知名度はいまひとつ。しかし、だからこそ穴騎手として狙い撃てる貴重な存在でもある。

そんな中谷騎手の13年以降の成績を振り返ると、興味深い傾向を発見することができる。それは他でもない枠番別成績。表を見ていただけばわかるように、8枠での良績が目立つのだ。勝率は3枠に次ぐ2位、連対率、複勝率はトップとなっている。また、単勝回収率176という高さも注目ポイント。

その8枠騎乗時のコンピ順位別成績を見ると、コンピ1位騎乗時は【2－3－3－1】。唯一着外となったのが、16年3月13日阪神2R。他のコンピ1位騎乗時は単勝1、2番人気だったが、このときだけは3番人気だった。要するに、8枠のコンピ1位騎乗時に1、2番人気なら複勝率は100%というわけだ。

その他のコンピ上位騎乗時も悪くはない成績を残しているが、やはり一発大駆けの期待をかけるならコンピ7位以下騎乗時だ。

中谷雄太●枠番別成績

枠番	勝率	連対率	複勝率	単回値	複回値
1枠	4.0%	11.1%	17.5%	56	108
2枠	5.4%	10.8%	19.6%	117	84
3枠	6.9%	13.1%	17.2%	233	84
4枠	3.9%	10.5%	14.4%	76	70
5枠	6.2%	10.3%	17.1%	65	63
6枠	6.5%	9.5%	16.6%	56	57
7枠	3.2%	10.6%	16.5%	15	56
8枠	6.6%	14.7%	22.3%	176	96

中谷雄太●8枠時のコンピ順位別成績

順位	勝率	連対率	複勝率	単回値	複回値
1位	22.2%	55.6%	88.9%	55	118
2位	18.8%	50.0%	62.5%	115	115
3位	11.1%	16.7%	27.8%	113	68
4位	0%	33.3%	33.3%	0	76
5位	8.3%	8.3%	16.7%	135	60
6位	0%	9.1%	27.3%	0	80
7位	12.5%	18.8%	18.8%	120	65
8位	0%	0%	14.3%	0	70
9位	6.3%	18.8%	31.3%	235	201
10位	0%	0%	14.3%	0	193
11位	0%	0%	0%	0	0
12位	6.7%	6.7%	6.7%	54	18
13位	5.0%	5.0%	5.0%	1111	159
14位	0%	10.0%	10.0%	0	193

15位以下は件数が少ないため省略

13年以降では、8枠でのコンピ7位以下騎乗機会は125回あり、その成績は【5－4－5－111】。好走率はかなり低くなるが、単勝回収率は229%、複勝回収率も102%となり、一発の期待をかけてみる価値は大いにある。

16年9月11日阪神8R（3歳上500万下、ダート2000m）。中谷騎手の騎乗馬ジョースターライトは近2走15→12着という大敗続きで、このレースもコンピ13位。単勝は222・3倍をつけての出走14頭中、最低人気だった。

しかし、今回は中谷騎手にとっては最高の枠順8枠だ。馬自体も近2走が休養明けによる良化途上と見れば、叩き3走目での上積みも期待できた一戦だった。

結果はそのジョースターライトが、好位3番手から早め先頭でそのままゴールに。2、3着にはコンピ4、3位馬が入線したが、アタマが単勝200倍以上の超人気薄だったため、3連単は212万馬券に。「8枠の中谷」恐るべし、である。

西田雄一郎騎手

新潟〝千直〟だけではない
他場の短距離戦コンピ下位に妙味あり！

西田雄一郎騎手といえば、すでに一般的にもかなり知られるようになってしまったが、「短距離戦の西田」として、かなり名を馳せる存在となった。

特に、新潟芝〝千直〟の鬼といわれ、17年のアイビスSDでもコンピ11位ラインミーティアとのコンビで快勝。このときの単勝が、コンピ順位を上回る8番人気だったのも、〝西田人気〟の後押しがあったからに違いない。

確かに、13年以降の成績を見ても、最多の6勝を稼いでいるのが、この新潟直線芝1000m。しかし、同騎手を千直だけの騎手と見るのは早計だ。

新潟だけでなく、他場の芝・ダートを問わず、短距離戦では千直に見劣りしない。あるいは、それ以上の好走率を記録するコースもある。要

西田雄一郎●距離区分別成績

距離	勝率	連対率	複勝率	単回値	複回値
1000 ～ 1300m	3.3%	8.0%	11.0%	137	70
1400 ～ 1600m	1.8%	5.0%	8.3%	44	72
1700 ～ 2000m	2.0%	3.7%	6.4%	28	48
2100 ～ 2400m	4.7%	11.8%	12.9%	77	117
2500m ～	4.2%	8.3%	12.5%	31	41

西田雄一郎●1000～1300m騎乗時のコンピ順位別成績

順位	勝率	連対率	複勝率	単回値	複回値
1位	15.8%	36.8%	52.6%	86	94
2位	10.7%	25.0%	32.1%	61	57
3位	10.7%	25.0%	28.6%	121	70
4位	9.1%	36.4%	36.4%	91	85
5位	7.5%	15.0%	15.0%	75	40
6位	0%	6.7%	13.3%	0	55
7位	8.5%	10.6%	17.0%	212	62
8位	7.0%	9.3%	14.0%	146	67
9位	1.8%	5.5%	5.5%	18	20
10位	0%	7.4%	14.8%	0	95
11位	2.3%	2.3%	4.5%	87	58
12位	0%	0%	1.7%	0	13
13位	0%	1.6%	4.7%	0	40
14位	1.4%	2.9%	2.9%	114	38
15位	0%	2.3%	3.4%	0	76
16位	3.7%	3.7%	3.7%	1230	237
17位	0%	0%	0%	0	0
18位	0%	0%	8.3%	0	262

するに、西田騎手を千直だけで狙うのはあまりにもったいない、ということだ。

まずは、距離区分別成績を見てほしい。1000～1300mの短距離戦での騎乗機会が圧倒的に多いため、勝利数もそれに伴って多くはなっているが、勝率、連対率、複勝率いずれも他のカテゴリーの距離よりも優れているわけではない。ただ漠然と短距離の西田騎手を狙うのは効率的ではない、ということだ。

そこで注目したいのが、短距離戦でのコンピ順位別成績。コンピ1～4位が好走率の高さではやや抜けた印象があるが、回収率を見ると手を出しづらい。

それなら勝利数では、上位にそれほど見劣りしないコンピ7、8位に注目する手だ。このレベルのコンピ順位なら、過剰人気になりやすい新潟の千直を除けば、西田騎手はまだまだオイシイ存在といえる。

例えば、17年4月16日中山1R（3歳未勝利、ダート1200m）。同騎手騎乗のカンバンムスメはコンピ8位。西田騎手を狙うには、まさに手頃なコンピ順位だった。単勝も7番人気とはいえ、24・6倍のオッズをつけており妙味も十分。

レースは番手の好位置につけた同馬が、直線に入るとあっさり抜け出して、そのまま先頭ゴールイン。2着にコンピ1位馬が入ったが、それでも馬連3950円、馬単なら1万1410円の万馬券に。

「短距離の西田」を狙うなら、コンピ7〜8位あたりの千直以外の短距離戦がオススメだ。

松若風馬騎手

コンピ10位以下の穴馬で一発の期待大
阪神の未勝利＆500万条件が狙い目

デビューの14年に47勝をマークして、JRA賞最多勝利新人騎手を受賞。重賞もすでに4勝を挙げた若手のホープ。

この松若騎手の真骨頂は、コンピ10位以下の穴馬での激走だ。当該順位の同騎手をベタで買っても、単勝回収率は109％。収支はプラスとなるのだが、ここは的中率、回収率をもう少し上げたい。

そこで、注目すべきがコンピ10位以下騎乗時の開催場の成績。率の高い小倉も捨てがたいが、騎乗機会が最も多く、かつ馬券対象となるケースも最も多いのが阪神。複勝率8・5％、複勝回収率119％と、いずれもトップだ。

さらにこれを細分化した、阪神開催のコンピ10位以下騎乗時のクラス別成績をご覧いただきたい。

重賞ではこのレベルのコンピ順位での激走例はなく、やはり活躍の主戦場となるのが未勝利や500万という下級条件戦。中でも単複回収率いずれも100％を超えてくるのが、500万条件。すでに平場での減量特典はないが、コンピ下位での一発大駆けは健在だ。

松若風馬●コンピ10位以下騎乗時の開催場別成績

場所	勝率	連対率	複勝率	単回値	複回値
札幌	0%	0%	0%	0	0
函館	—	—	—	—	—
福島	1.6%	3.3%	4.9%	40	38
新潟	0%	9.5%	11.9%	0	156
東京	0%	0%	0%	0	0
中山	0%	0%	0%	0	0
中京	1.4%	2.2%	5.0%	44	36
京都	2.6%	4.7%	6.4%	120	77
阪神	1.1%	3.2%	8.5%	59	119
小倉	4.9%	6.5%	8.1%	368	93

松若風馬●阪神開催コンピ10位以下騎乗時のクラス別成績

クラス	勝率	連対率	複勝率	単回値	複回値
新馬	0%	0%	14.3%	0	156
未勝利	0%	3.6%	8.2%	0	136
500万下	3.5%	4.7%	9.4%	195	126
1000万下	0%	0%	5.3%	0	62
1600万下	0%	7,1%	14.3%	0	192
ＯＰ特別	0%	0%	12.5%	0	78
GⅢ	0%	0%	0%	0	0
GⅡ	0%	0%	0%	0	0
GⅠ	0%	0%	0%	0	0

17年9月17日阪神6Ｒ（3歳上５００万下、ダート１２００ｍ）。松若騎手騎乗のナニスンネンはなんと出走16頭中のコンピ16位。もっとも、リアルオッズでは一発を期待されてか、33・3倍をつけての10番人気にまで押し上げられていた。

レースでは、中団待機から直線でメンバー中最速の上がりで2着に。勝ったのがコンピ6位の伏兵だったため、馬連でも2万１７３０円をつける高配当となった。

阪神開催での５００万条件で、コンピ10位以下の馬に騎乗してきた松若騎手は一発要警戒。たとえ軸には据えなくも、ヒモには拾っておきたい存在だ。

荻野 極 騎手

関西が主戦場も東京遠征時に良績
清水久厩舎馬騎乗時は複勝回収率９６３％！

16年デビュー組の中で早い時期から「穴の荻野」として、その存在を知られるようになった荻野極騎手。では、「いつ、どこで、どんなレースで」穴をあけるのか。その傾向をコンピで解き明かしていきたい。

荻野極騎手はデビュー2年目の若手ながら、所属する関西圏だけでなく、関東圏の遠征でも実績を残しているのが、第一の注目ポイント。開催場別成績をまず見てほしい。

騎乗経験のない札幌、函館、中山を除く7場すべてでの勝ち鞍があり、それぞれで侮れない好走率を記録している。

特に関東遠征での単複回収率の高さは特筆もので、主戦場となっている関西圏よりも狙い目といえる。

そこで、最も勝利数の多い東京開催騎乗時に注目してみると、厩舎別成績にある通り、同騎手が所属する清水久厩舎の管理馬騎乗時には【2－1－2－2】という高い好走率をマーク。

また、それだけでなく、同厩舎管理馬がコンピ1～3位なら2戦2勝。人気薄の同6位以下でも【0－1－1－1】となっており、複勝回収率は963％にも達する。

記憶に新しいのが、17年11月11日の東京11R武蔵野S（GⅢ、ダート1600m）。清水久

荻野極●開催場別成績

場所	勝率	連対率	複勝率	単回値	複回値
福島	10.3%	17.2%	20.7%	54	153
新潟	9.5%	9.5%	23.8%	323	131
東京	9.3%	16.3%	20.9%	130	139
中京	6.9%	12.9%	19.8%	56	70
京都	6.7%	12.2%	20.2%	74	96
阪神	4.3%	8.9%	13.2%	226	81
小倉	2.6%	10.6%	17.4%	35	67

期間内の中山、札幌、函館の出走ナシ

荻野極●東京遠征時の厩舎別成績

厩舎	勝率	連対率	複勝率	単回値	複回値
(栗)清水久詞	28.6%	42.9%	71.4%	87	520
(美)武井亮	50.0%	50.0%	50.0%	1300	250
(美)小桧山悟	50.0%	50.0%	50.0%	1200	235
(美)中舘英二	0%	100%	100%	0	150
(美)高橋裕	0%	100%	100%	0	1240

荻野極●清水久厩舎管理馬騎乗時(東京開催)のコンピ順位別成績

順位	勝率	連対率	複勝率	単回値	複回値
1～2位	100%	100%	100%	305	150
1～3位	100%	100%	100%	305	150
1～5位	50.0%	50.0%	75.0%	152	187
6～位	0%	33.3%	66.7%	0	963

厩舎のアキトクレッセントで参戦。コンピ12位、単勝でも15番人気と注目度こそ低かったが、道中4番手追走から直線も粘りを見せて3着入線。1、2着もコンピ7、9位の伏兵が入ったため、3連単は178万3490円のミリオン配当になった。

「東京遠征＋清水久厩舎馬」で、コンピ上位なら軸に、下位でもヒモに拾っておきたいジョッキーだ。

木幡巧也騎手

新潟ならオレに任せろ！
コンピ8位以下での一発が魅力

木幡三兄弟の次男。デビューを果たした16年春の新潟開催では早くもリーディング2位。その後も勝ち鞍を積み重ねて、その年は新人騎手最多となる45勝をマークした。

そのコンピ順位別成績を見ると、コンピ上位ではまずまずの好走率を記録。しかし、単複の回収率を見ればわかる通り、馬券的妙味はいまひとつ。狙って妙味は、やはりコンピ8位以下。もちろん、このレベルではそんなに高い好走率は記録できないため、条件はある程度絞りたい。

そのための有効な手法となるのが、コースによる絞り込み。冒頭でも触れた通り、開催リーディング2位の成績を残したのが新潟。そうした実績を象徴するように、コンピ8位以下でも、新潟の各コースの良績が目立つ。

中でも新潟の芝1600、1800m、そしてダート1800mは、単複いずれも回収率が100％を超えており、馬券的妙味は上々。

他では、唯一、複数回勝利を挙げている中山ダート1200mあたりが同騎手のヒットポイントといえるだろう。

木幡巧騎手の重賞初制覇を記録したのも、新潟だった。17年のダート重賞レパードS。同騎手騎乗のローズプリンスダムはコンピ8位にも関わらず、単勝は11番人気。しかし、新潟得意の同騎手がコンピ8位に騎乗となれば、断然買いといえるレースだった。

結果はご存知の通り、好位追走から直線逃げ粘るサルサディオーネを交わして先頭ゴールイン。２着馬のサルサもコンピ14位（12番人気）だったため、馬連９万５３２０円、馬単は25万１８４０円をつけた。

これからも、新潟の木幡巧騎手がコンピ８位以下に騎乗してきたときは要マークである。

木幡巧也●コンピ順位別成績

順位	勝率	連対率	複勝率	単回値	複回値
1位	24.5%	35.8%	52.8%	69	70
2位	13.0%	24.6%	40.6%	48	66
3位	14.1%	29.6%	39.4%	100	81
4位	13.1%	22.6%	32.1%	91	77
5位	3.8%	13.8%	23.8%	33	74
6位	4.8%	10.7%	17.9%	62	64
7位	4.3%	8.5%	16.0%	47	57
8位	4.0%	7.1%	18.2%	132	117
9位	2.0%	8.9%	9.9%	47	66
10位	2.7%	4.1%	1.1%	136	77
11位	1.3%	5.1%	8.9%	53	57
12位	0%	0%	1.1%	0	6
13位	0%	1.1%	1.1%	0	17
14位	0%	0%	3.7%	0	46
15位	0%	2.6%	2.6%	0	36
16位	0%	0%	5.0%	0	46

17位以下は件数が少ないため省略

木幡巧也●コンピ７位以下騎乗時のコース別成績（勝ち鞍あるコースのみ）

コース	勝率	連対率	複勝率	単回値	複回値
新潟芝1600外	4.3%	8.7%	21.7%	397	152
新潟芝2000外	11.1%	11.1%	22.2%	331	152
新潟芝1400	4.5%	4.5%	9.1%	190	60
新潟ダ1800	2.1%	6.3%	12.5%	138	116
中山ダ1200	6.6%	8.2%	13.1%	119	67
福島芝1800	3.8%	7.7%	11.5%	89	48
新潟芝1200	7.7%	15.4%	15.4%	60	109
中山芝1800	6.3%	12.5%	12.5%	47	65
中山ダ1800	2.8%	2.8%	9.9%	32	56

坂井瑠星騎手

コンピ指数60台の馬に乗ったら……
特に牝馬限定戦で回収率アップ

デビューした16年は、落馬事故で約1ヵ月の

坂井瑠星●指数範囲別成績

指数範囲	勝率	連対率	複勝率	単回値	複回値
40 ～ 49	1.2%	3.3%	4.9%	98	57
50 ～ 59	4.3%	9.4%	15.7%	61	56
60 ～ 69	18.2%	32.2%	46.3%	124	99
70 ～ 79	17.5%	43.9%	57.9%	60	87
80 ～	38.1%	52.4%	61.9%	83	85

坂井瑠星●指数60～69馬騎乗時の牝馬限定戦成績

クラス	勝率	連対率	複勝率	単回値	複回値
牝馬限定	23.8%	33.3%	47.6%	231	118

ブランクがありながら栗東所属の新人騎手の中では最多となる25勝をマーク。期待の若手騎手のひとりではあるが、意外性はいまひとつといった印象。それはコンピの指数別成績にも現れている。

勝率が10%を超えるのは指数60以上。指数50以下では勝率がかなり落ちる。回収率も１００％を割り込んでおり、このレベルの騎乗馬を積極的に狙う価値はない。

それなら、ある程度のリターンが見込める指数60台を狙うのが正解。指数70以上に比べれば好走率はやや落ちるが、単勝回収率１２４％、複勝回収率99％は悪くない。さらに、的中精度を上げるなら牝馬限定戦がオススメだ。

表にある通り、牝馬限定戦での指数60台騎乗時は勝率が20％台に達するだけでなく、単勝回収率は２３１％、複勝回収率１１８％にまでハネ上がる。騎乗の当たりの柔らかさは牝馬向きということだろう。

17年10月21京都４Ｒ（2歳新馬、牝馬限定、芝１４００ｍ）。このレースでの坂井騎手の騎乗馬ナディアは指数62のコンピ3位。しかも、リアルオッズでは13・8倍をつけての5番人気。同騎手を狙う条件はすべて揃っていた。

レースでは、直線早めに抜け出したコンピ１位のグリエルマをとらえたナディアが2馬身半突き放す快勝。馬連１８４０円、馬単なら４７

70円をつける高配当となった。

現在はオーストラリアで修行中だが、帰国したら、「牝馬の坂井瑠星」――このキーワードを思い出すべし!

●日刊コンピ指数は初めてという方に——

「日刊コンピ指数」とは、レース当日、日刊スポーツ紙に掲載される出走馬の能力指数です。

馬番、枠番コンピとも最高指数は90、最低指数は40。なお、指数89は極端に出現数が少ないので、本書のデータ（表）では省略されているケースが多い。

　コンピ指数は日刊スポーツ本紙の他、

★パソコン＝極ウマ・プレミアム

http://p.nikkansports.com/goku-uma/

★携帯電話＝日刊スポーツ競馬でも、レース前夜から閲覧できます。

問い合わせはＴＥＬ 03 － 3545 － 8173（平日10～18時）

または、

メール　denden@nikkansports.co.jp　までお願いいたします。

儲かるコンピ事典②

競馬場

公開!主場・ローカル 10競馬場「1位馬の偏差値」

1番人気馬の信頼度が競馬場によって異なることが珍しくないように、コンピ1位も信頼度に差がある場合が少なくない。1位馬の競馬場ごとによる成績を見てもらいたい（データ集計期間はいずれも2014年1月5日～17年11月26日）。

複勝率ベースで見てみると、トップの東京競馬場が64・9%、2位タイで並ぶ札幌と阪神が64・8%という値。ところが福島では58・3%と60%を割り込んでいる。なんと同じ1位でも複勝率ベースで6・5%も差が出てしまうのだ。

ちなみに、複勝率約65%というと、一般的な1番人気馬の信頼度とほぼ同じ。1位が1番人気になることが大半なので、そういった意味では、**東京、阪神、札幌のコンピ1位は指数に関わらず、そこそこ信頼できる数字だ。**

一方で福島競馬場における1位の複勝率58・3%は、1番人気だと仮定すると物足りない数字といっていい。少なくとも信頼度が高いとはいえないはず。

●コンピ1位馬の競馬場別成績一覧

場所	着別度数	勝率	連対率	複勝率	単回値	複回値
総合	4049- 2415- 1698- 4834/ 12996	31.2%	49.7%	62.8%	79	84
札幌	181- 120- 87- 211/ 599	30.2%	50.3%	64.8%	74	84
函館	194- 101- 68- 213/ 576	33.7%	51.2%	63.0%	84	83
福島	258- 160- 117- 383/ 918	28.1%	45.5%	58.3%	77	81
新潟	366- 200- 144- 435/1145	32.0%	49.4%	62.0%	84	86
東京	724- 376- 279- 745/2124	34.1%	51.8%	64.9%	86	86
中山	530- 309- 215- 667/1721	30.8%	48.8%	61.2%	77	82
中京	299- 183- 148- 406/1036	28.9%	46.5%	60.8%	76	83
京都	653- 444- 275- 773/2145	30.4%	51.1%	64.0%	75	83
阪神	570- 354- 245- 635/1804	31.6%	51.2%	64.8%	75	84
小倉	274- 168- 120- 366/ 928	29.5%	47.6%	60.6%	80	83

地スミベタは2%以上、総合成績を上回った値になっていることを示す
薄アミは2%以上、総合成績を下回った値となっていることを示す

そこで今回は、競馬場別の1位のデータと買いとなるポイントを中心に紹介していくことにしよう。

東京競馬場

1位90より70台馬の好走が目立つ
裏開催のダート戦が主戦場

まずは東京競馬場。ご存知の通り、ダービー、オークス、天皇賞秋、ジャパンC、ダートでもフェブラリーSなど、JRAのビッグレースの舞台である。そこでのコンピ1位馬の指数別成績をご覧いただきたい。

総合成績で見れば、1位の複勝率が最も高い競馬場ではあるが、こと1位90に限定すると複勝率は78・2%。総合の1位90は集計期間で複勝率82・9%あるだけに、東京ではむしろ信頼度が低いのだ。

東京の特徴①1位90の複勝率は、総合成績を下回る

東京競馬場●コンピ1位馬の指数別成績

指数	勝率	連対率	複勝率	単回値	複回値
90	52.1%	69.7%	78.2%	82	87
88	44.5%	62.6%	73.5%	79	84
87	36.7%	56.7%	73.3%	75	85
86	47.2%	66.9%	77.5%	93	90
85	36.5%	67.3%	75.0%	70	89
84	36.9%	51.8%	71.4%	77	88
83	39.8%	48.4%	60.2%	93	75
82	33.5%	56.3%	73.3%	84	95
81	30.9%	54.5%	68.2%	84	93
80	33.7%	50.6%	61.6%	94	84
79	27.1%	45.0%	59.7%	78	83
78	28.1%	51.6%	61.7%	89	89
77	33.3%	47.3%	63.4%	103	90
76	25.3%	41.4%	58.6%	90	90
75	30.2%	45.3%	57.5%	95	84
69 以下	19.4%	38.9%	50.0%	80	93

指数 74 ～ 70 は省略。着別度数も紙幅の関係上省略

特に東京の重賞で1位90が出現した際は、さらに信頼度が低下。17年は4レースが該当し2勝・着外2回という成績（ただし事典④で後述するように、東京芝２４００ｍ重賞は別）。着外に終わった2回は、ユニコーンSのリエノテソーロ（1番人気、単勝2・5倍）が7着、毎日王冠のソウルスターリング（1番人気、2・0倍）が8着に敗れている。集計期間では【4

―1―0―3】と複勝率62・5％と、普通の1位と信頼度が同じなのだ。

重賞ともなると、1位90の数値がついたとしても、多少は混戦模様ということだろうし、それだけ人気に推されても勝ち切るのは難しいということを示唆しているのだろう。

では、東京で1位が他の場よりも複勝率が高くなる理由は、どこにあるのだろうか。そのひとつが指数70台後半の1位が、しぶとく走っているということにある。

総合成績では79以下は複勝率で60％を下回ることが大半。ところが、東京の1位70台後半は表を見ればしぶとく好走しているのがわかるだろう。

1位79こそ複勝率60％を割っているが、それでも59・7％とそこそこ高い値を示しているし、78は61・7％、77は63・4％と高い値を示している。76、75でも58・6％、57・5％あり、極端に落ち込まないのが東京における1位の特徴である。

東京の特徴②●1位79～77の複勝率はほぼ60％。76、75も極端には落ち込まない。

また、69位以下の1位でも東京ではむやみに切れないところがある。総合成績では69以下の1位は複勝率41・1％しかない。つまり、3着以下に終わることが少なくないことを示している。しかし、東京では1位69以下でも複勝率は50％をキープ。

後で詳しく説明するが、中山では1位69以下の際、複勝率は22・2％しかない。つまり、同じ1位でも指数はもちろんだが、競馬場による違いも大きいのだ。

東京の特徴③●1位69以下でも複勝率は50％。信頼できない指数でも無視できない。

中山競馬場

1位馬が主場で一番弱い競馬場!?
ただし、1位90だけは超鉄板データ

主場4場の中でコンピ1位の複勝率が最も

中山競馬場●コンピ１位馬の指数別成績

指数	勝率	連対率	複勝率	単回値	複回値
90	56.2%	71.2%	84.9%	90	94
88	45.9%	66.9%	73.7%	80	84
87	50.0%	66.7%	66.7%	102	80
86	35.6%	57.5%	70.6%	71	84
85	32.4%	67.6%	76.5%	72	97
84	36.2%	57.2%	65.9%	81	81
83	32.8%	50.0%	64.1%	70	79
82	38.6%	59.1%	70.5%	96	89
81	37.2%	57.4%	68.1%	95	92
80	31.5%	47.6%	58.9%	81	80
79	25.3%	39.4%	60.6%	72	84
78	18.9%	34.0%	50.9%	54	70
77	30.2%	43.8%	59.4%	92	86
76	17.9%	39.6%	58.5%	63	89
75	27.5%	43.1%	54.9%	91	84
69 以下	14.6%	22.0%	22.0%	68	36

低いのが中山競馬場だ。東京、京都、阪神が64％台あるのに対して、中山では複勝率61・２％と低迷している。

表を見てもらえればわかるように、特に１位78では複勝率が50・９％しかないのだ。中山で１位78を見かけたら、蹴飛ばして馬券を購入する手もあるだろう。特にダート戦では複勝率47・９％と、50％を割り込んでしまう。

詳細に条件を検証しいくと、５００万下条件（芝・ダート問わず）では、複勝率37・９％まで低下してしまう。また、未勝利戦（芝・ダート問わず）でも複勝率47・６％と大苦戦。一方で、１６００万下条件では【１─５─１─２】と勝ち切れていないが、複勝率77・８％を記録したのだ。

中山の特徴①下級条件での１位78は複勝率が50％を切る。

また、１位が69以下の値となった際も、安心して軸から外せるのが特徴だ。１位が69以下となった際の成績は【６─３─０─32】（勝率14・６％、連対率22・２％、複勝率22・２％）という具合。

どうしても気になる場合だけ、１着付けの馬単、３連単を購入しておけばＯＫだろう。複勝率22・２％とあれば、約４回に３回は４着以下に終わってしまうことを示しており、軸には不向きだ。

もちろん、１位が飛ぶ＝必ずしも大波乱というわけではない。ただ、人気上位が想定される1位が危険とわかっているだけでも狙い方は異なってくるはずだ。

一方で、1位90は東京よりも堅い。複勝率は84・9％を記録。特に17年は堅実に走っていた。

・17年中山競馬場1位90成績

【22―8―3―2】（勝率62・9％、連対率85・7％、複勝率94・3％。集計期間17年1月5日～12月24日）。

17年3月25日中山11R日経賞で、1位90のゴールドアクターは5着に敗れてしまったが、続く1位90が出現となった4月1日中山3Rでコトブキホークが1着。それからは、22戦して【16―5―1―0】という状況。本稿執筆時点では、3着以内パーフェクトという成績を残しているのだ。

つまり、中山で1位90が出現した際は、東京開催よりも堅いことが想定される。1位全体の信頼度は低いものの、1位90に関しては、主場4場はもとより、全場の中でも信頼度が高いといっていい。

中山の特徴②1位90は17年4月1日以降、22戦し3着以内100％！

中山における1位のコンピは指数ごとの落差が激しい。正確には、指数の値がひとつ異なっても、複勝率ベースでは逆転現象が起きているのだ。

例えば、指数84＆83と82＆81を比較してみてほしい。84の複勝率は65・9％、83の複勝率は64・1％と信頼度はそれほど高くないが、一方で82では複勝率70・5％、81は複勝率68・1％と、84、83といった上位の値より上回っている。

また、指数80は複勝率58・9％という具合で、81と比較すると、たったひとつしか1位の値が違わないのに、複勝率では約10％も急落する。

コンピストのイメージとして、1位指数が80を超えていれば、複軸向きという意識があると思うが、中山の場合、指数値によって、大きく異なる傾向にある。

中山で馬券を購入する場合、1位の指数値は必ずチェックして、信頼度を確かめることにしよう。

中山の特徴③1位指数によって複勝率が極端に異なる。

京都競馬場

侮れない「1位69以下」の美味配当 1位72〜70は危険な人気馬!?

コンピ1位馬でも指数69以下だと、複勝率ベースで50％を切ることが大半だが、京都競馬場の場合、集計期間内では【2—3—8—11】（勝率8・3％、連対率20・8％、複勝率54・2％）という数字を残している。

単勝回収率こそ31％と低い値だが、複勝回収率は106％を記録。複勝率では50％を少し上回る程度の値だが、回収率ベースでは悪くない数字といっていいだろう。

1位69以下のシチュエーションでは、リアルオッズで必ずしも1位が1番人気に推されていないことが想定される。つまり、人気が割れているため、複勝率が50％を少し超える程度でも、回収率ベースでは100％を超すのだ。

京都で1位69以下だからといって、むやみに蹴飛ばしていたら痛い目に遭うことだろう。

京都の特徴①1位69以下でも複勝率54・2％、複勝回収率106％を記録！

一方、指数が冴えないのは1位が72〜70だっ

京都競馬場●コンピ1位馬の指数別成績

指数	勝率	連対率	複勝率	単回値	複回値
90	53.2%	67.7%	80.4%	81	88
88	38.3%	65.0%	75.0%	67	84
87	37.9%	65.5%	79.3%	72	95
86	40.9%	62.0%	74.9%	79	88
85	30.1%	46.6%	61.6%	68	76
84	26.7%	52.8%	67.7%	61	81
83	33.0%	50.9%	65.2%	84	83
82	34.1%	57.6%	67.6%	86	87
81	29.1%	49.3%	61.9%	82	82
80	30.9%	47.5%	63.0%	87	85
79	28.2%	43.6%	58.2%	84	79
78	25.3%	46.7%	54.0%	72	76
77	22.3%	45.6%	62.1%	70	88
76	17.8%	43.6%	57.4%	66	85
75	23.6%	43.1%	55.6%	78	87
69 以下	8.3%	20.8%	54.2%	31	106

た場合。【12―21―12―54】（勝率12・1％、連対率33・3％、複勝率45・5％、単勝回収率51％、複勝回収率78％）とまったく妙味がない。勝率、連対率はさすがに1位69以下時を上回ったが、複勝率、複勝回収率は大きく下回っている。

集計期間内に京都で行なわれた1位72〜70に該当する重賞は2レースあった。

1鞍目は14年5月10日京都11R京都新聞杯。1位72がアズマシャトルで6番人気（9・1倍）というものだった。1位の値が72と低かったものの、リアルオッズでは6番人気。1位の馬が6番人気とは舐められたものである。しかし人気通り!? アズマシャトルは13着と大敗してしまった。

2鞍目が17年11月26日京都11R京阪杯。1位72で1番人気（3・3倍）のソルヴェイグは、前述の京都新聞杯とは違い1番人気に支持されたものの、9着に敗れ去っている。

また、京都における1位72〜70が1、2番人気に支持された場合は【9―14―4―40】（勝率13・4％、連対率34・3％、複勝率40・3％）という具合で、総合成績の複勝率を約5％も下回ってしまうのだ。これには京阪杯のソルヴェイグの例も含まれている。

京都の特徴② 1位72〜70の複勝率は50％を割り込む。 1〜2番人気なら、複勝率は約40％まで低下。

ただし、1位72〜70といっても池江厩舎の管理馬は別。同厩舎の成績は3走し2勝着外1回というもの。母数は少ないものの、好走している部類だろう。

指数に関わらず、京都で池江厩舎の馬が1位に推された際は、指数80台後半並みの成績を残している。【27―13―10―14】（勝率42・2％、連対率62・5％、複勝率78・1％、単勝回収率96％、複勝回収率93％）という成績で、複勝率は80％近い。紹介したように、必ずしも1位の指数が高いばかりではないのだが、しっかりと結果を残している。

京都で1位に推された際の厩舎別成績（30走以上）で、複勝率が70％を超えるのは池江厩舎の他に、友道（70・8％）、中内田（76・0％）、藤岡（75・7％）、昆（73・5％）、笹田（71・9％）、高野（78・1％）など。

人気馬は買いづらいと思うかもしれないが、ここに掲げた厩舎の馬が京都に出走してきたら、勝負気配は高まっているはずだ。

京都の特徴③1位の指数値に関わらず池江厩舎の3着以内率は高い！

阪神競馬場

1位86の信頼度が主場でビリッケツ そんな場合は2、3位馬が頑張る

不思議なもので、同じコンピ1位でも競馬場ごとによって信頼度が違うことは珍しくない。もちろん、率ベースでは似たような値を示すことは少なくないものの、同じ1位の指数値でも大きく異なる場合もあるのだ。

阪神競馬場の場合、表を見れば1位90よりも88の複勝率が高いのがわかるだろう。わずかな差かもしれないが、1位90の複勝率80・6％に対して、1位88の複勝率は82・8％と逆転している（他の率も同様）。

1位87はめったに出現しないので、続くのは事実上86になる。しかし、【52—24—14—52】（勝率36・6％、連対率53・5％、複勝率63・4％、

阪神競馬場●コンピ1位馬の指数別成績

指数	勝率	連対率	複勝率	単回値	複回値
90	48.4%	69.0%	80.6%	72	88
88	51.0%	72.4%	82.8%	88	92
87	33.3%	63.0%	74.1%	64	83
86	36.6%	53.5%	63.4%	73	73
85	37.3%	54.2%	67.8%	80	83
84	25.7%	48.0%	63.2%	59	77
83	28.6%	49.4%	64.9%	66	79
82	37.1%	51.4%	68.6%	88	87
81	31.7%	51.0%	69.2%	85	89
80	31.4%	46.7%	64.2%	84	83
79	29.2%	50.6%	66.3%	78	93
78	17.9%	44.3%	63.2%	50	88
77	32.5%	47.0%	56.6%	103	83
76	21.0%	38.3%	49.4%	67	72
75	16.9%	49.2%	60.0%	56	91
69 以下	12.9%	35.5%	48.4%	78	94

単勝回収率73％、複勝回収率73％）と、複勝率がいかにも平凡な数字に終わっているのがわかるだろう。

他の主場では、1位86の複勝率は70％台に乗せている。主場4場で最も信頼できない中山でさえ、1位86の複勝率は70％をキープしているし、東京は約77％、京都は約75％と高い値を示しているのだ。

阪神の特徴①1位90、88は複勝率80％台で安定も、86は主場4場で最も低い63・4％。

ただし、阪神で1位86となるレースの3連単の平均配当は、10万6567円と意外と平凡。1位86となるようなレースは、リアルオッズで単勝2倍未満になることもしばしばだし、ほとんどの場合、1位90と変わらないような被った人気を集めることが大半だ。馬券になった際は配当に恵まれないことが少なくないだろう。

ちなみに、集計期間内における3連単の平均配当は14万8191円だったことから勘案すると、1位86が飛んでも2、3位といった比較的上位馬が1、2着に入ることを示していると推測できる。

実際、1位86時の2位馬の成績は【31―27―24―60】（勝率21・8％、連対率40・8％、複勝率57・7％、単勝回収率104％、複勝回収率99％）。率ベースでは1位86に劣るものの、単複回収率は100％前後と、とても優秀な成績を残しているのだ。

また意外と、阪神では1位の指数値が低くても馬券的には無視できず、軸に据えたほうがいい場合がある。

例えば、1位が70、69に該当するレースだ。1位の値が70、69という指数は低いというのがわかることだろう。一般的にこの2指数の複勝率は約50％となっており、単勝回収率80％、複勝回収率87％という状況だ。回収率ベースではまずまずも、軸にするよりは、蹴飛ばして穴馬券を狙いたいというところだろう。

しかし、阪神で1位が70、69のどちらかに該当した場合の成績は【9―9―6―17】（勝率

22・0％、連対率43・9％、複勝率58・5％、単勝回収率97％、複勝回収率107％）。複勝率ベースで8％強高い値を示し、複勝回収率は107％とベタ買いしてもプラスになるのだ。軸にしたほうが馬券が獲りやすいといっても差し支えはないだろう。

阪神の特徴②1位70、69は複勝率が60％近くあり、複勝回収率は100％超！

阪神でも1位に支持された厩舎別成績を俯瞰《ふかん》すると、3厩舎が複勝率で70％を超えてくる（30走以上該当）。友道厩舎（76・1％）、河内厩舎（78・1％）、西園厩舎（73・8％）という状況だ。

友道厩舎は京都でも1位に支持された際は70％以上の複勝率を記録している。つまり、京都、阪神の関西2場で友道厩舎の馬が1位になったら、複軸としては限りなく堅いといっていいはずだ。

阪神の特徴③友道厩舎の1位馬は京都と同様、阪神でも堅い。

主場4場のコンピ実践

主場4場におけるコンピ1位の状況について、2、3ポイントを挙げて解説してきた。他のコンピデータも含めて、基本的には「1位が軸として買えるかどうか、または1位が飛ぶとすれば他の順位で買える順位があるかどうか」に着目すると、馬券も獲りやすいことだろう。

紙幅の都合で完全版を載せられないが、そこで主場4場におけるコンピ順位別の勝率、連対率、複勝率、単複回収率（値）を掲載した。

本来は同じ1位90という値でも、東京と阪神では異なる傾向を示すことが少なくない。競馬場と1位の指数ごとにデータを掲載すると、より精度は高まると思うが、表組だけで1冊すべてのページを埋めかねないので、あくまでも目安として使ってもらえれば幸いだ。

基本的には単複回収率が80％以上を超えている順位は好調といっていいだろうし、他場との比較で複勝率が高い順位の馬を狙うというのも、作戦のひとつだ。

指数に関わらず1位が危険な人気馬（リアルオッズで人気落ちしているなど）と感じた際は、この表を見れば、他の順位を軸にできることができるかもしれない。

論より証拠。先に紹介した主場4場でのポイントと合わせながら、実践例を紹介していくことにしよう。

●17年12月16日阪神11RタンザナイトS 9―1―2位：3連複1万4720円

阪神競馬場の項目でも書いたが、1位70は非常に安定して出現している。本来であれば、1位70は蹴飛ばす可能性も視野に入るところだが、こと阪神では軸にしておいても間違いはないのだ。

ということで、このレースは1位70で5番人気の⑥ラインスピリットが軸向きという結論になった。リアルオッズでは5番人気と低いので危険なコンピ上位馬なのかもしれないが、逆にオイシイと判断。1位70&69の複勝回収率が100%を超えているのは、このように順位に比べて、微妙に人気を落としている馬が走っていることを意味しているのだ。

相手探しとなる一戦だが、スンナリ2位を抜擢した。というのも、阪神での2位馬は安定して単複回収率が80%を超えている。その2位は65で②アクティブミノル。4番人気（7・8倍）

阪神競馬場●コンピ順位別成績

順位	勝率	連対率	複勝率	単回値	複回値
1位	31.6%	51.2%	64.8%	75	84
2位	18.5%	36.5%	51.6%	80	83
3位	12.6%	26.5%	40.2%	79	79
4位	10.5%	23.3%	34.9%	88	85
5位	7.0%	15.2%	24.7%	78	73
6位	5.4%	12.3%	20.7%	83	75
7位	4.6%	9.9%	17.3%	86	75
8位	2.5%	6.6%	12.6%	64	72
9位	2.4%	6.5%	10.8%	78	78
10位	2.2%	4.1%	8.4%	114	73
11位	1.0%	3.5%	6.1%	46	73
12位	0.9%	2.3%	4.9%	50	64
13位	1.1%	2.3%	4.0%	100	69
14位	0.7%	1.4%	2.2%	64	37
15位	0.6%	1.8%	2.9%	35	51
16位	0.1%	1.0%	1.8%	46	45

17、18位は省略

2017年12月16日阪神11Rタンザナイト S（OP、芝1200m）

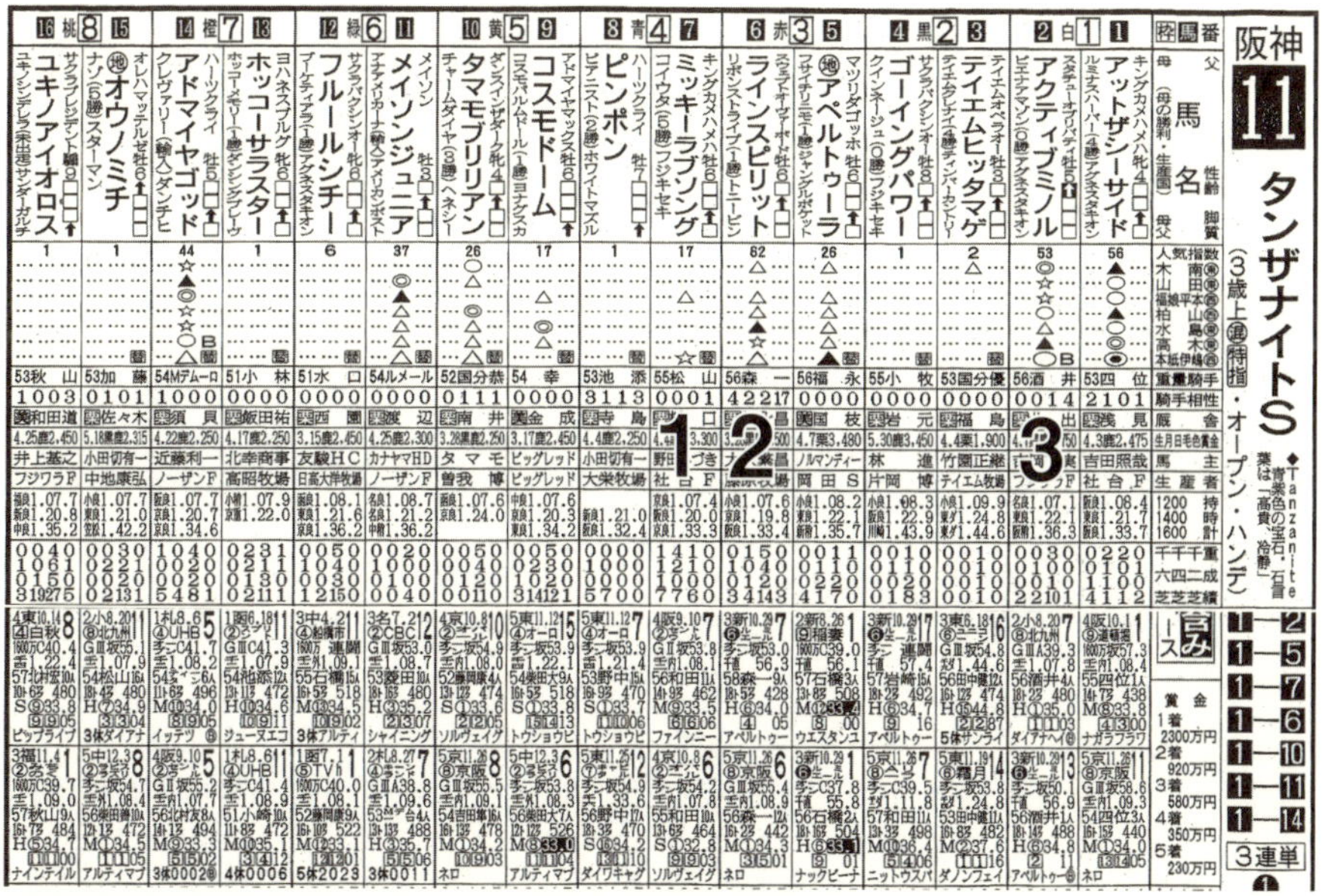

阪神 11 タンザナイトS（3歳上(混)(特指)・オープン・ハンデ）

馬番	馬名	騎手
1	アットザシーサイド	53四位
2	アクティブミノル	56酒井
3	ティエムヒッタマゲ	53国分優
4	ゴーイングパワー	55小牧
5	アペルトゥーラ	56福永
6	ラインスピリット	56森一
7	ミッキーラブソング	55松山
8	ピンポン	53池添
9	コスモドーム	54幸
10	タマモブリリアン	52国分恭
11	メイソンジュニア	54ルメール
12	フルールシチー	51水口
13	ホッコーサラスター	51小林
14	アドマイヤゴッド	54Mデムーロ
15	オウノミチ	53加藤
16	ユキノアイオロス	53秋山

馬番能力順位	1	2	3	4	5	6	7	8	9	10	11	12	13	14	15	16
阪神11R	⑥ 70	❷ 65	① 64	⑪ 61	⑭ 60	⑩ 56	⑤ 55	⑨ 53	⑦ 51	⑫ 48	③ 46	⑧ 44	⑯ 43	④ 42	⑮ 41	⑬ 40

1着⑦ミッキーラブソング

（9位 51・9番人気）

2着⑥ラインスピリット

（1位 70・4番人気）

3着②アクティブミノル

（2位 65・10番人気）

単⑦ 2540円

複⑦ 430円　⑥ 290円　② 270円

馬連⑥－⑦ 7680円　馬単⑦→⑥ 18390円

3連複②⑥⑦ 14720円

3連単⑦→⑥→② 119510円

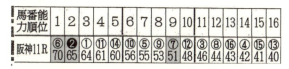

と、こちらも配当妙味がありそうだ。

この2頭を軸にした3連複で、あとは原則10位以内の馬8頭に流した。どこまで流すかは予算次第のところもあるだろう。結果として1位と2位の上位2頭の3連複流しだが、人気に直せば5番人気と2番人気の2頭による流し馬券。コンピと実際の順位との乖離《かいり》が、オイシイ馬券を運んでくると想定しての購入だった。

結果は1着に9位51で7番人気（25・4倍）の⑦ミッキーラブソングが入り、2着に1位ラインスピリット、3着2位アクティブミノルという順で決着した。

3連複を選択したのは、1位70の複勝率や複勝回収率が高かったが、勝ち切れないと判断したため。コンピをデータ化していけば、このようなこともまでわかってしまう。

この3頭による3連複は1万4720円と万馬券決着。コンピ順では9位→1位→2位という決着で、昨今のオッズ事情を考えれば、万馬券に届かなくても不思議はない。しかし、1位70ということが混戦ということを示していた通り、人気とコンピ順位が逆転していたのでオイシイ配当になった。

阪神で1位70＆69が、複軸ベースとしては意外と堅いことをわかっていれば、楽に獲れた馬券だろう。

●17年9月30日中山9RカンナS
4→6→3位：3連単9万5850円
3連複1万7650円

コンピ1位の複勝率が主場4場で最も低い中山競馬場。このレースは1位86と高い値で1番人気（1・7倍）に推されていた⑦ヴァイザーの取捨選択がポイントとなるだろう。ただ、実際、単勝1倍台の馬が出現した際はなかなか切れないというのも事実のはず。

中山における1位86の勝率は35・6％と主場4場では最も低い。東京では1位86の勝率が47・2％を記録。それに比べると12％弱も勝率が低くなるのだ。

中山競馬場●コンピ順位別成績

順位	勝率	連対率	複勝率	単回値	複回値
1位	30.8%	48.8%	61.2%	77	82
2位	17.5%	34.2%	46.7%	79	79
3位	11.7%	23.6%	36.5%	72	75
4位	12.1%	23.9%	36.1%	100	89
5位	7.2%	16.5%	26.5%	83	81
6位	5.5%	14.1%	22.5%	71	80
7位	4.2%	10.5%	19.1%	74	82
8位	3.2%	7.7%	13.6%	68	74
9位	3.1%	7.1%	11.2%	95	78
10位	1.6%	4.7%	8.8%	55	78
11位	1.4%	3.6%	6.0%	69	63
12位	0.6%	2.2%	4.8%	33	53
13位	0.7%	1.7%	3.9%	46	61
14位	0.5%	1.5%	3.1%	37	50
15位	0.3%	1.4%	2.3%	23	72
16位	0.4%	0.9%	1.9%	23	41

17、18位は省略

1位が飛ぶ、または相手やヒモ候補にする場合、買える順位は4位でいいだろう。単勝回収率は100%ピッタリだし、複勝回収率も89%とまずまず。このレースでは4位58で3番人気(8・2倍)の①ペイシャルアスが該当する。

さて、もう1頭軸候補を回収率ベースで考えた際に、浮上するのが5位や6位といったところだろう。思い切りのいい方や穴党は9位を軸にする手もある。しかし、迷ったのであれば、レースによっては当日の流れを見ることも立派な戦略だ。

取材スタッフは結局、6位56で6番人気⑥リンシャンカイホウを軸に指名した。というのも、1～8Rまでで5位の3着以内は一度とイマイチの成績だったから。一方、6位は二度、馬券になり、直前に行なわれたレースでも連対していたことを重視した。

ということで、3連単フォーメーションは1、2着に4位58①ペイシャルアス、1位86⑦ヴァイザー、6位56⑥リンシャンカイホウを置いて、3着は手広く流している。

さらに、リンシャンカイホウを1軸目に、2軸目にペイシャルアス、ヴァイザーを配置しての3連複も購入した。

結果、1着ペイシャルアス、2着リンシャンカイホウ、3着に3位59で5番人気の⑪オジョーノキセキが入って3連単9万5850円、3連複1万7650円が的中したのだ。

2017年９月30日中山９Ｒカンナ S（２歳ＯＰ、芝1200ｍ）

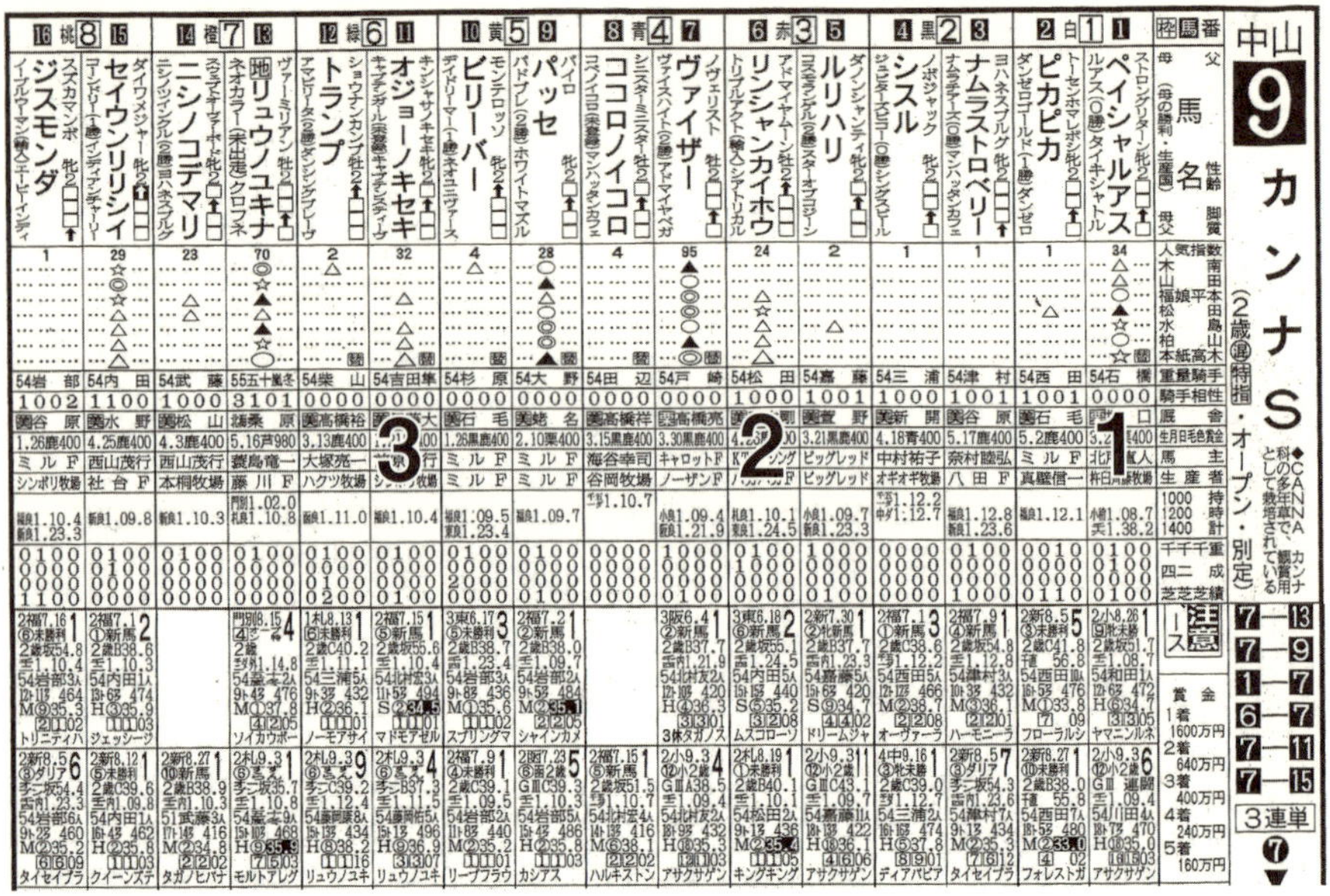

馬番能力順位	1	2	3	4	5	6	7	8	9	10	11	12	13	14	15	16
9　R	❼ 86	⑬ 67	⑪ 59	① 58	⑮ 57	⑥ 56	⑨ 55	⑭ 54	⑧ 49	⑩ 48	⑫ 47	⑤ 46	③ 43	④ 42	② 41	⑯ 40

１着①ペイシャルアス

（４位 58・３番人気）

２着⑥リンシャンカイホウ

（６位 56・６番人気）

３着⑪オジョーノキセキ

（３位 59・５番人気）

単① 820 円

複① 280 円

⑥ 390 円

⑪ 460 円

馬連①－⑥ 5430 円

馬単①→⑥ 10930 円

３連複①⑥⑪ 17650 円

３連単①→⑥→⑪ 95850 円

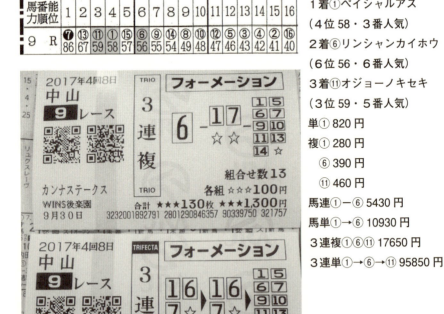

実は、この的中劇には裏がある。直前の中山8Rも1位86のレースだった。単勝は2倍台だったが1番人気で6着に敗れ、1着が9位48で9番人気（77・8倍）の馬が勝利し、2着に6位57で3番人気、3着に5位58で4番人気という順で決着し、3連複4万馬券、3連単45万馬券が飛び出していたのだ。

さすがに8Rはしとめられなかったが、9Rで1位86が絡む可能性がこれで否定しにくくなった。1位86ともなると、連続して凡走しないという思いもあったから。

また、9位を上位に取り上げなかったのも、低指数なので連勝はなく、ヒモで十分と判断したため。データをベースに当日の流れと併せて考えると、意外とオイシイ配当が得られるのは間違いないだろう。

●17年10月8日東京6R
1→12位：馬単1万4820円

東京競馬場での1位の指数別勝率を考えれば、84は決して高いとはいえないが、それでも主場4場では最も高い36・9％を記録しているのであれば狙わない手はないだろう。

単勝回収率は77％とやや物足りないが、総合の1位の成績を上回る勝率を残しているのであれば、迷った際には素直に馬券を買いたいところ。ただ、1位を軸にするのであれば相手に変化をつける必要はある。

東京競馬場●コンピ順位別成績

順位	勝率	連対率	複勝率	単回値	複回値
1位	34.1%	51.8%	64.9%	86	86
2位	17.3%	34.9%	49.6%	74	83
3位	12.3%	25.5%	38.6%	75	78
4位	9.6%	20.9%	31.7%	80	77
5位	7.0%	15.7%	26.3%	73	77
6位	5.7%	13.2%	21.9%	78	73
7位	3.8%	9.6%	16.3%	65	71
8位	3.3%	7.8%	13.7%	80	75
9位	2.9%	7.4%	11.8%	83	80
10位	1.3%	4.1%	7.2%	52	57
11位	1.0%	3.3%	6.0%	47	62
12位	0.9%	3.1%	5.3%	59	65
13位	0.7%	1.7%	3.3%	38	44
14位	0.6%	1.8%	3.2%	67	60
15位	0.3%	1.1%	2.8%	39	55
16位	0.4%	0.8%	1.9%	32	50

17、18位は省略

2017年10月８日東京６Ｒ（３歳上500万下、ダート1300ｍ）

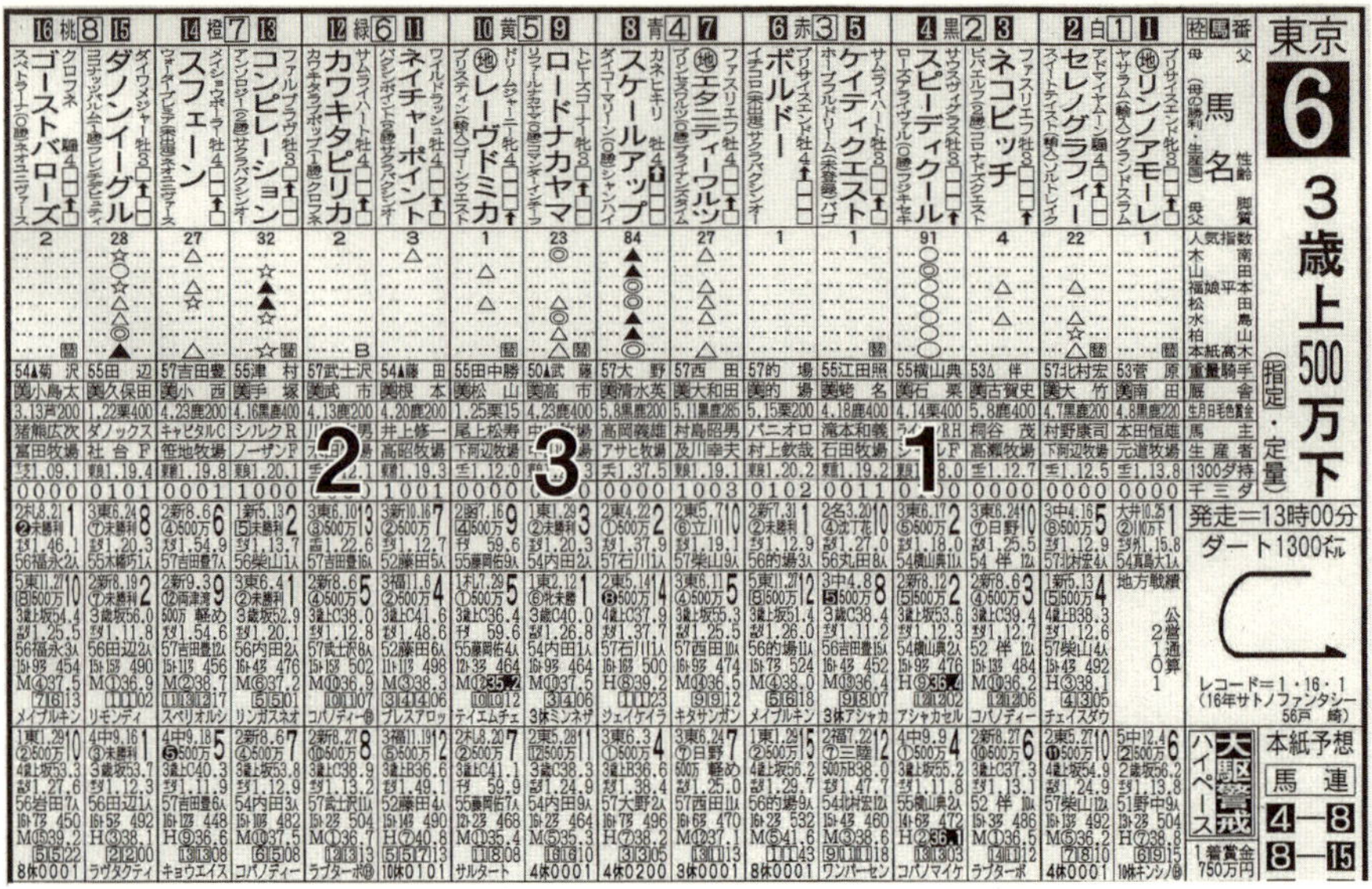

馬番能力順位	1	2	3	4	5	6	7	8	9	10	11	12	13	14	15	16
6 R	④ 84	⑧ 75	⑬ 58	⑭ 57	⑦ 56	⑮ 55	② 54	⑨ 53	③ 49	⑯ 48	⑪ 47	⑫ 46	⑩ 43	⑤ 42	⑥ 41	① 40

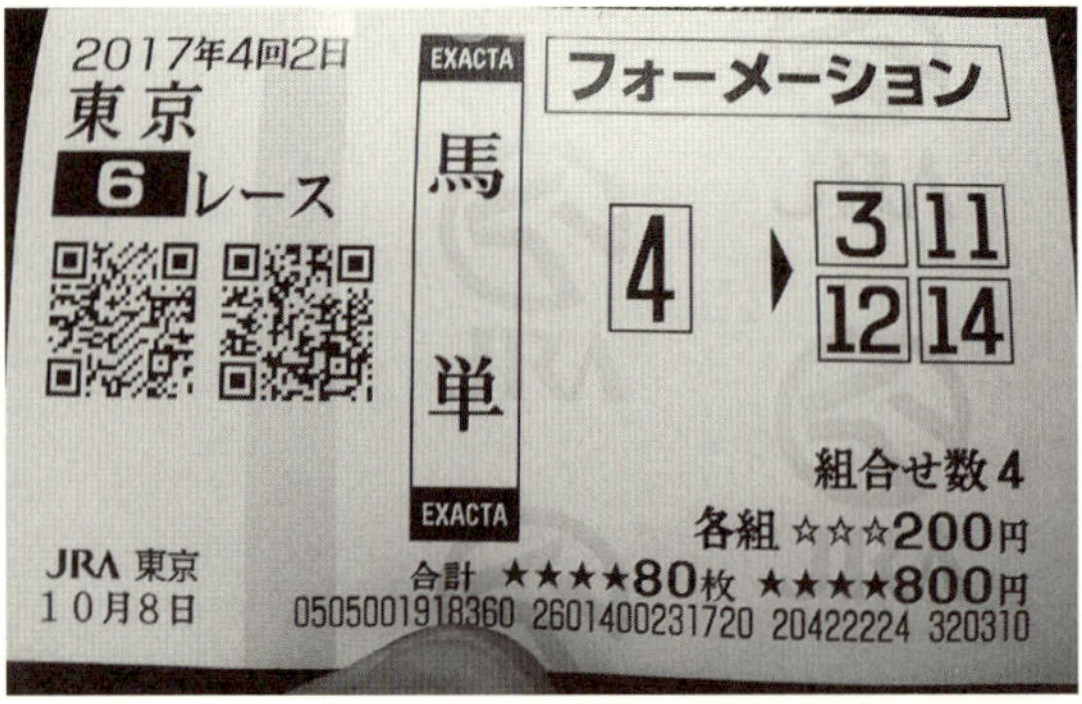

１着④スピーディクール

（１位 84・１番人気）

２着⑫カワキタピリカ

（12 位 46・10 番人気）

３着⑨ロードナカヤマ

（８位 53・３番人気）

単④ 240 円

複④ 130 円

⑫ 790 円

⑨ 220 円

馬連④－⑫ 9440 円

馬単④→⑫ 14820 円

３連複④⑨⑫ 20960 円

３連単④→⑫→⑨ 129590 円

1位と2位が同時に馬券になる組み合わせは、3連複、3連単系では配当面でなかなか恵まれない。馬連、馬単でも同じことだろう。東京は1位の複勝率が最も高いだけではなく、勝率、連対率もトップなのだ。すべての面で1位が安定している競馬場といっていいだろう。

このレースは実践例で紹介するほどではないが、1位を軸にしても万馬券が獲れるという意味で挙げておこう。

1位84で1番人気（2・4倍）だったのが④スピーディクール。1着付けにするほど鉄板ではないという局面かもしれないが、ここは2位75⑧スケールアップ（2番人気）のどちらかが勝利すると踏んだレース。

というのも、3位の⑬コンピレーションが指数58と低い値。3位で60を切る指数はそれほど多いものではない。逆にいうと、1位または2位のどちらが勝利に近く、それ以外の馬は大混戦というのがレースの特徴と考えたのだ。

東京の場合、1位か2位の軸で迷ったら、前者を選択したい。1位の勝率が主場4場でトップながら、2位の勝率は微差とはいえ最も低い値である。

そこで、素直に1位④スピーディクールを1着に置いた馬単を購入。1位を軸にするので、相手には指数49～46の穴馬と4位で6番人気の⑭スフェーンを据えた。決して連対率は高くないものの前日の土曜日に4位が2勝、8日当日も4位が5Rまでに2、3着が1回ずつと好調だったからだ。

指数49～46に該当する馬で、唯一、馬券を買わなかったのは10位48で14番人気だった⑯ゴーストバローズ。リアルオッズで4ポイント下げた単勝万馬券馬では厳しいと判断したため。

そこで9位49で11番人気（55・5倍）③ネコビッチ、11位47で9番人気（37・5倍）ネイチャーポイント、12位46で10番人気（47・7倍）⑫カワキタピリカへ馬単を購入した。他にも掲載していないが、スピーディクール中心の馬券があったため、中途半端な金額（800円）となっている。

レース結果は、東京では1位が安定して走っているというデータ通り、スピーディクールが勝利。2着は馬単のヒモに指名した⑫カワキタピリカ。3着は8位53で3番人気と、リアルオッズでなんと5ポイントアップの⑨ロードナカヤマが入った。

3着ロードナカヤマの場合、コンピ順位よりも人気になっていることを考えると、3連系では抑えたほうがいいとは思うが、1位馬が軸の場合、よほどのことがないと、人気になっている相手馬は指名しづらい部分もあるのだ。

まあそれでも、馬単1万4820円なら、1位を軸にした配当としては悪くないだろう。馬連9440円も万馬券には届かないがオイシイ配当といえる。3連複2万9060円、3連単12万9590円も買い方次第では的中の可能性はあったはず。

指数80台になっている1位馬を軸にする際は、低順位の馬をいかに相手へと組み込むのかが馬券のカギとなる。

●17年10月21日京都12R 3→4→9位：3連単4万1850円

京都競馬場で1位78を見かけたら、飛ぶ可能性から考えたい。やはり複勝率54・0%は低いといわざるを得ないし、指数77～75よりも低いのはいただけない。勝率が25・3%とそれなりにあるのは確かだが、3連系馬券がメインなら、

京都競馬場●コンピ順位別成績

順位	勝率	連対率	複勝率	単回値	複回値
1位	30.4%	51.1%	64.0%	75	83
2位	19.5%	37.9%	50.7%	85	84
3位	12.0%	25.3%	39.5%	73	79
4位	9.5%	20.9%	33.3%	82	79
5位	7.5%	16.8%	25.6%	79	75
6位	5.9%	12.4%	21.7%	84	78
7位	4.2%	9.6%	17.0%	77	77
8位	2.9%	7.2%	13.7%	78	82
9位	2.0%	5.8%	11.3%	62	82
10位	2.5%	5.0%	8.5%	132	85
11位	1.5%	3.1%	6.3%	86	67
12位	1.1%	2.4%	4.3%	58	49
13位	1.2%	2.6%	5.1%	77	80
14位	1.0%	2.3%	3.7%	68	64
15位	0.7%	1.2%	2.5%	73	67
16位	0.5%	1.9%	2.8%	66	58

17、18位は省略

押さえとして馬単などを購入することでフォローしたい。

ここで問題なのは1位が飛ぶ場合に、どの順位を軸にするのかという点だ。

思い切って、5位以下から軸をピックアップしたいところだが、ピンポイントで選び抜くのは難しいことだろう。無難なのはやはり2～4位を軸にすること。相手やヒモで下位の馬や、当日、出現数が目立つ順位を押さえることをオススメする。

10月21日京都12R（3歳上1000万下、ダート1800m）。このレースは1位78⑤シンゼンドリームが1番人気（3・5倍）という状況。せいぜい3着以内に入るのは2回に1回程度なら、先に述べたように消える可能性も考えたい。

そこで2位71⑪ビスカリア（3番人気）、3位70⑩テルペリオン（5番人気）、4位57⑬ショートストーリー（2番人気）を1、2着に置いた3連単を購入。3着欄にはヒモ荒れを期待して指数40台を中心に置いたフォーメーションだ。

結果を先に記すと、1着がテルペリオン→2着ショートストーリー→3着9位49⑨ザイディックメア（7番人気）の順で入線。

勘のいいコンピストの方は気づいたかもしれないが、1位を蹴飛ばし、指数49～46に該当する馬が3着に入っただけ。もちろん、ザイディックメアが2着に入ってしまうと、3連単は外れということになるわけだが、上位人気を軸にしても3000円程度で万馬券が獲りやすいというのは間違いない。

もちろん、3連単ではなく3連複で対応する手もあるだろう。配当は3連単4万1850円、3連複9320円だった。

このように同じコンピ1位といっても、競馬場ごとに差があるのはわかってもらえただろうか。他順位についても、同様のことがいえる。

続いては主場以外のローカル場についても検証を続けることにしよう。ただし、札幌、函館

2017年10月21日京都12Ｒ（３歳上1000万下、ダート1800ｍ）

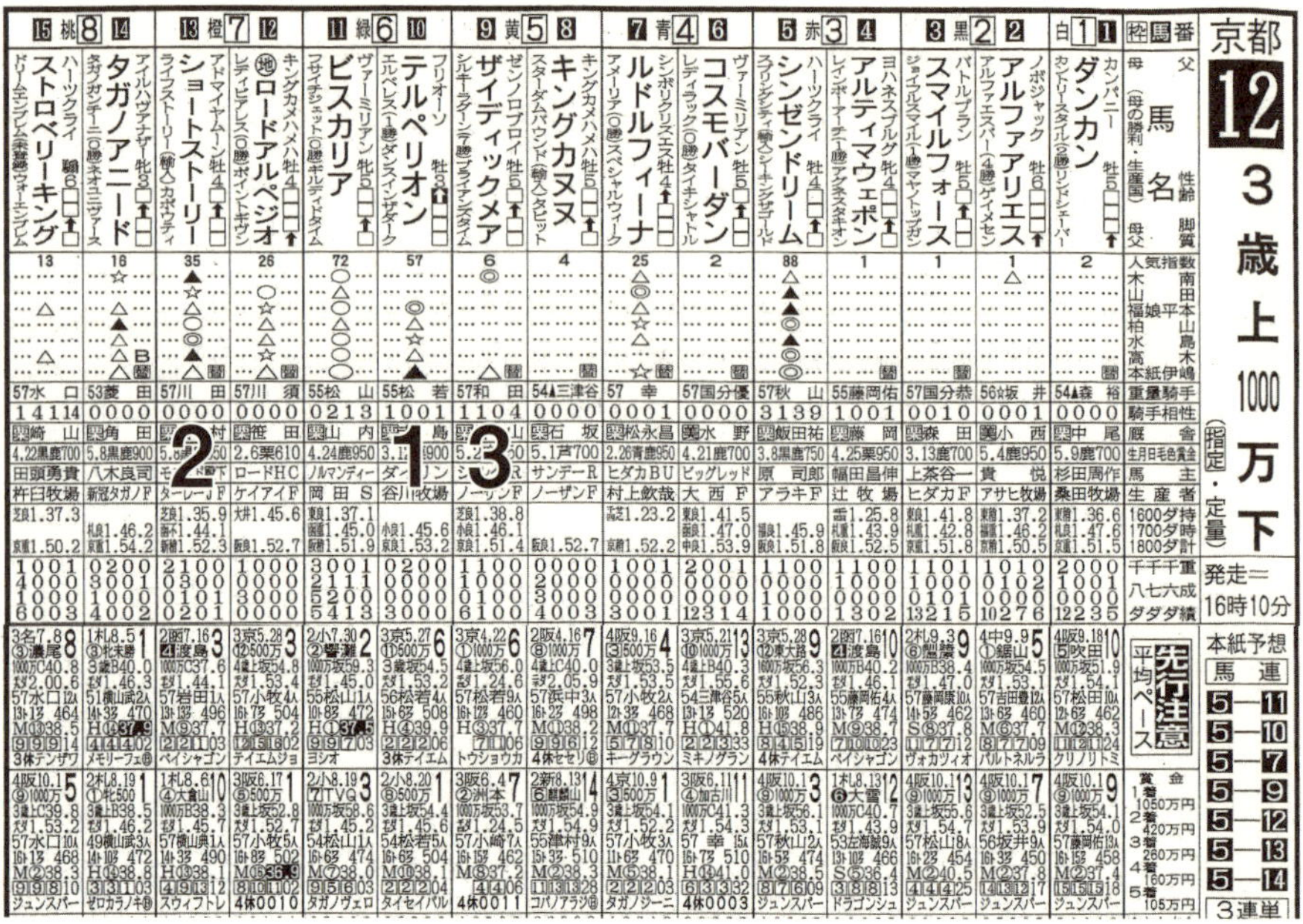
京都 12 3歳上1000万下（指定・定量） 発走＝16時10分

馬番	馬名	父	母	騎手
1	ダンカン	カンパニー	カントリースタイル	54▲森 裕
2	アルファアリエス	ノボジャック	アルファエスパー	56☆坂 井
3	スマイルフォース	バトルプラン	ジョイフルスマイル	57国分恭
4	アルティマウェポン	ヨハネスブルグ	レインボーデーテ	55藤岡佑
5	シンゼンドリーム	ハーツクライ	スプリングシティ	57秋 山
6	コスモバーダン	ヴァーミリアン	レディラック	57国分優
7	ルドルフィーナ	シンボリクリスエス	アメーリア	57 幸
8	キングカヌヌ	キングカメハメハ	スターダムバウンド	54▲三津谷
9	ザイディックメア	ゼンノロブロイ	シルキーラグーン	57和 田
10	テルペリオン	フリオーソ	エルベレス	55松 若
11	ビスカリア	ヴァーミリアン	フサイチジャスミン	55松 山
12	ロードアルペジオ	キングカメハメハ	レディアップ	57川 須
13	ショートストーリー	アドマイヤムーン	ライフストーリー	57川 田
14	タガノアニード	アイルハヴアナザー	タガノアンジェリカ	53菱 田
15	ストロベリーキング	ハーツクライ	ドリームモーメント	57水 口

指　数	1	2	3	4	5	6	7	8	9	10	11	12	13	14	15
12　R	❺ 78	⑪ 71	⑩ 70	⑬ 57	⑫ 55	⑦ 53	⑭ 52	⑮ 51	⑨ 49	⑧ 48	① 47	⑥ 46	② 42	④ 41	③ 40

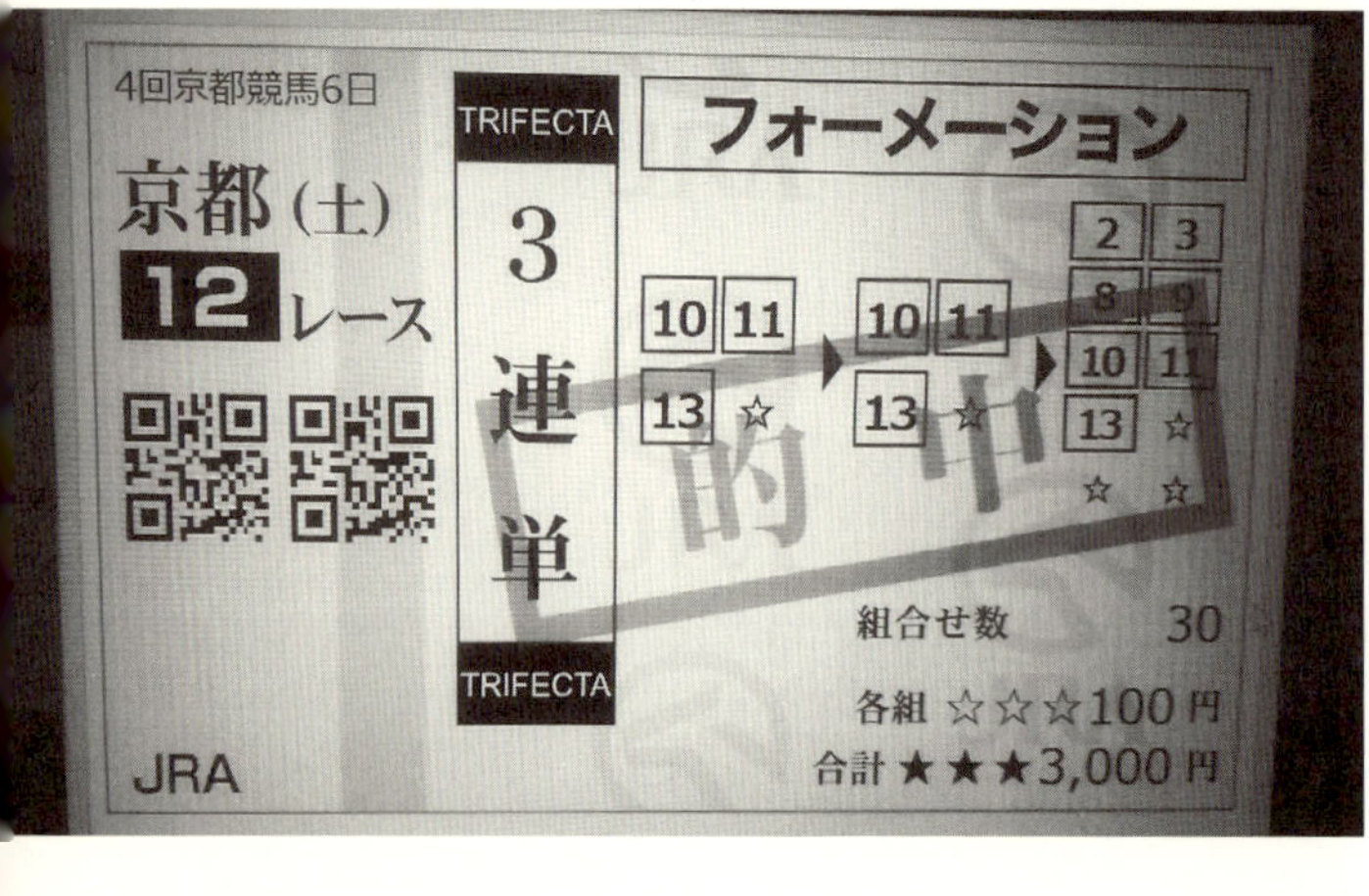

１着⑩テルペリオン

（３位 70・５番人気）

２着⑬ショートストーリー

（４位 57・２番人気）

３着⑨ザイディックメア

（９位 49・７番人気）

単⑩ 650 円

複⑩ 300 円

⑬ 210 円

⑨ 470 円

馬連⑩ー⑬ 1940 円

馬単⑩→⑬ 3640 円

３連複⑨⑩⑬ 9320 円

３連単⑩→⑬→⑨ 41850 円

開催は北海道シリーズとして、まとめた扱いとする。

開催日数が短縮され、過去3年のデータといっても、母数が他場と比較して少ないレースが目立つからだ。2場分足して他のローカル1場分という状況である。

北海道シリーズ（函館・札幌）

1位90は鉄板級、軸としては外せない ただし1位70台では波乱のケースも

北海道シリーズは、主場開催に比べて出走頭数が少なくなることも多少は影響しているのか、1位90の複勝率が91・4%と高い値を示している。集計期間内に35レースが該当し着外に終わったのが、たったの3レースであれば複軸としては信頼できるだろう。

連対率で74・3%ということを勘案すれば、1位90出現時はほぼ2着以内の馬券を購入すればいいということになる。しかし、1位全体の複勝率は63・9%と、集計期間の総合成績である62・8%を少し上回った程度の成績しか残していない。

1位の指数を詳細に検証していくと、指数ごとの信頼度の差が主場よりも大きく異なっているのが判明したのだ。例えば、出現数は少ないが、1位87、85といったあたりは複勝率が90%

北海道シリーズ●コンピ1位の指数別成績

指数	勝率	連対率	複勝率	単回値	複回値
90	48.6%	74.3%	91.4%	73	99
88	44.1%	62.7%	79.7%	72	87
87	72.7%	81.8%	90.9%	130	100
86	56.7%	76.7%	81.7%	105	93
85	53.1%	78.1%	90.6%	104	106
84	39.1%	59.4%	72.5%	84	87
83	31.9%	46.8%	66.0%	74	81
82	33.7%	53.0%	67.5%	77	81
81	42.9%	60.3%	71.4%	96	85
80	34.7%	43.1%	63.9%	88	84
79	20.0%	41.4%	62.9%	48	83
78	29.3%	47.8%	59.8%	81	85
77	26.3%	46.3%	58.8%	78	81
76	29.6%	46.3%	59.3%	90	82
75	27.3%	54.5%	66.7%	79	97
69 以下	24.4%	42.2%	48.9%	90	77

を超す。

一方、出現数が多いとはいえ、1位88は複勝率79・7%と総合成績よりも高い値を残すものの、北海道シリーズ1位80台後半の指数としてはやや物足りなく映る。

北海道シリーズの特徴①1位90の複勝率は90%超！　連対率も約75%!!

1位の信頼度が比較的高いのが北海道シリーズの特徴だが、85と84の間には大きな壁があることは認識しておきたい。

指数84になると勝率が40%、連対率が60%、複勝率が75%を下回っているのがわかるだろう。85より上の値では88を除いて高い値を示しているが、84になると信頼度が低下する。「コンピ指数1違いで大違い」となるケースと認識しておきたい。

北海道シリーズの特徴②1位85と84では大違い!?

1位70台ともなると、信頼度に差がつきやすくなる。例えば、1位79は勝率20%と総合成績の27・3%を大きく下回っているのだ。

基本的には1位90、80台後半は主場よりも信頼度は高いものの、70台ともなると主場より勝率や連対率、複勝率などが低い値となっているケースも少なくない。

比較的、1位の指数は主場や他場に比べて信頼度が高い数値となっているケースが目立つものの、1位74〜70は信頼できない。集計期間での成績は【44―43―25―125】（勝率18・6%、連対率36・7%、複勝率47・3%、単勝回収率67%、複勝回収率73%）。複勝率は1位69以下の場合を、若干であるが下回っているのだ。

1位69以下の成績は【11―8―3―23】（勝率24・4%、連対率42・2%、複勝率48・9%、単勝回収率90%、複勝回収率77%）。ご覧のように、すべての数値で1位74〜70時を上回っている。

北海道シリーズの特徴③1位74〜70は、1位69以下の成績より信頼度が低下する。

北海道シリーズの目玉のひとつが新馬戦だ。

頭数が揃いにくいという事情はあるにせよ、指数を問わずコンピ1位馬の成績は【44―23―19―16】（勝率43・1％、連対率65・7％、複勝率84・3％、単勝回収率97％、複勝回収率100％）と、圧倒的な数字を残している。

1位85以上に限定すれば【13―4―2―2】（勝率61・9％、連対率81・0％、複勝率90・5％、単勝回収率107％、複勝回収率98％）。競馬に絶対はないといわれるが、この数字に逆らって馬券が当たるケースのほうが珍しい。

ちなみに、着外の2回は4着だった。しかも、この着外は14年に記録されたもの。つまり、北海道シリーズの新馬戦で1位85以上の馬は、15年以降すべて馬券圏内に入っている。

この傾向に逆らって馬券を的中させることは不可能に近い、といい切っても間違いではないだろう

北海道シリーズの特徴④新馬戦で1位85以上なら複勝圏内は鉄板！（15年以降）

福島競馬場

1位馬は消してナンボの競馬場!? 特に1位83は単勝1倍台でも赤信号

コンピ1位の複勝率は全競馬場で最も低い58・3％というもの。60％を割り込み基本的に信頼しにくい数字となっている。

さらに1位指数を分析してみると、オドロキの結果が……。

まず、1位90の複勝率は79・3％と80％を割り込んでいる。さらに1位88では複勝率71・4％まで低下。1位90や88という値は、1番人気でも被っていることが少なくないので、この複勝率は物足りない。

1位86は複勝率72・2％と若干ではあるが、88を上回っているものの、勝率は27・8％と低い値となっており、1着付けの馬券を買うのは慎重に吟味したいところ。

出現数はそれほど多くないものの、1位83の複勝率は52・0％と、ほぼ2回に1回は4着以

福島競馬場●コンピ1位馬の指数別成績

指数	勝率	連対率	複勝率	単回値	複回値
90	48.3%	72.4%	79.3%	80	90
88	42.9%	53.6%	71.4%	79	82
87	100.0%	100.0%	100.0%	226	133
86	27.8%	55.6%	72.2%	52	87
85	40.0%	60.0%	80.0%	80	98
84	32.2%	52.5%	67.8%	71	83
83	24.0%	40.0%	52.0%	64	68
82	43.9%	63.6%	80.3%	109	105
81	38.6%	56.8%	65.9%	102	90
80	32.4%	45.1%	52.1%	94	70
79	31.4%	39.2%	47.1%	82	62
78	25.3%	38.6%	53.0%	73	72
77	32.7%	52.7%	67.3%	100	98
76	28.6%	41.3%	54.0%	95	82
75	15.0%	40.0%	57.5%	47	88
69 以下	11.1%	20.0%	31.1%	51	58

下に落ちてしまう計算だ。

ちなみに、福島で1位83となった際の3連単平均配当は24万8901円だった。1年間の3連単平均配当が15万円前後ということを考えると、福島の1位83該当レースがいかに荒れているか、わかるだろう。

1位83となるような場合、リアルオッズ（人気面）でも1番人気に推されるケースが少なくない。

実際、1番人気で単勝1倍台に支持されたレースは6レースあった。成績は【1―2―1―2】という状況で、単勝1倍台に支持された結果としては、物足りなさが残るといっていいだろう。1位83のレースでは、単勝1倍台に推されても勝ち切れないのだ。

これが2倍台のオッズになると、【3―2―2―9】と凡走のほうが目立つほど。少なくとも福島で1位83を見つけたら、波乱サインが点灯しているものと思って構わない。

福島の特徴①1位の複勝率がJRA10場で最も低い。1位83なら波乱サインが点灯。

また、1位指数が70台前半となるレースは複勝率ベースで50%を割るケースが少なくない。1位71に至っては【3―2―3―19】という成績で、複勝率29・6%と30%を割り込む。

当然だが、1位69以下の成績も大苦戦といっていい。【5―4―5―31】（勝率11・1%、連対率20・0%、複勝率31・1%、単勝回収率51%、複勝回収率58%）という具合で、とてもじゃないが軸には向かない。

特に1位69以下は、芝のレースで複勝率20・8%と低迷。そもそも、福島芝コースは距離を問わず1位の複勝率が55・9%と、1位のそれとしてはとてつもなく低いのだ。実質的にNo2の指数、1位88の芝成績は【4―1―1―5】。なんと複勝率は54・5%しかない。出現数がそれほど多くないことなどを勘案しても、1位88の値としては悲惨といっていいだろう。

福島の特徴②1位は芝総合で複勝率55・9%と低迷。芝の69以下なら複勝率は20%しかない！

福島における芝戦での1位が、いかに不安定かを示すデータは他にもある。

例えば、福島芝1200mで1位79以下となった際の成績は【23―23―17―79】（勝率16・2%、連対率32・4%、複勝率44・4%）。複勝率が50%を割り込んでしまう。思い切って穴馬券を狙うなら、福島芝1200mで1位が70台になったときだ。

ちなみに福島芝1200m戦における、1位80以上の成績は【30―17―12―31】（勝率33・3%、連対率52・2%、複勝率65・6%、単勝回収率82%、複勝回収率84%）とまずまず。

当該条件における1位82は【11―4―3―5】（勝率47・8%、連対率65・2%、複勝率78・3%、単勝回収率112%、複勝回収率100%）と信頼度が高かったほど。

本命党でも穴党でも、極端に偏りが出やすい競馬場こそ、1位の指数動向をしっかりとチェックして馬券の狙い方を考える必要がありそうだ。

福島の特徴③芝1200mで1位70台なら波乱必至！

新潟競馬場

1位馬の複勝圏内はローカル中、屈指
ただし直千競馬の1位79は鬼門

北海道シリーズを除いたローカル場の中で、コンピ1位の複勝率が最も高くなるのが新潟競馬場だ。複勝率62・0%、単勝回収率84%、複勝回収率87%と、まずまずの数字を叩き出す。

ダート戦に限定すれば、複勝率64・7%、単勝回収率91%、複勝回収率88%まで上昇する。

また、芝・ダート、距離を問わず1位84以上

新潟競馬場●コンピ1位馬の指数別成績

指数	勝率	連対率	複勝率	単回値	複回値
90	57.1%	85.7%	92.9%	88	102
88	54.8%	74.2%	83.9%	96	95
87	25.0%	75.0%	100.0%	63	127
86	59.4%	71.9%	81.3%	115	95
85	17.9%	35.7%	53.6%	36	65
84	42.4%	59.1%	80.3%	102	101
83	33.3%	48.9%	66.7%	87	88
82	48.2%	63.9%	71.1%	120	90
81	36.5%	47.6%	61.9%	95	81
80	37.1%	51.7%	68.5%	100	92
79	29.7%	51.6%	54.7%	90	80
78	28.0%	50.5%	63.4%	82	90
77	33.8%	47.1%	60.3%	99	86
76	15.2%	30.3%	53.0%	60	84
75	28.1%	42.1%	52.6%	94	82
69 以下	14.6%	33.3%	39.6%	61	74

（85を除く）の成績が安定しているのも、特徴的だ。1位85以外は複勝率が80%を超える。

1位90はJRA全10場の中で最も高い複勝率となる92・9%を記録。1位90は一本被りになりやすい傾向があるため、単複回収率は高くならないが、新潟で出現した場合は、単勝回収率88%、複勝回収率102%と高い値を叩き出す。複勝回収率で100%を超えるのは、しっかりと3着以内に来ていることを示しているのだ。

85を除いた1位84以上の成績は【118―43―30―37】（勝率51・8%、勝率70・6%、複勝率83・8%、単勝回収率101%、複勝回収率99%）。安定して走っているし、軸には最適。つまり、1位84以上のレースでは素直に軸へ据えていれば、何かしらの馬券が獲れるチャンスなのだ。

新潟の特徴①1位84以上（85を除く）では素直に軸へ据えよう。

一方で、芝コースで1位79となった場合は【10―5―2―22】（勝率25・6%、連対率38・

5％、複勝率43・6％、単勝回収率85％、複勝回収率65％）。勝率や単勝回収率は水準だが、複勝率、複勝回収率が低迷している。

1位79を1着固定にして馬単、3連単を購入するか、蹴飛ばすかのどちらかの戦略が有効といえそうだ。

また、1位69以下は芝・ダート、距離を問わず【7―9―3―29】（勝率14・6％、連対率33・3％、複勝率39・6％、単勝回収率61％、複勝回収率74％）と平凡な値になっている。まったくダメという成績ではないが、軸には不向きだろうし、気になった馬がいればヒモで十分だろう。

細かい凸凹はあるものの、新潟で1位の指数が高ければ信頼できるし、低くなれば複勝率も低迷するというのがわかる。表では省略しているが、1位74の複勝率56・9％、73の複勝率42・3％、72の複勝率43・2％、71の複勝率42・9％、70の複勝率29・2％という具合だ。

1位の指数70台は低くなるにつれ、複勝圏内が遠のいていく。

新潟の特徴②●1位70台は指数が下がるにつれて、信頼度も低下する傾向にある。

新潟の名物コースといえば、直線1000m競馬。この後の事典④でも取り上げる予定だが、1位馬の総合成績は【24―17―10―49】（勝率24・0％、連対率41・0％、複勝率51・0％、単勝回収率69％、複勝回収率74％）と、勝率はまずまずも回収率は冴えない。

1位が84以上であれば【11―3―2―4】という具合で、勝率も55・0％と勝ち切るし、複勝率も80％と信頼度は高いものの、83以下では【13―14―8―45】という状況で、勝率16・3％、複勝率43・8％と途端に信頼できなくなってしまうのだ。特に1位79は【2―1―0―8】と凡走が目立っており苦戦傾向。

直千競馬では、1位の指数値が84以上か以下なのかを、しっかり確認して馬券を購入する必要があるだろう。

新潟の特徴②●直千競馬は1位84以上なら堅

軸、83以下なら凡走が目立つ。特に79は大不振傾向。

中京競馬場

1位90と88では信じられない差が！
波乱のサインは1位78、76

中京の1位全体の複勝率は60・8％と低めの値となっているが、1位90は他の競馬場よりも信頼できる値だ。

1位90の成績は表にもある通り、【26－14－4－5】（勝率53・1％、連対率81・6％、複勝率89・8％、単勝回収率87％、複勝回収率102％）。

ほぼ2着以内になっているのがわかるし、約9割の確率で3着以内をキープしている。複勝回収率が102％ということが示す通り、しっかりと馬券にもなっているのだ。

ただし、1位88になった際は様相が一変する。

1位88の連対率は50％、複勝率は65・7％と、一般的な1番人気馬とほぼ変わらない値だ。

説明するまでもなく1位88は、1位90と似たような、被った人気（オッズ）になることが少なくない。2倍台前半や1倍台になることもよくある。しかし、1位90とは一転して、不安定な成績となっている。

1位88が2倍台のオッズになった際は【9－0－6－12】。勝利数こそボチボチだが、複勝

中京競馬場●コンピ1位馬の指数別成績

指数	勝率	連対率	複勝率	単回値	複回値
90	53.1%	81.6%	89.8%	87	102
88	40.0%	50.0%	65.7%	73	76
87	38.9%	61.1%	77.8%	64	93
86	38.1%	61.9%	75.3%	79	91
85	29.6%	40.7%	59.3%	66	74
84	29.9%	51.9%	62.3%	72	79
83	36.6%	56.1%	70.7%	92	94
82	27.8%	48.1%	59.5%	69	77
81	24.2%	45.2%	53.2%	72	73
80	32.2%	47.5%	64.4%	99	94
79	21.8%	36.4%	54.5%	64	76
78	22.6%	35.5%	48.4%	74	69
77	22.5%	40.0%	60.0%	73	89
76	20.0%	29.1%	49.1%	65	77
75	28.3%	41.5%	58.5%	89	87
69以下	17.6%	23.5%	35.3%	92	74

率は55・6％しかない。

さすがに1・5倍未満の人気では【5─0─0─1】と凡走は一度だけできっちりと勝ち切っているが、1・5～1・9倍のゾーンでは【14─6─4─8】（勝率43・3％、連対率62・5％、複勝率75・0％）という具合で、取りこぼしも目立っているのだ。

中京で1位88となるレースは、単勝1倍台前半で1着固定、1倍台後半では4レースに1回は4着以下、2倍台では勝てなければあっても3着――こんな認識を持っておいたほうがいいだろう。

中京の特徴①1位90は堅軸も、1位88はリアルオッズ次第で危険な人気馬に変貌する！

中京は1位80台といっても、個々の指数を見てもらえればわかる通り、複勝率ベースで安定していない状況が目立つ。

該当レース数は決して多くないものの、1位85は複勝率60％を割り込んでいるし、一方で1位83は複勝率が70％を超える。基本に従えば、1位の数値が高いほど、信頼度もアップするはずなのだが、中京では個別の指数をチェックしないといけないのだ。

1位70台でもその状況は同じである。1位79の複勝率は54・5％。他の競馬場との比較では、少し低迷しているという値だ。しかし、1位77は複勝率60％と、他の競馬場との比較でも8～10％高い値となっている。

もちろん、母数がそんなに多いわけではないので、下がっていく可能性もあるとは思うが、中京の1位の場合、必ずしも指数の高さと信頼度が一致しないという好例だろう。

また、1位78、76を見つけたら波乱サインといっていい。1位78は複勝率48・4％、1位76は49・1％と低迷している。

14年7月26日中京7Rでは1位76で1番人気（3・1倍）のゼウスが14着に大敗。1着が18位40⑰メイケイペガムーン（17番人気）、2着8位51の⑮トーコーグリーン（12番人気）、3着9位50⑦トウカイビジョン（9番人気）で決着した。
馬連でも25万7800円（馬単71万6070円！）、3連複169万3800円、3連単1299万5280円と超特大配当を呼び寄せた。この配当が獲れたとは思わないが、1位76のレースでは、何が起きても不思議はないということを示す一例だろう。

中京の特徴②1位は指数ごとに信頼度が異なる。1位78、76を見つけたら波乱サインだ。

これは1位の話ではないが、中京の波乱レースでは、9位が狙い目。

【40―39―47―903】（勝率3・9%、連対率7・7%、複勝率12・2%、単勝回収率137%、複勝回収率88%）という成績。

好走率は決して高くなくても、単勝回収率が137%と高い値を示す。1000頭以上が走り、40勝で回収率が130%を超えているのは、それだけ穴馬が勝利している証拠だ。

中京の特徴③1位が消えるような波乱レースで浮上するのは9位。

小倉競馬場

1位80～76は荒れる可能性大 18頭立て重賞の1位もヤバイ！

中京と異なり、小倉競馬場は出現数の少ない87、85といったところを除けば、1位80台は指数の高さに比例して信頼度もアップしている。

ただし、例外が1位80で、【14―13―8―38】

小倉競馬場●コンピ1位馬の指数別成績

指数	勝率	連対率	複勝率	単回値	複回値
90	53.7%	77.8%	88.9%	82	98
88	41.9%	59.7%	80.6%	79	92
87	25.0%	50.0%	50.0%	42	58
86	37.5%	59.7%	70.8%	75	85
85	38.1%	61.9%	66.7%	85	83
84	32.9%	53.9%	69.7%	80	88
83	26.2%	47.6%	64.3%	70	85
82	30.0%	51.4%	65.7%	70	86
81	40.8%	59.2%	65.3%	110	87
80	19.2%	37.0%	47.9%	57	67
79	35.2%	42.6%	55.6%	108	83
78	25.4%	43.7%	59.2%	82	90
77	15.1%	35.8%	47.2%	45	68
76	16.7%	29.6%	42.6%	60	67
75	23.4%	38.3%	53.2%	80	77
69 以下	0.0%	30.0%	50.0%	0	114

（勝率19・2％、連対率37・0％、複勝率47・9％、単勝回収率57％、複勝回収率67％）。このように、すべての数値が1位81よりも大きく下回っている。ひとつ下の数値である1位79よりも低い値だというのがわかるだろう。

特に500万下条件で1位80となったレースは、大きく信頼度が低下している。芝・ダート、距離を問わず500万下における1位80の成績は【5－4－2－21】（勝率15・6％、連対率28・4％、複勝率34・4％、単勝回収率59％、複勝回収率50％）。これでは、残念ながら軸にはできない。

小倉の特徴①500万下の1位80は危険！

また、小倉といえば、芝コースでは18頭立てになることもよくある。その際の1位は指数に関係なく信頼度が低い。

18頭立てにおける1位の成績は【51－32－21－107】（勝率24・2％、連対率39・3％、複勝率49・3％、単勝回収率77％、複勝回収率73％）と、2回に1回は4着以下に落ちている。

特に重賞では【0－2－0－3】と勝利ナシ。17年も北九州記念でキングハート（1位82）が4着、小倉2歳Sではモズスーパーフレア（1位86）が7着に敗れている。

小倉の特徴②18頭立てでの1位馬は複勝率は約50％と、平凡以下の成績だ。

小倉で特徴的なのは1位70台後半の場合、複勝率が極端に低くなることだ。1位75こそ複勝率は55・9％とまずまずの値だが、76は複勝率31・4％、77は45・7％、78は50％、79は51・4％と低い。

1位80も46・8％だったことを併せて考えると、1位80～76では波乱レースになることを示唆しているといっていいだろう。さらに細かいデータを見ていけば、衝撃の事実も発覚した。

1位76で18頭立てだった際の成績は【1－0－1－12】。実際の人気はともかくとしても、仮にも1位に推された馬の成績としては寂しいものがある。

1位76で18頭立てならほぼ馬券にならないと

いうのは、穴党はもちろんのこと、本命党もしっかりと頭に入れておきたいデータだ。

小倉の特徴③1位80〜76は複勝率が低く推移。特に76は30％台と大苦戦。1位76＆18頭立てなら馬券圏内は一度のみ。

一方で、1位74〜70の成績は【19―7―6―35】（勝率28・8％、連対率39・4％、複勝率48・5％、単勝回収率147％、複勝回収率89％）と複勝率こそ50％を割っているが、80〜76が1位時よりも信頼度が高くなっている。

1位69以下の成績は【0―3―2―5】と勝ち星はないものの、複勝回収率は114％を記録。信頼するとまではならないものの、1位の値が低いからといって無視するのは危険といっていい。

このあたりの数値になってくると、1位といっても1番人気に推されていることのほうが珍しくなるので、馬券になった際は意外と配当に妙味があったりするのだ。

まとめると、1位90、88は他場と比較しても信頼度は高め。1位86〜81（85除く）は一定程度の信頼が置け、80〜76は蹴飛ばすことでオイシイ馬券を狙い、75以下は状況に応じて軸にするかどうかを判断するといいだろう。

ローカル場のコンピ実践

ローカル競馬場における実戦例も2つ紹介しておくことにしよう。競馬場別コンピの使い方の指針にはなると自負している。

●17年10月14日新潟10R瓢湖特別
2―8―12位：3連複1万9390円

このレースは1位がすぐに危険だというのがわかるだろう。1位69⑬フォンス（1番人気、4・2倍）が該当馬。

新潟競馬場における1位69以下の成績は、先にも紹介した通り複勝率39・6％と平凡。まったくヒモにならないというわけではないが、軸にする必要性はない。

1位が不安定だったということで、単純に2

位67①プライムセラー（2番人気）と3位66③アドマイヤローザ（3番人気）を1軸目にマーク。2軸目に12位46④アインザッツ（12番人気）を加えて3連複フォーメーションを購入することにした。

12位アインザッツを加えたのは、新潟におけるコンピ順位別成績（P85）を見てほしいが、単勝回収率が111%と高率だったため。一発あればという意味で2軸目に加えたのだ。

もちろん厳密にいえば、単勝回収率は馬単、3連単を狙う際の指標のひとつだが、3連複ベースでも12位の馬が3着以内に入れば配当がハネ上がる可能性があると判断した。

また1位が60台なのに、2、3位を軸にしていただけではつまらなすぎる。3連複でも万馬券となるような買い目を構築するという意味合

北海道シリーズ●コンピ順位別成績

順位	勝率	連対率	複勝率	単回値	複回値
1位	31.9%	50.7%	63.9%	79	84
2位	17.0%	36.9%	49.8%	74	82
3位	12.8%	25.2%	38.9%	79	76
4位	9.0%	19.3%	31.4%	77	76
5位	7.3%	18.2%	29.4%	71	81
6位	6.4%	13.5%	21.4%	84	72
7位	4.7%	9.4%	17.1%	78	73
8位	4.0%	8.7%	13.9%	92	75
9位	2.7%	6.1%	11.7%	75	76
10位	2.2%	4.8%	8.5%	87	65
11位	1.9%	5.2%	8.5%	78	78
12位	1.1%	3.2%	6.6%	77	89
13位	0.4%	1.6%	3.5%	30	52
14位	0.7%	2.4%	5.1%	55	92
15位	0.0%	0.0%	2.1%	0	20
16位	0.0%	0.5%	1.0%	0	17

福島競馬場●コンピ順位別成績

順位	勝率	連対率	複勝率	単回値	複回値
1位	28.1%	45.5%	58.3%	77	81
2位	18.3%	35.9%	48.6%	87	86
3位	12.1%	24.6%	36.4%	77	75
4位	10.8%	23.9%	35.5%	93	93
5位	7.7%	16.7%	26.6%	82	74
6位	4.6%	10.6%	18.2%	70	67
7位	4.9%	10.1%	17.0%	85	68
8位	3.8%	8.5%	14.8%	80	80
9位	3.4%	6.8%	11.5%	106	78
10位	2.0%	4.3%	9.4%	59	70
11位	2.0%	5.6%	8.9%	86	80
12位	1.2%	3.2%	6.2%	50	78
13位	0.4%	2.2%	3.9%	14	45
14位	1.0%	2.5%	5.0%	73	77
15位	0.4%	0.8%	1.5%	24	25
16位	0.2%	1.3%	2.7%	125	62

2017年10月14日新潟10R瓢湖特別（3歳上500万下、芝2200m）

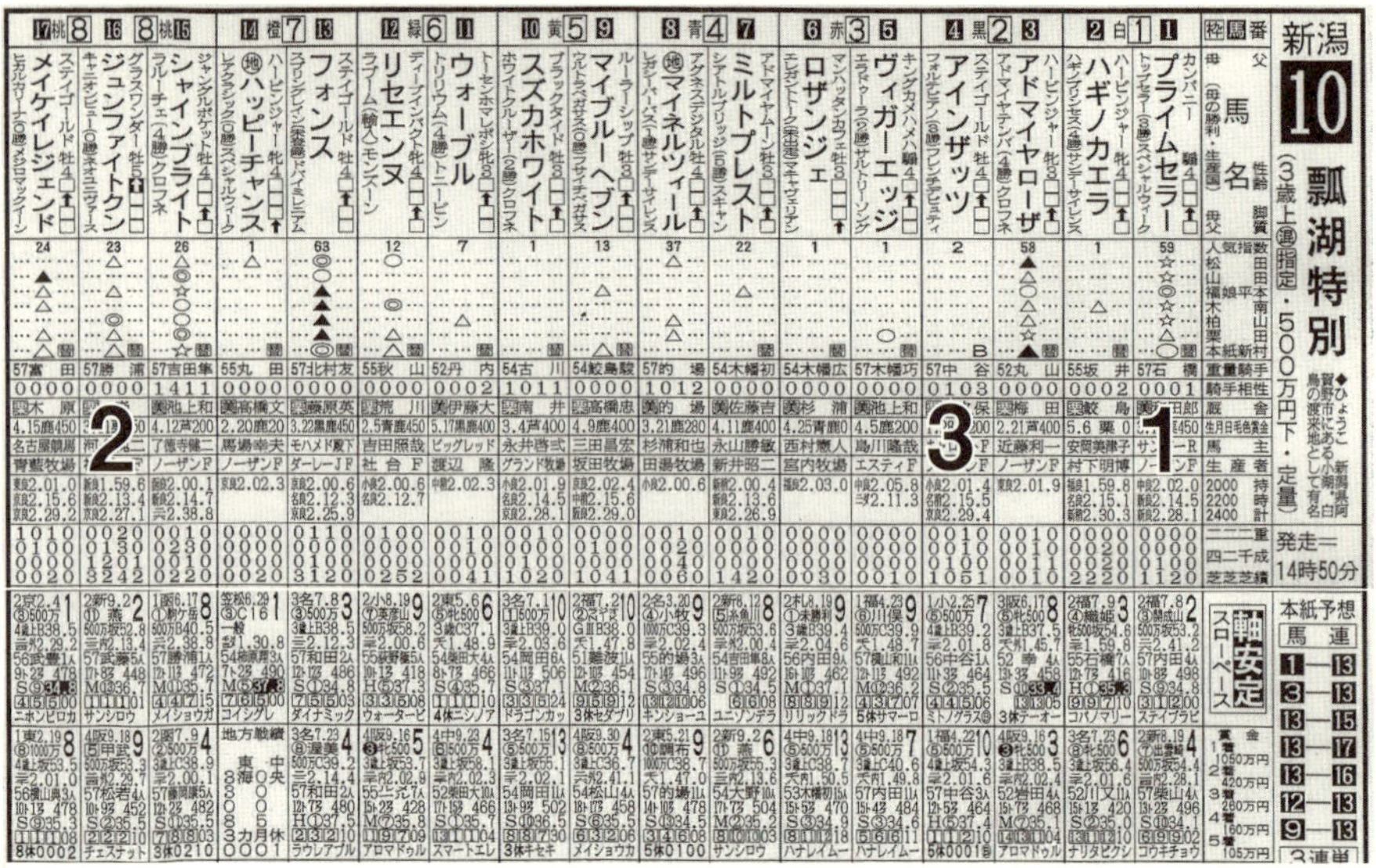

馬番	馬名	騎手
1	プライムセラー	57石橋
2	ハギノカエラ	55坂井
3	アドマイヤローザ	52丸山
4	アインザッツ	57中谷
5	ヴィガーエッジ	57木幡巧
6	ロザンジェ	54木幡広
7	ミルトプレスト	54木幡初
8	マイネルツィール	57的場
9	マイブルーヘブン	54鮫島駿
10	スズカホワイト	54古川
11	ウォーブル	52丹内
12	リセエンヌ	55秋山
13	フォンス	57北村友
14	ハッピーチャンス	55丸田
15	シャインブライト	57吉田隼
16	ジュンファイトクン	57勝浦
17	メイケイレジェンド	57富田

指数	1	2	3	4	5	6	7	8	9	10	11	12	13	14	15	16	17
10 R	⑬69	①67	❸66	⑧61	⑦56	⑮55	⑰54	⑯53	⑨50	⑫49	⑪48	④46	②44	⑩43	⑭42	⑤41	⑥40

1着①プライムセラー　（2位67・2番人気）

2着⑯ジュンファイトクン　（8位53・6番人気）

3着④アインザッツ　（12位46・12番人気）

単① 440円　複① 210円　⑯ 370円　④ 960円

馬連①－⑯ 3740円　馬単①→⑯ 6070円

3連複①④⑯ 49390円　3連単①→⑯→④ 220430円

いもあって、12位アインザッツを抜擢したのだ。

この際、ヒモは手広く購入したほうがいい。

1位がコケたのであれば、それだけで、そこそこの配当が期待できるだろう。瓢湖特別の場合、頭数も多く混戦模様のレースだったし、少し低順位の馬が絡めば配当がハネ上がるだろうという思惑もあった。

結果は1着が1軸目の2位プライムセラー、2着が3軸目（ヒモ）に拾った8位53⑯ジュンファイトクン（6番人気）、3着が2軸目に加えた12位アインザッツ。指数69と低い値だった1位フォンスは8着に敗れている。

17頭立てと頭数が揃っていたことも影響したのだろうが、この3頭の3連複は4万9390円の高配当だった。

1位を軸にしない際は、いかに低順位で人気薄の馬を拾えるかがカギとなるだろう。ただ、新潟でのコンピ順位別成績を見れば、12位を抜擢するのはそう難しいことではなかったはずである。

新潟競馬場●コンピ順位別成績

順位	勝率	連対率	複勝率	単回値	複回値
1位	32.0%	49.4%	62.0%	84	86
2位	16.7%	33.4%	47.0%	77	80
3位	12.2%	26.1%	38.4%	78	77
4位	9.5%	20.7%	31.2%	80	75
5位	6.1%	15.1%	24.0%	66	68
6位	5.1%	11.8%	20.6%	65	71
7位	5.1%	10.4%	18.5%	88	75
8位	2.7%	7.5%	14.1%	64	70
9位	3.1%	6.7%	11.1%	92	68
10位	1.8%	5.4%	10.0%	65	76
11位	1.8%	3.4%	6.6%	58	60
12位	2.4%	3.9%	6.4%	111	64
13位	1.2%	3.5%	5.6%	69	75
14位	0.4%	1.6%	3.1%	27	50
15位	0.7%	2.7%	3.7%	69	84
16位	0.5%	0.5%	2.2%	62	31
17位	0.7%	2.2%	4.1%	49	89
18位	0.0%	2.2%	2.7%	0	77

中京競馬場●コンピ順位別成績

順位	勝率	連対率	複勝率	単回値	複回値
1位	28.9%	46.5%	60.8%	76	83
2位	16.5%	33.3%	46.2%	73	78
3位	12.2%	27.1%	39.3%	78	81
4位	10.7%	20.3%	30.1%	85	78
5位	7.5%	15.6%	26.7%	67	78
6位	5.5%	13.0%	21.6%	75	76
7位	3.6%	9.4%	15.4%	53	67
8位	3.8%	8.7%	15.0%	79	81
9位	3.9%	7.7%	12.2%	137	88
10位	2.3%	5.2%	9.5%	71	76
11位	1.9%	4.0%	7.3%	87	77
12位	1.7%	3.9%	6.6%	59	69
13位	0.7%	2.1%	3.6%	44	51
14位	0.5%	2.2%	3.2%	69	61
15位	0.7%	1.8%	4.1%	63	78
16位	0.9%	1.3%	2.8%	72	57
17位	0.0%	0.5%	1.4%	0	36
18位	1.0%	3.6%	4.6%	153	131

●17年12月16日中京9R
2—8—12位：3連複2万8390円

1位76で1番人気（2・9倍）だったのが⑫フィスキオ。中京では1位78と76は信頼できないと書いた通り、軸にする必要はないだろう。

1位から買わない際は、原則2位または3位を軸にするのが、的中率を高めるひとつのポイントでもある。

小倉競馬場●コンピ順位別成績

順位	勝率	連対率	複勝率	単回値	複回値
1位	29.5%	47.6%	60.6%	80	83
2位	16.6%	33.9%	45.9%	75	78
3位	13.4%	26.1%	38.0%	84	78
4位	8.4%	20.4%	30.8%	73	78
5位	8.3%	16.5%	24.9%	83	70
6位	5.7%	12.4%	20.9%	76	72
7位	5.2%	10.1%	18.5%	85	78
8位	3.1%	7.8%	14.4%	58	81
9位	2.9%	7.3%	12.0%	68	79
10位	1.6%	5.2%	9.7%	64	85
11位	2.0%	4.2%	7.5%	106	70
12位	1.6%	3.6%	6.4%	103	80
13位	1.5%	3.1%	6.2%	113	84
14位	0.9%	2.6%	4.0%	63	53
15位	0.4%	2.1%	4.1%	13	60
16位	0.6%	1.4%	2.6%	40	31
17位	0.8%	2.1%	4.2%	59	69
18位	0.5%	1.0%	3.4%	16	63

そこで、2位71⑩レッドオーガー（3番人気）、3位65⑨ロードナカヤマ（4番人気）を本命軸（1軸目）とし、穴軸として9位50⑬キンイロジャッカル（11番人気）、10位48⑭カガヤクミナノユメ（8番人気）を抜擢した変則3連複を購入（画像参照）。

2、3位から1頭、穴として指名した9、10位から1頭が馬券になれば、ヒモ次第では2、3万馬券もあり得るという意図での変則フォーメーションだ。

9位を抜擢したことに詳細な説明はいらないだろう。中京の項目でも説明した通り、9位は単勝回収率が高いこともあり、常に一発を注意しなければならないからだ。

もう1頭の穴軸にピックアップした10位は平凡な成績で、本来であれば11位を取り上げたいところだ。しかし、10位カガヤクミナノユメの指数が49に対し、11位⑤メイショウナガマサの指数47と1減並びになっていなかったこと。さらに同馬が13番人気（62・7倍）と人気を落と

2017年12月16日中京９Ｒ（３歳上500万下、ダート1400ｍ）

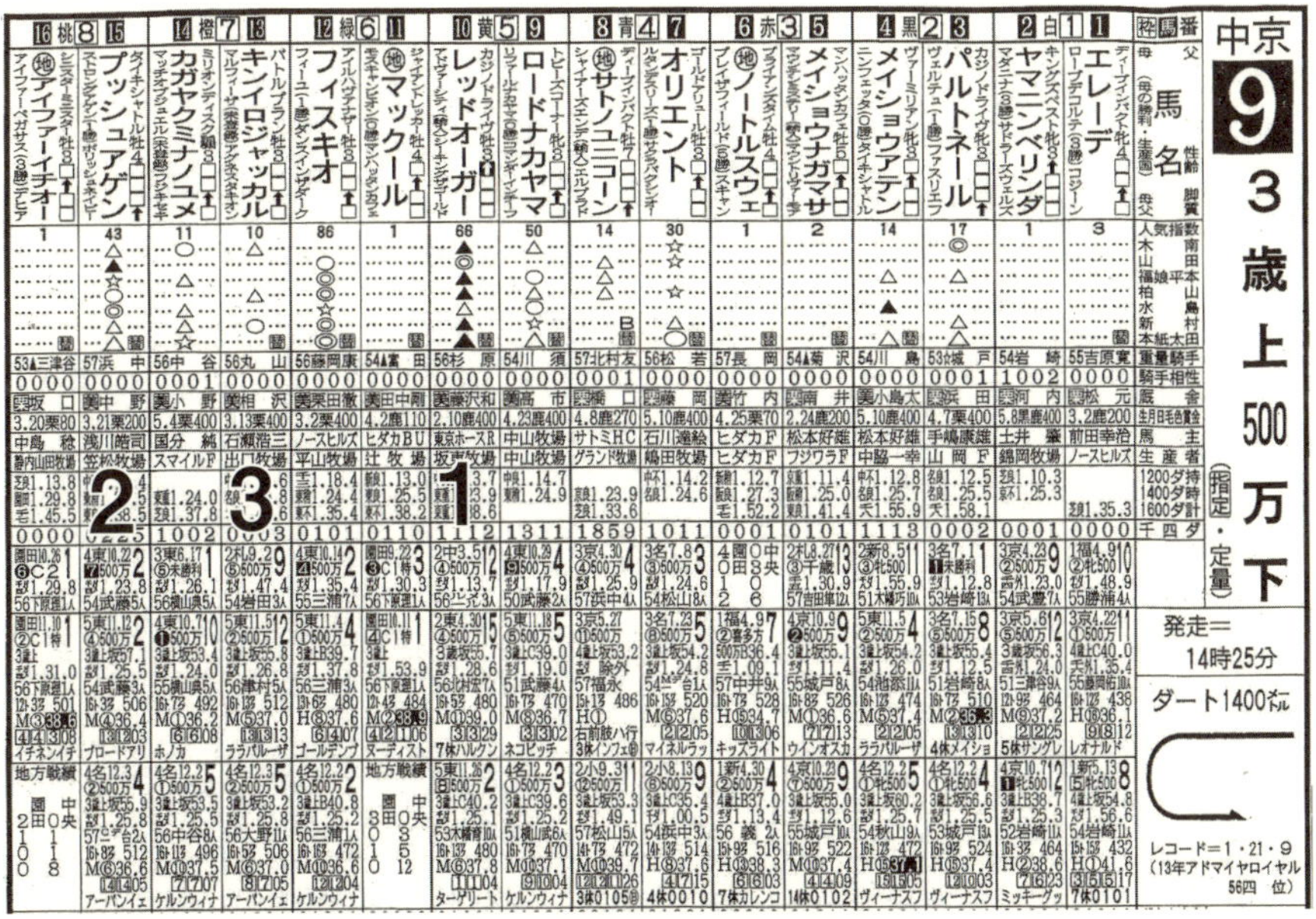

指数	1	2	3	4	5	6	7	8	9	10	11	12	13	14	15	16
9R	⑫ 76	⑩ 71	⑨ 65	⑮ 59	⑦ 56	⑧ 53	③ 52	④ 51	⑬ 50	⑭ 49	⑤ 47	① 46	② 43	⑪ 42	⑯ 41	⑥ 40

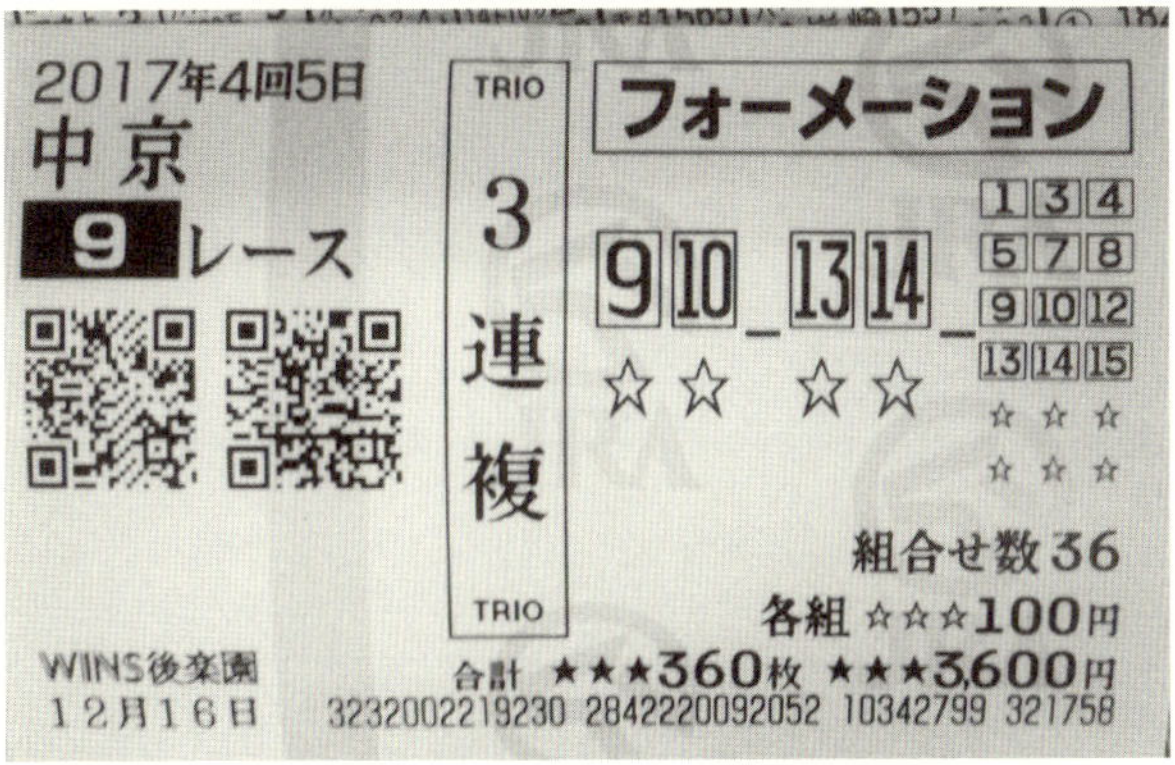

１着⑩レッドオーガー	単⑩ 740 円
（２位 71・３番人気）	複⑩ 260 円　⑮ 180 円　⑬ 610 円
２着⑮プッシュアゲン	馬連⑩ー⑮ 2530 円
（４位 59・２番人気）	馬単⑩→⑮ 4790 円
３着⑬キンイロジャッカル	３連複⑩⑬⑮ 28390 円
（９位 50・11 番人気）	３連単⑩→⑮→⑬ 122190 円

しており、10、11位間に断層があると判断したため。

このあたりは長くコンピで馬券を購入していれば理解できてくると思うが、断層直後の馬というのは基本的に厳しい結果に終わることが少なくない。

コンピ順位別成績（P85）を見れば、10位よりも11位を上に取るべきところだが、あえて10位を穴軸に指名したのだ。

レースは、1着が本命軸に指名した2位レッドオーガー、2着4位59⑮プッシュアゲン（2番人気）、3着に9位キンイロジャッカルで決着。

結論からいえば、本命軸2頭に9位を1頭加えればよかっただけのレースだったが……これで3連複2万8390円なら、悪くない配当だろう。

3連単の12万2190円も的中できたかもしれないが、2―9位マルチや3―9位マルチ馬券を複数購入しないと手が届かなかった可能性が高い。

効率を考えれば3連複で十分な高配当だったといえるし、3連複だからこそ低順位の馬をピックアップしやすいという馬券的な側面もあることだろう。

儲かるコンピ事典③

クラス

新馬からGIまで9クラス「JRAピラミッド」を攻略せよ!

2013年、本書シリーズで最初の王様判定ボードが登場したときに取り上げたテーマが、「クラス（条件）別」だった。そのことからもわかるように、クラスによっても、日刊コンピの信頼度は大きく変動する。

新馬・未勝利・500万下・1000万下・1600万下・OP特別・GⅢ・GⅡ・GⅠ……JRAのピラミッド状になったクラス分けがコンピ指数に与える影響を、今回は「指数差」という考えを一部取り入れ分析した。

なお集計上の都合によりデータ（表）は、新馬、未勝利は2・3歳混合、2・3歳の500万以上は、古馬の同条件と混合になっていることをお断りしておく（例えば500万下では、夏のクラス編成前の2・3歳500万下も、古馬の500万下もデータ上、同カテゴリーということ。同様にOP特別以上も、2・3歳限定戦と古馬混合戦を併せた数字。特記事項がある場合は、本文でフォローしている）。

集計期間は14年1月5日～17年11月26日。

新馬

芝で2位馬が好走するケースとは……1位馬の信頼度は圧倒的に芝＞ダート

当然の結果かもしれないが、コンピ1、2位馬が好走率で全体平均を上回る。単複回収率も同様に全体の平均を上回っている。要は、新馬戦はコンピ上位の馬がよく走り、儲かるクラスなわけだ。

やはり、後の重賞馬と未勝利に終わる馬が混走する、クラス分けがまだされていない新馬戦では、上位の馬と下位の馬の差が大きいということだろう。

その証拠に、現4歳馬は、新馬戦では指数最高値の90で18頭が走り、うち14頭が勝ち、残りの4頭も3着以内と完璧に走った。

この中には、牝馬ながら皐月賞で1番人気になったファンディーナ（フラワーC）の他に、セダブリランテス（ラジオNIKKEI賞）、コウソクストレート（ファルコンS）と、3頭もの重賞馬が出ている。

1走もしていない、過去走からの指数算出がない状態で、この有様なのだ。

後に重賞を勝つような馬は、調教などで動いていることも多く、走る前から勝ち馬が浮かび上がる傾向にあるのだろう。それが、最高指数90の好成績に結びついているはずだ。

1位90の他にも、1位88馬は複勝率80・3％で買いとなる。

新馬戦でコンピ2位なら、リアルオッズで「単勝3番人気以下」の馬を買うのがいい。なぜなら同条件に該当した馬は勝率16・2％で、単勝回収率は112％となっているからだ。素直にアタマで狙ってみたいところだ。

17年8月6日新潟6R（2歳新馬、芝1400m）、コンピ1位で指数90のアーモンドアイが当然のごとく断然の1番人気。傾向からいえば逆らう余地はなく、ここは素直に相手探しの一戦だった。

コンピ2位のニシノウララは、4番人気の低評価だったが「指数2位で単勝3番人気以下」の買い条件にしっかり合致していた馬だった。

結果はニシノが1着、アーモンド2着。さらに3着はコンピ3位ゴールドシャッツ（2番人気）で3連単は1万3930円に。

この万馬券を少点数で獲ることも簡単だったはずだ。まさに裏目千両となった一戦だったが、コンピのクセを見破ることで、的中に大きく近づくことができる。

このようにコンピ上位馬の信頼度が高い新馬戦だが、詳細にデータの内訳を見ていくと……ダート戦での1位馬の信頼度は、芝に比べてイマイチ（表は芝・ダート総合）。

数多くのダートの一流馬でも、デビュー戦は芝だった……ということも多い。若駒戦では芝のオークスやダービーが頂点になっているだけに、最初からダートを使う馬はコンピ上位といえども、罠が待っているのかもしれない。

このダート戦では、「2位との指数差が1しかない1位馬」も、あまりオススメできない状

新馬●コンピ1位馬の指数別成績

指数	勝率	連対率	複勝率	単回値	複回値
90	57.9%	73.7%	87.7%	92	97
88	54.9%	71.8%	80.3%	89	89
87	42.9%	50.0%	64.3%	83	75
86	41.9%	66.2%	74.3%	74	84
85	35.5%	58.1%	71.0%	61	80
84	31.9%	49.3%	69.6%	62	83
83	44.7%	57.4%	74.5%	105	88
82	33.7%	58.1%	67.4%	75	84
81	46.2%	61.5%	75.4%	119	95
80	34.8%	56.1%	75.8%	90	93
79	23.8%	42.9%	61.9%	53	82
78	26.7%	47.7%	54.7%	73	75
77	30.8%	53.8%	67.3%	84	92
76	28.8%	42.4%	57.6%	102	85
75	36.7%	63.3%	77.6%	115	108
74	25.5%	43.6%	56.4%	82	83
73	32.5%	55.0%	67.5%	126	108
72	22.0%	43.9%	53.7%	82	89
71	10.0%	20.0%	33.3%	46	58
70	21.1%	36.8%	47.4%	68	75
69	33.3%	41.7%	58.3%	122	106
68	0.0%	12.5%	25.0%	0	45

指数 67 以下は省略（以降も同じ）

態になっている。

これも前述の理由と同様で、ただでさえ信頼できないダート戦のコンピ1、2位との指数差がわずか……となれば、おのずと1位の信頼度の問題に関わってくるからだ。

未勝利

2歳未勝利戦で1位85以上は鉄板級！

新馬●コンピ順位別成績

順位	勝率	連対率	複勝率	単回値	複回値
1位	34.5%	53.6%	66.7%	84	86
2位	19.1%	37.3%	52.7%	87	85
3位	12.6%	27.3%	41.5%	80	82
4位	8.8%	19.2%	31.8%	79	77
5位	6.3%	15.2%	24.5%	71	71
6位	5.3%	13.4%	20.4%	83	73
7位	4.2%	8.8%	17.6%	79	84
8位	2.4%	6.8%	12.9%	57	70
9位	2.7%	7.3%	11.0%	96	78
10位	1.4%	4.2%	7.5%	83	77
11位	1.3%	2.6%	5.4%	76	51
12位	1.0%	3.2%	5.9%	58	63
13位	0.8%	1.9%	3.2%	51	42
14位	0.8%	2.3%	4.2%	58	63
15位	0.2%	0.7%	1.7%	9	26
16位	0.7%	1.4%	2.8%	44	61
17位	1.7%	1.7%	1.7%	124	28
18位	1.1%	3.2%	4.3%	77	151

2歳ダートの1位73も堅実駆けで注目

2歳未勝利戦でコンピ1位が指数90〜85なら、複勝率は85・5%もある！　これは驚異的な成績だろう。この高い好走率を背景に、複勝回収率は94%と、こちらも高水準だ。高指数馬は素直に軸にするのがいいだろう。

特に2歳戦に限定すると、無類の強さを発揮していて、1位90の馬は【60―15―6―9】で複勝率は9割のハイアベレージ。鉄板級の軸馬としての活躍が期待される。

2歳戦なら、1位指数が85以下では「81」「80」「73」といったあたりが単勝回収率100%を超え、ベタ買いでも儲かる指数となっている。

中でも注目なのは、人気になりにくい指数73。ダート戦では集計期間内に5着以下が一度もなかったように、かなり堅実に駆けてくる。

2位との「指数差1」の1位は新馬戦同様、弱さが目につくところ。実力が拮抗している未勝利戦は、波乱になりやすく、上位の人気馬でも安心はできないということか。

1位馬は、基本的には2位との指数差が開けば開くほど、儲かるゾーンは増えていって「指数差22」あたりからは無双に近い戦績となっている(例えば1位90で2位68、1位85で2位63)。

1位で大勝負するには、最低でも2位との指数差は「15以上」あったほうが無難だろう。

2位も高指数馬を買えば結果がついてくる。

未勝利●コンピ１位馬の指数別成績

指数	勝率	連対率	複勝率	単回値	複回値
90	52.5%	72.4%	83.4%	81	92
88	45.1%	64.7%	76.0%	79	86
87	42.3%	64.7%	76.3%	81	90
86	42.0%	62.0%	73.3%	83	86
85	34.6%	56.2%	68.5%	73	84
84	33.0%	53.7%	68.3%	74	84
83	32.6%	48.8%	64.0%	79	81
82	35.4%	55.5%	68.7%	87	88
81	33.4%	52.3%	64.9%	88	85
80	31.8%	47.4%	61.3%	87	83
79	27.6%	44.2%	59.2%	78	82
78	25.1%	44.7%	57.8%	73	82
77	27.6%	44.8%	59.5%	85	85
76	20.9%	37.9%	53.9%	72	81
75	25.3%	45.0%	58.0%	81	87
74	18.4%	38.8%	50.6%	66	79
73	20.8%	36.4%	48.1%	80	79
72	20.2%	34.2%	46.1%	81	77
71	14.6%	28.9%	41.8%	61	72
70	17.4%	36.2%	49.8%	73	86
69	21.8%	39.1%	51.1%	89	90
68	10.5%	20.9%	29.1%	49	55

未勝利●コンピ順位別成績

順位	勝率	連対率	複勝率	単回値	複回値
１位	33.5%	54.0%	67.1%	79	86
２位	17.6%	36.3%	50.7%	76	82
３位	12.7%	26.9%	39.9%	80	79
４位	9.8%	21.6%	33.4%	86	84
５位	7.1%	15.9%	25.8%	75	73
６位	5.2%	11.9%	21.0%	76	74
７位	4.1%	9.0%	16.1%	75	74
８位	2.8%	6.3%	12.2%	73	77
９位	2.4%	6.0%	10.3%	76	83
10位	1.7%	4.2%	7.7%	91	77
11位	1.2%	2.7%	5.0%	69	65
12位	0.9%	2.1%	4.1%	59	61
13位	0.8%	1.9%	3.5%	66	59
14位	0.5%	1.2%	2.0%	57	41
15位	0.3%	1.1%	2.4%	25	56
16位	0.2%	0.8%	1.7%	38	46
17位	0.3%	0.9%	1.7%	36	39
18位	0.3%	1.2%	2.4%	56	68

2017年12月23日阪神２Ｒ（２歳未勝利、ダート1800ｍ）

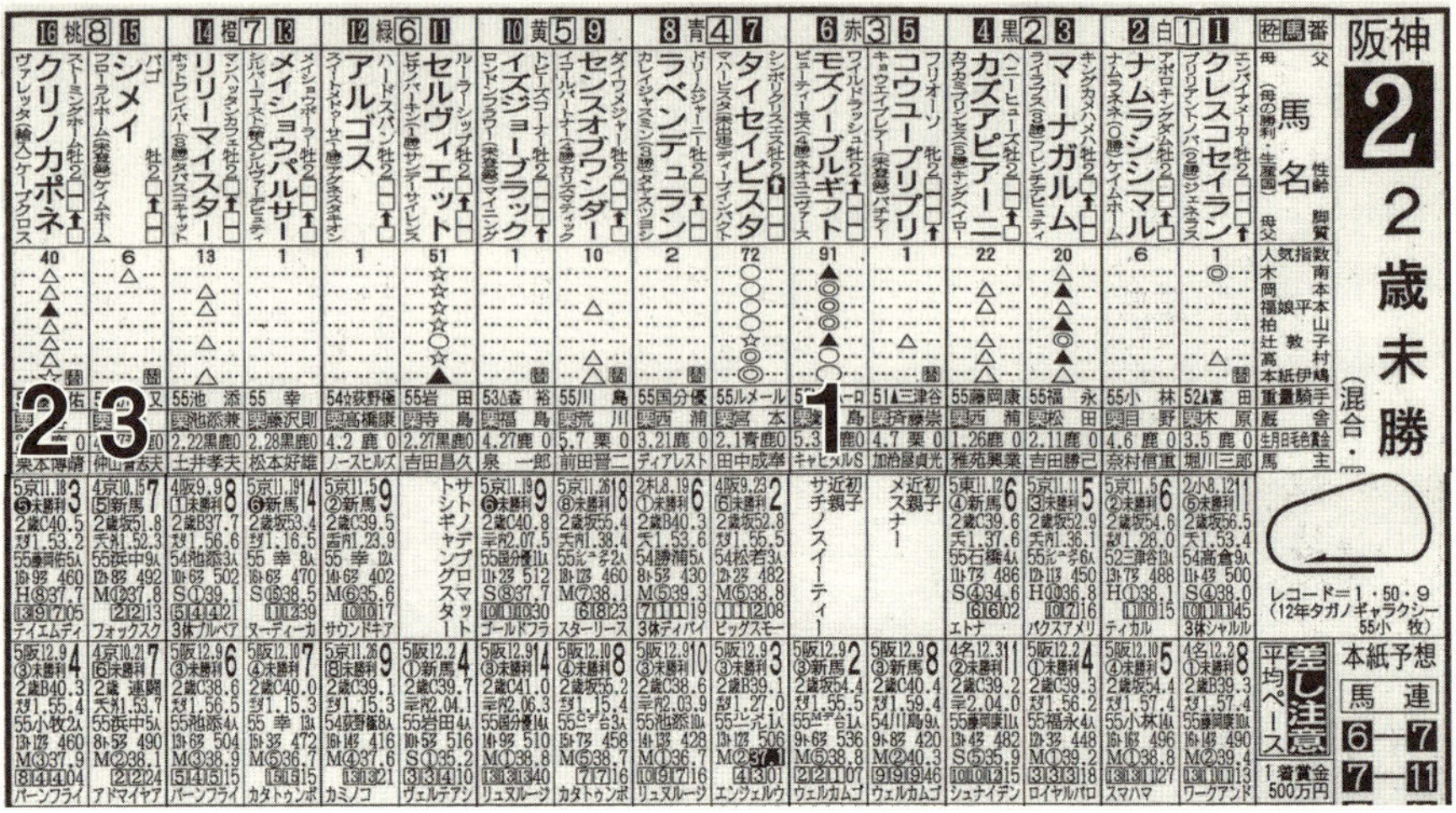

指数	1	2	3	4	5	6	7	8	9	10	11	12	13	14	15	16
2R	⑥85	⑦69	⑪62	⑯59	④54	③53	⑭50	⑨49	⑮48	②47	⑧46	⑬44	⑫43	⑩42	①41	⑤40

１着⑥モズノーブルギフト　（１位85・１番人気）
２着⑯クリノカポネ　（４位59・４番人気）
３着⑮シメイ　（９位48・10番人気）
単⑥ 190円
複⑥ 110円　⑯ 190円　⑮ 1440円
馬連⑥－⑯ 1180円　馬単⑥→⑯ 1480円
３連複⑥⑮⑯ 27260円
３連単⑥→⑯→⑮ 71560円

複勝率5割のボーダーとなる指数72あたりがひとつのラインか。ただし、2位が62以下の場合はリアルオッズでも人気落ちするのか、回収率が高いので、あえて押さえておきたい。**1位との指数差が「27以上」開いていれば、確実に妙**

味が発生し、なおいいだろう。

それ以外では、やはり単勝回収率が比較的高いコンピ10位を穴候補として押したい。

話は戻るが、2歳の未勝利戦で1位の指数が抜けていたら信頼に足ると考えていい。このデータをもとに馬券を購入したのが、17年12月23日阪神2R（2歳未勝利、ダート1800m）。

1位85の⑥モズノーブルギフト（1番人気、1・9倍）を信じて3連単のアタマ付けで活用。相手は……かなり悩んだ末に4位⑯クリノカポネ（4番人気）を抜擢した。

なぜクリノかというと、これはコンピ的な要素ではなく、1位のモズノーブルが勝つ場合、先行馬なので、他の先行勢が一掃されかねないと予想したため。

コンピ上位馬で差し馬はクリノだけだった。しかも外枠なら内で包まれることもなく差し脚を使えるはず。そう考えて1着モズ、2、3着にクリノをマークした3連単を購入。

ヒモは指数の連続している11位46まで買うべきだったが、資金の問題もあり9位48⑮シメイ（10番人気、単勝万馬券）までを拾った。

これが大成功！　レースはモズが3番手から抜け出し1着。予想通り、クリノが追い込んでの2着。前のほうで粘ったシメイが3着。3連単配当は7万1560円という好配当に。これも1位が信用できたからこその、馬券の組み立てだった。

500万下

ここも1位高指数馬の信頼度は2歳限定＞古馬混合、ただし……

コンピ1位90は当然ながら複勝率81・3％と堅牢さを誇る。

2歳戦の1位で「指数88以上」は【16―0―1―3】と、ほとんどの馬が勝利を収めている。勝ち馬はすべて単勝1倍台だが、単勝を買うだけでも十分にリターンが期待できるわけだ。

未勝利戦も2歳戦の高指数馬が際立って強

500万下●コンピ1位馬の指数別成績

指数	勝率	連対率	複勝率	単回値	複回値
90	53.4%	71.5%	81.3%	85	90
88	44.1%	63.7%	75.4%	82	86
87	33.3%	60.8%	68.6%	64	83
86	38.4%	59.2%	72.5%	80	86
85	38.1%	56.2%	66.7%	83	82
84	34.5%	55.0%	68.3%	78	86
83	29.4%	41.8%	61.2%	75	81
82	37.0%	53.8%	67.9%	97	90
81	30.9%	50.0%	61.8%	87	84
80	29.6%	45.5%	58.6%	81	80
79	25.9%	38.4%	53.0%	75	75
78	22.4%	40.7%	53.4%	65	76
77	26.3%	41.0%	57.4%	81	83
76	20.0%	33.8%	48.0%	70	76
75	26.4%	40.9%	51.8%	85	78
74	15.3%	36.7%	52.0%	56	83
73	21.2%	34.9%	45.2%	79	76
72	23.4%	37.2%	48.3%	97	83
71	17.3%	27.6%	38.8%	68	69
70	15.7%	31.4%	41.4%	75	71
69	21.0%	35.5%	43.5%	92	76
68	8.3%	16.7%	25.0%	45	52

かったが、高い指数でも信頼できる素質馬が出るためだろう。これが古馬混合戦などでは、仮に相手関係に恵まれたとしても、せいぜい500万に滞留している馬だけに、やはり全幅の信頼は置きづらい。

2歳戦なら新馬戦を勝ったばかりの馬や、前走重賞で好走した馬など、500万下条件が通過点となるレースになることもある。それだけに指数90あたりは全幅の信頼を置けるのだが、

500万下●コンピ順位別成績

順位	勝率	連対率	複勝率	単回値	複回値
1位	29.7%	46.4%	59.4%	79	82
2位	18.5%	35.7%	47.9%	83	82
3位	12.0%	24.7%	38.4%	74	78
4位	10.4%	22.4%	33.5%	86	82
5位	7.4%	16.5%	26.0%	79	75
6位	5.1%	12.4%	20.4%	67	71
7位	4.3%	10.4%	17.9%	73	73
8位	3.8%	8.9%	15.4%	83	80
9位	3.0%	7.1%	12.6%	88	79
10位	1.8%	4.8%	9.1%	64	69
11位	1.6%	4.3%	7.6%	65	71
12位	1.5%	3.5%	6.2%	75	65
13位	0.9%	2.4%	4.4%	55	66
14位	0.8%	2.3%	3.9%	54	65
15位	0.5%	1.6%	2.9%	45	68
16位	0.5%	1.2%	2.4%	60	47
17位	0.8%	1.3%	2.8%	62	56
18位	0.9%	2.8%	4.4%	111	105

新馬、未勝利と異なるのは、それ以下の「指数87～85」のような高指数馬が傑出した成績ではないこと。

なので、単勝回収率97％、複勝回収率90％とバランスのよい**「1位82」**などの「指数80付近や、単勝回収率が高めの**「1位72」**など、指数的には鉄板とまではいかないところも狙っていきたい。

2位との指数差が1しかない1位だと新馬、

未勝利同様にあまりよくない。「指数差19」あたりからが複勝回収率の高いゾーンなので、積極的な購入をオススメする。

一方、コンピ2位は未勝利と同じで、高指数馬と、指数が低すぎる馬を買うのが基本線。

芝は単勝回収率が高い「指数72以上」の高指数馬や、逆に「指数65以下」の低指数馬のアタマを狙いたい。

ダートでは、複軸となる馬も多く「指数76以上」の高指数馬を3連複やワイドの軸にするのがよさそうで、アタマ狙いは「75以下」で検討するのがよさそうだ。

指数差では1位との差が「3」の2位馬が単勝回収率101％、複勝回収率95％と逆転候補になる。他に1位との指数差「15」「16」の2位も、ともに単勝回収率114％、複勝回収率90％でホットゾーンとなっている。

この項の最後に実践例を挙げておこう。17年12月23日中山7R（3歳上500万下、ダート2500m）だ。

2歳戦よりは1位馬の信頼度が落ちる古馬混合の500万下条件だが、このレースの1位⑮オメガドラクロワは指数86で抜けた存在。素直に1位アタマの3連単を購入することにした。

馬券を見てもらえればわかるが、フォーメーションの2着には、これも素直に2～4位の2頭をピックアップ。問題のヒモ（3着）には、5位⑧56～15位②46まで1減並び（順位が1下がるごとに指数も1ずつ減っていくこと）で連続していることから、15位までマーク。

トータルで3900円にもなってしまったが、この日は前項で紹介した未勝利の7万馬券が的中していたということもあり、太っ腹馬券を購入。

レースは、先行した2位⑯サイドチェンジを1位オメガがハナ差捕えたところがゴール。8馬身差の3着には12位④オーパが飛び込んだ。3着のヒモ荒れで3連単は2万馬券となった。実は、3着と4着⑨エンパイアカラー（13位）もハナ差で、ここが逆転していたら5万馬券

2017年12月23日中山７Ｒ（３歳上500万下、ダート2500ｍ）

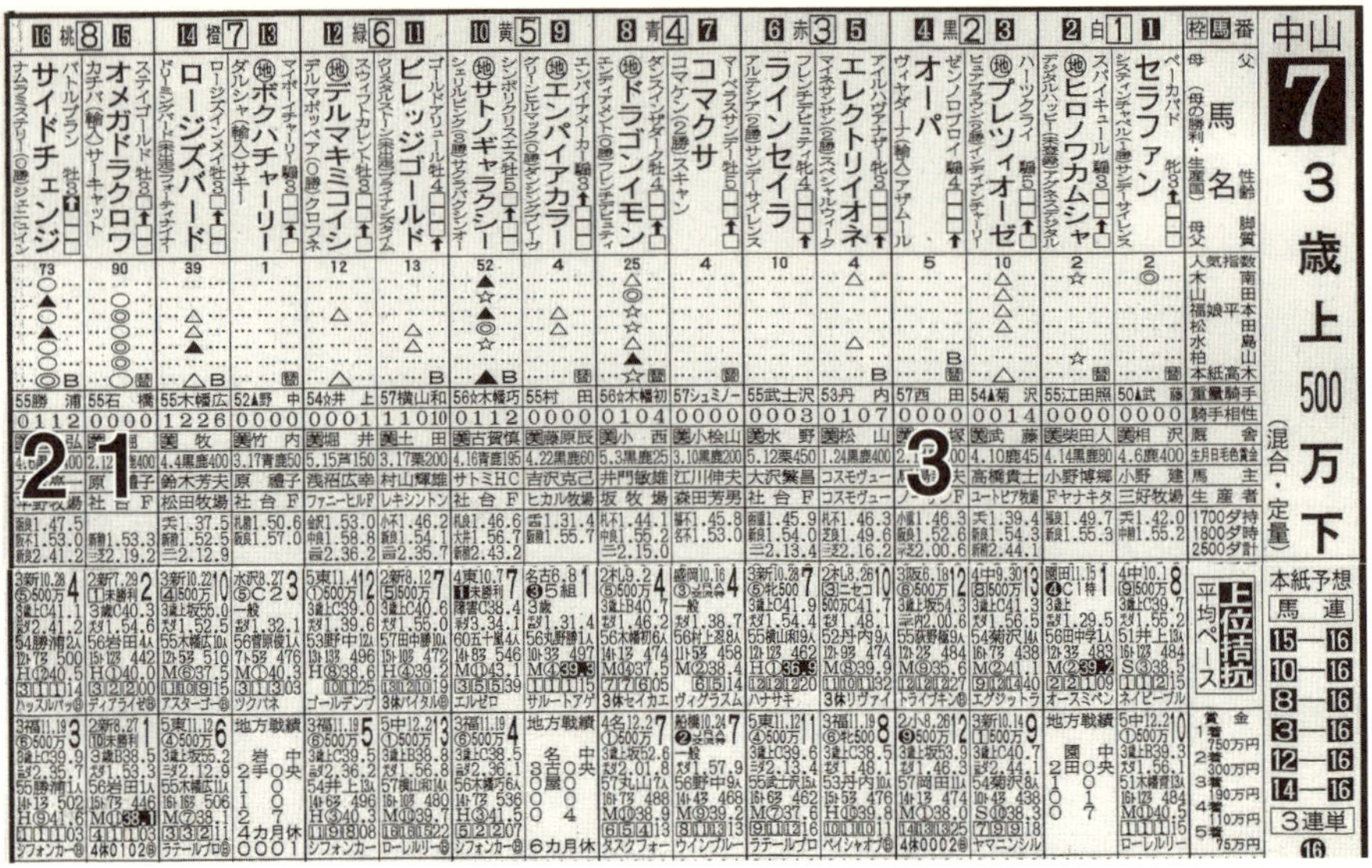

馬番能力順位	1	2	3	4	5	6	7	8	9	10	11	12	13	14	15	16
7 R	⑮ 86	⑯ 70	⑩ 62	⑭ 59	⑧ 56	⑫ 55	⑪ 54	③ 53	⑥ 52	⑤ 51	⑦ 50	④ 49	⑨ 48	① 47	② 46	⑬ 40

１着⑮オメガドラクロワ　（１位 86・１番人気）
２着⑯サイドチェンジ　（２位 70・２番人気）
３着④オーパ　（12 位 49・８番人気）
単⑮ 290 円
複⑮ 140 円　⑯ 150 円　④ 650 円
馬連⑮ー⑯ 600 円　馬単⑮→⑯ 990 円
３連複④⑮⑯ 7220 円
３連単⑮→⑯→④ 21400 円

だったのだが……まあ、ヨシとしましょう。

1000万下

１位90馬の複雑な取り扱い方
２位馬からの馬券戦略もあり

５００万までのクラスではコンピ上位馬が安定した強さを見せていたが、このクラスでは最高値の90でも勝率38・7%となっていて、平均単勝オッズが1・8倍であることを考えれば、高いものではない。全体的に過剰人気の傾向が強いということだろう。

そんなコンピ1位90馬だが、ローカル戦では【10―5―2―1】と完璧に近い成績を残している。

一方で、これが中央4場で走るとなると、連対率5割そこそこの成績まで下降してしまう。

1000万下●コンピ1位馬の指数別成績

指数	勝率	連対率	複勝率	単回値	複回値
90	38.7%	61.3%	73.3%	67	83
88	40.2%	57.9%	71.0%	78	83
87	42.9%	66.7%	85.7%	87	105
86	43.2%	59.5%	66.7%	88	81
82	33.3%	55.6%	72.6%	83	97
81	25.8%	46.4%	54.6%	76	76
80	31.4%	44.6%	58.7%	89	82
79	30.7%	49.5%	62.4%	96	89
78	21.9%	43.8%	56.2%	64	83
77	28.8%	41.3%	53.8%	90	79
76	26.9%	38.7%	60.2%	97	93
75	25.3%	49.4%	60.8%	85	98
74	14.8%	32.1%	46.9%	59	75
73	16.1%	29.0%	38.7%	60	63
72	9.4%	20.8%	35.8%	32	57
71	15.6%	28.9%	33.3%	68	56
70	23.8%	28.6%	47.6%	99	82
69	16.7%	41.7%	58.3%	58	117
68	18.2%	36.4%	36.4%	85	74

ローカルの競馬場では、基本的に能力が高い馬が出てくることはない。広いコースの東京や阪神を使ったほうが、マギレが少ないからだ。

それなのに、その**ローカル戦で1位90馬が出てくるのは、本気度が高い証拠**。ローカルの1000万下では、強い馬が集まる1600万下に上がりたくない馬も出てきて、勝負度合いも各陣営によってバラつきがある。その勝ちたい意欲が指数となって出ているのかもしれない

1000万下●コンピ順位別成績

順位	勝率	連対率	複勝率	単回値	複回値
1位	28.6%	46.3%	59.6%	77	83
2位	17.1%	33.9%	46.5%	77	81
3位	11.1%	23.1%	35.5%	66	73
4位	10.5%	21.8%	32.9%	79	77
5位	7.7%	17.5%	27.8%	78	83
6位	6.9%	14.1%	22.0%	88	76
7位	5.6%	11.0%	18.5%	96	77
8位	3.2%	8.4%	14.3%	61	71
9位	3.3%	7.1%	11.8%	100	79
10位	2.4%	5.4%	10.0%	89	78
11位	2.0%	5.6%	9.2%	79	82
12位	1.4%	3.5%	5.7%	62	65
13位	0.8%	2.5%	5.7%	33	68
14位	0.8%	2.4%	5.6%	79	93
15位	0.6%	1.9%	3.2%	58	61
16位	0.3%	1.0%	2.4%	14	30
17位	1.3%	5.1%	7.6%	80	148
18位	0.0%	0.0%	1.7%	0	40

2017年９月23日中山10Ｒ茨城新聞杯（３歳上1000万下、ダート1800m）

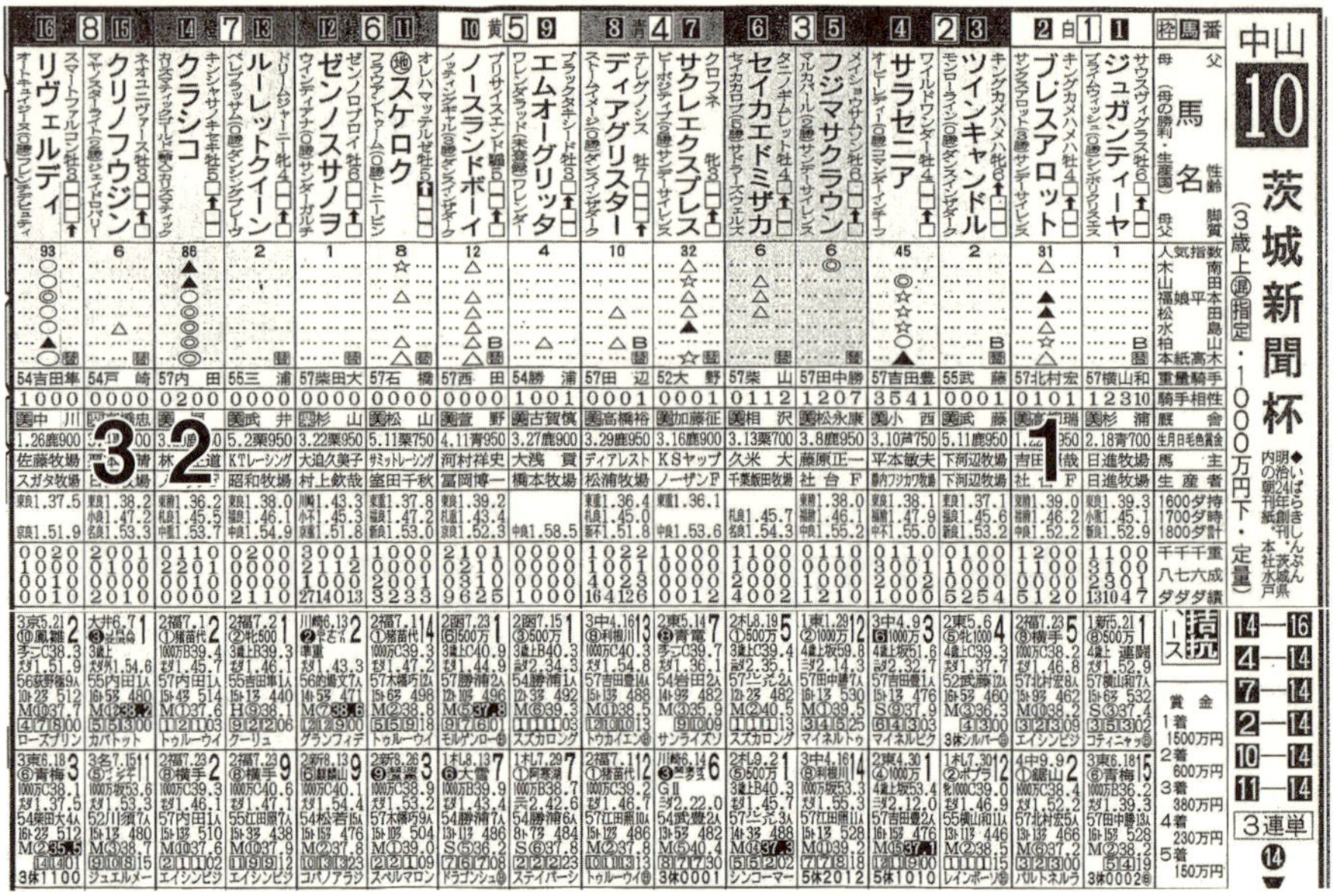

馬番能力順位	1	2	3	4	5	6	7	8	9	10	11	12	13	14	15	16
10　R	⑯ 86	⑭ 76	④ 58	② 57	⑦ 56	⑧ 54	⑩ 53	⑮ 52	⑪ 51	⑥ 50	⑤ 49	⑨ 48	③ 47	⑬ 46	⑫ 41	① 40

が、例外として注意したい。

近走、ローカル場で行なわれた一戦で、1位90馬が完勝したのが17年10月14日新潟11R魚沼特別（3歳上1000万下、芝2000m）。該当するルックトゥワイスが断然の1番人気。7頭立てのレースで、4頭が単勝10倍以内、残りの3頭は50倍以上と上位馬と下位馬の力量差が大きいレースだった。

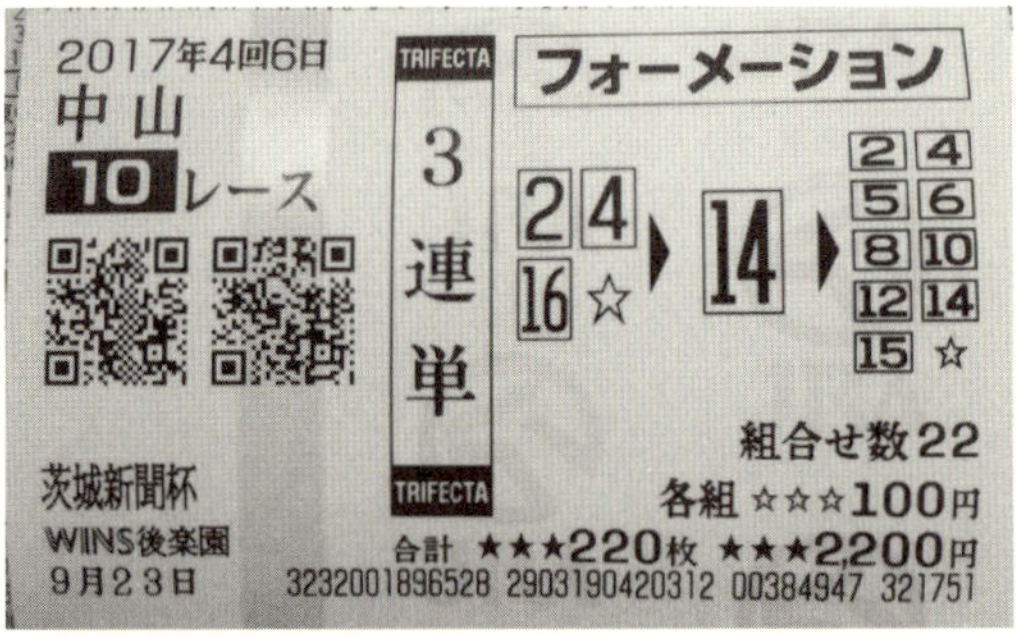

１着②ブレスアロット　（4位 57・4番人気）

２着⑭クラシコ　（2位 76・2番人気）

３着⑮クリノフウジン　（8位 52・6番人気）

単② 760円

複② 230円　⑭ 130円　⑮ 560円

馬連②－⑭ 1210円　馬単②→⑭ 2890円

３連複②⑭⑮ 10610円

３連単②→⑭→⑮ 51630円

レースはルックトゥワイスが危なげなく完勝し、2着には2位72トレジャートローヴが入った。単勝1・3倍は一見すると「安すぎ」に見えるが、コンピ指数とオッズを見れば、強すぎるルックトゥワイスを、他陣営が避けた形なのは明らかだった。

そんなの考えるのは、メンドくさい！　という方は、回収率が高い**1位79～75**あたり（ただし78はデータ上、不振が明らかなので除きたい）を軸馬にするのがオススメだ。

2位馬で狙えるのは、2頭に1頭が3着以内に入る、1位との指数差「6～8」や、高回収が望める指数差「22以上」だ。リアルオッズで4番人気以下、それでいて1位との指数差があまりない馬も配当妙味が大きい。

それ以下の指数では70以上の高指数馬や、単勝回収率が100％を超える指数「51」「49」の付近を狙えばいいだろう。

指数70以上の2位馬に望みを託し成功したのが、17年9月23日の中山10R茨城新聞杯（3歳上1000万下、ダート1800m）。

2位72の⑭クラシコ（2番人気）を3連単フォーメーションの軸（1、2着付け）として、相手に1位86⑯リヴェルディ、3位58④サラセニア、4位57②ブレスアロットと順当なところを抜擢。3着のヒモには下位馬を加えた馬券構成となった。

レースはブレスアロットが逃げ、クラシコが差し切れず2着。3着には8位52⑮クリノフウジン（6番人気）が入り、3連単5万馬券が的中した（1位リヴェルディは4着）。

1600万下

芝とダートで逆傾向の1位馬
東京のダートコースで勝ち星稼ぐ

この1600万下条件、いわゆる準オープンでのコンピ1位馬は、芝のレースでは最も単勝回収率が低い。

そんな狙い方が難しい芝レースだが、これ

までの例と違って**2位との指数差が「1」の1位馬は、2頭に1頭が連対して単勝回収率124%、複勝回収率113%**と上々の成績だ。平均オッズは3・8倍と妙味が高いので、見逃さないようにしたい。

ダートは芝と逆で、最も単勝回収率が高い条件クラスになっている。

中でも回収率が高いのが指数では**「82」と「81」**の2つ。85以上の高指数馬は好走率は高いが、単勝回収率という点ではもうひとつ。アタマ狙いなら、それより少し下の80台前半を評価するのがよさそうだ。芝レースと異なり、つかみどころがないが、それだけ全体的に狙えるということだろう。

1位馬の勝利数を見ると、上位に並ぶのが、東京のダートコース。1400、1600、2

1600万下●コンピ1位馬の指数別成績

指数	勝率	連対率	複勝率	単回値	複回値
90	38.3%	66.0%	85.1%	66	99
88	33.3%	53.8%	74.4%	62	87
87	28.6%	85.7%	100.0%	78	125
86	36.5%	54.0%	57.1%	77	70
85	15.0%	40.0%	60.0%	31	77
84	40.8%	55.1%	67.3%	113	88
83	18.5%	59.3%	70.4%	47	94
82	39.6%	50.9%	60.4%	115	83
81	22.0%	41.5%	56.1%	58	76
80	13.8%	29.3%	48.3%	43	70
79	25.6%	33.3%	56.4%	67	74
78	34.5%	58.2%	65.5%	123	100
77	20.7%	41.4%	55.2%	70	84
76	17.6%	29.4%	55.9%	61	85
75	9.5%	23.8%	42.9%	28	72
74	30.0%	36.7%	50.0%	105	82
73	32.3%	45.2%	45.2%	132	80
72	14.3%	28.6%	47.6%	60	81
71	8.3%	41.7%	50.0%	46	99
70	0.0%	0.0%	57.1%	0	111
69	66.7%	66.7%	66.7%	286	110
68	25.0%	25.0%	50.0%	90	90

1600万下●コンピ順位別成績

順位	勝率	連対率	複勝率	単回値	複回値
1位	27.6%	45.5%	59.8%	77	84
2位	15.2%	31.5%	44.2%	68	76
3位	13.6%	26.7%	38.7%	85	79
4位	11.0%	21.5%	31.0%	92	76
5位	7.1%	15.2%	25.3%	67	76
6位	6.1%	13.2%	23.6%	77	77
7位	5.1%	12.2%	18.5%	79	77
8位	3.2%	8.2%	14.4%	68	75
9位	3.6%	7.3%	11.9%	104	70
10位	3.0%	5.5%	9.5%	112	74
11位	1.3%	4.8%	8.8%	33	78
12位	1.1%	4.1%	8.1%	60	90
13位	1.8%	3.5%	5.5%	127	70
14位	0.9%	3.8%	5.4%	73	71
15位	1.5%	3.5%	5.6%	99	107
16位	1.5%	1.8%	3.0%	225	55
17位	2.0%	2.0%	2.0%	67	16
18位	0.0%	0.0%	2.6%	0	24

100m……いずれのコースでも単勝回収率が100％を超えている。力差が出やすい東京なら、1位馬が幅を利かせるのも納得できるところ。関西馬には特に警戒したい。

この典型例として挙げられるのが、17年10月21日東京10R秋嶺S（3歳上1600万下、ダート1600m）。

1位⑦クインズサターン（1番人気）は指数85、しかも特注の関西馬（野中厩舎）。指数85以上は単勝回収率こそ低いものの、好走率は高く、軸馬としては考慮すべきだろう。このレースは、1位の単勝回収率が高い東京ダート1600mで行なわれただけに、高い評価をするのが妥当だった。

この馬が軸馬と決まれば、やはり関西馬の2位⑩オールマンリバー（2番人気、3着）を相手に取り、ヒモに下位馬をざっと流せば11位メガオパールカフェ（15番人気、2着）も拾え、高配当もゲットできたかも……（3連複1万9840円、3連単は12万1230円！）。

一方、芝のレースでは主に短距離のレースで好走率が高く、こちらも東京は大の得意。1400、1600mの2条件は押さえておいて損はなさそうだ。

コンピ2位は馬場問わず、1位との指数差が離れている馬で妙味を狙いたい。指数では66以下、1位との指数差では「22〜25」あたりが面白そうだ。

もともと人気薄の好走率が高いクラスなので、コンピ3位以下もしっかりケアしておきたい。1位からの指数差が「38〜41」の回収率が高いので、押さえておこう。

OP特別

1位90が超合金！2、3歳の若駒戦に要注意
1位78＝1番人気もオイシイ

OP特別のレースで、コンピ1位90の馬には逆らえない。

なぜなら【23－3－0－3】と圧倒的な強

OP特別●コンピ1位馬の指数別成績

指数	勝率	連対率	複勝率	単回値	複回値
90	79.3%	89.7%	89.7%	131	100
88	39.0%	56.1%	68.3%	70	78
87	40.0%	40.0%	60.0%	112	54
86	43.3%	63.3%	73.3%	87	92
85	16.7%	33.3%	50.0%	47	64
84	32.5%	57.5%	70.0%	73	91
83	37.5%	56.3%	62.5%	95	78
82	22.2%	50.0%	72.2%	53	91
81	37.0%	48.1%	63.0%	107	87
80	31.0%	44.8%	58.6%	98	86
79	17.6%	41.2%	52.9%	55	74
78	45.8%	54.2%	62.5%	147	92
77	18.8%	40.6%	53.1%	53	80
76	15.8%	21.1%	36.8%	67	58
75	12.5%	31.3%	43.8%	53	68
74	12.5%	31.3%	43.8%	38	68
73	6.7%	13.3%	33.3%	21	50
72	25.0%	37.5%	37.5%	113	68
71	12.5%	50.0%	50.0%	75	91
70	0.0%	14.3%	14.3%	0	47
69	40.0%	60.0%	80.0%	124	120

OP特別●コンピ順位別成績

順位	勝率	連対率	複勝率	単回値	複回値
1位	31.6%	48.8%	60.5%	80	81
2位	16.2%	33.9%	46.8%	68	78
3位	12.7%	25.9%	37.4%	79	76
4位	9.7%	21.1%	33.0%	79	78
5位	7.0%	16.3%	28.0%	69	79
6位	7.7%	14.6%	23.8%	105	77
7位	3.6%	9.8%	17.6%	54	69
8位	2.7%	8.2%	15.1%	76	83
9位	3.3%	7.0%	11.3%	87	59
10位	2.3%	5.0%	8.8%	70	52
11位	2.2%	4.9%	8.8%	106	74
12位	0.9%	3.0%	6.1%	24	55
13位	1.0%	2.8%	6.6%	50	89
14位	0.4%	1.2%	3.7%	10	41
15位	1.6%	2.1%	4.1%	125	72
16位	0.6%	4.5%	5.8%	60	88
17位	0.0%	6.1%	9.1%	0	163
18位	0.0%	4.8%	4.8%	0	51

さを誇り、単勝回収率131％、複勝回収率100％と、ベタ買いでも十分に儲かるからだ。16年8月のひまわり賞（カシノマスト）以来、集計期間中最後となるもみじS（ダノンスマッシュ）までの出走16頭、すべての馬が連対していて14頭が勝利を収めているように近年も勢いは衰えておらず、むしろ加速している雰囲気すらある。

中でも、2歳～3歳9月までの馬は10戦無敗のパーフェクトVとすさまじい成績だ。まずは1位90を見たら、素直に軸馬にするのがよさそうだ。

1位90の次に良績が集中しているのが、1位78だ。該当馬はリアルオッズで1番人気に支持されると【7―2―2―2】で複勝率86・4％の好成績を残している。

特に1位78が芝レースで出現すれば【3―2―2―1】とかなり手堅いので、堅い馬券をあまり買わない人も、ここだけは参加することを検討したい。

波乱が予想されるのは、1位79時のレースか。1位79は、複勝率は52・9％と平凡だし、集計期間内では5連敗中だ。

他に特筆すべきは**芝戦での1位80。【20―13―8―5】で複勝率89・1％、ほぼ9割に迫る好成績だ。**

2位馬で妙味を追い求めるなら単勝回収率118％の、1位との指数差「15」を狙うのがいいだろう。

一方、**ダートで1位81、80なら7割以上の複勝率**で、単勝回収率123％、複勝回収率103％とこれも良績となっている。

GⅢ

スイートスポットは1位80～77
2位との指数差がたった「1」でも
1位は逆転許すまじ！

コンピ1位の単勝回収率が新馬戦に次ぐ高さを誇り、馬券的にはオイシイところが多い。

特に芝の回収率が高いので、有力馬が出る重賞しか買わないファンにとっても、コンピのツボを押さえておく必要があるだろう。

近年もその勢いは止まらず、17年1～11月の芝GⅢは単勝回収率137％、複勝回収率112％と、1位馬を買っているだけで丸儲けできた。

1位90の場合は、複勝率8割で複勝回収率は90％、勝率も4割と高いが、単勝回収率は60％とあまり儲からない。複軸向きで、妙味を追い求めるなら2着付けが正解になりそう。

次点の1位88は連対率5割とそこそこ来ているが、単複回収率がともに61％とかなり低調で、あまり妙味がない。

買いポイントは枚挙に暇がないが、1位80～77のエリアはいずれも複勝率が6割を超えている。そのうえ、対象となる4の指数のうち3指数で、単複回収率が100％を超えていて、配

GⅢ●コンピ1位馬の指数別成績

指数	勝率	連対率	複勝率	単回値	複回値
90	40.0%	76.0%	80.0%	60	90
88	34.6%	50.0%	53.8%	61	61
87	0.0%	50.0%	50.0%	0	55
86	36.0%	52.0%	64.0%	86	81
85	42.9%	85.7%	85.7%	131	117
84	31.6%	52.6%	63.2%	77	84
83	18.2%	27.3%	36.4%	57	50
82	31.3%	62.5%	75.0%	93	104
81	14.3%	21.4%	42.9%	43	62
80	40.7%	51.9%	66.7%	155	107
79	33.3%	55.6%	66.7%	146	110
78	25.0%	43.8%	62.5%	93	99
77	33.3%	57.1%	61.9%	120	107
76	5.6%	27.8%	33.3%	20	51
75	20.0%	50.0%	60.0%	58	95
74	15.4%	30.8%	53.8%	77	91
73	0.0%	33.3%	44.4%	0	84
72	33.3%	50.0%	66.7%	141	121
71	0.0%	0.0%	0.0%	0	0
70	0.0%	0.0%	0.0%	0	0
69	33.3%	66.7%	66.7%	166	146
68	33.3%	66.7%	66.7%	146	136

当妙味は抜群だ。

1位80～77の総計では単勝回収率１３０％、複勝回収率１０５％と高い数字が算出されている。よく走り、よく儲かるとなれば、買いポイントが多い1位馬の中でも「指数88～77」はゴールデン・エリアになりそうだ。

1位80～77で最も素晴らしいのが80で、期間内11勝は最高指数90を凌ぐもの。単勝回収率は１５５％と無類の勝負強さを発揮する。

GⅢ●コンピ順位別成績

順位	勝率	連対率	複勝率	単回値	複回値
1位	27.6%	48.1%	59.0%	84	86
2位	16.0%	32.5%	45.1%	79	82
3位	12.3%	19.8%	29.9%	75	62
4位	7.1%	16.8%	27.2%	53	77
5位	8.6%	18.4%	26.2%	86	86
6位	9.1%	15.5%	26.9%	125	97
7位	4.1%	9.0%	15.7%	61	63
8位	4.1%	10.9%	16.2%	108	83
9位	2.3%	7.7%	12.3%	50	70
10位	2.7%	5.4%	11.6%	59	75
11位	3.6%	7.6%	9.6%	182	82
12位	0.8%	3.3%	8.7%	24	99
13位	1.3%	3.5%	7.1%	67	78
14位	1.0%	2.0%	4.4%	68	65
15位	0.5%	3.8%	4.9%	28	48
16位	0.0%	0.6%	1.9%	0	35
17位	0.0%	2.1%	6.4%	0	131
18位	0.0%	0.0%	0.0%	0	0

2位との指数差では、最小となる「１」で単勝回収率１２９％、複勝回収率１１１％をマーク。単複回収率では、いずれも１００％超えをしっかり超える成績となっている。指数差が「１」では2位に逆転されそうな気もするが、GⅢでの1位はしぶとい。

このケースでの的中例としては、やや古いが17年9月2日札幌2歳S（GⅢ、芝１８００ｍ）が挙げられる。

2017年９月２日札幌11Ｒ札幌２歳Ｓ（ＧⅢ、芝1800ｍ）

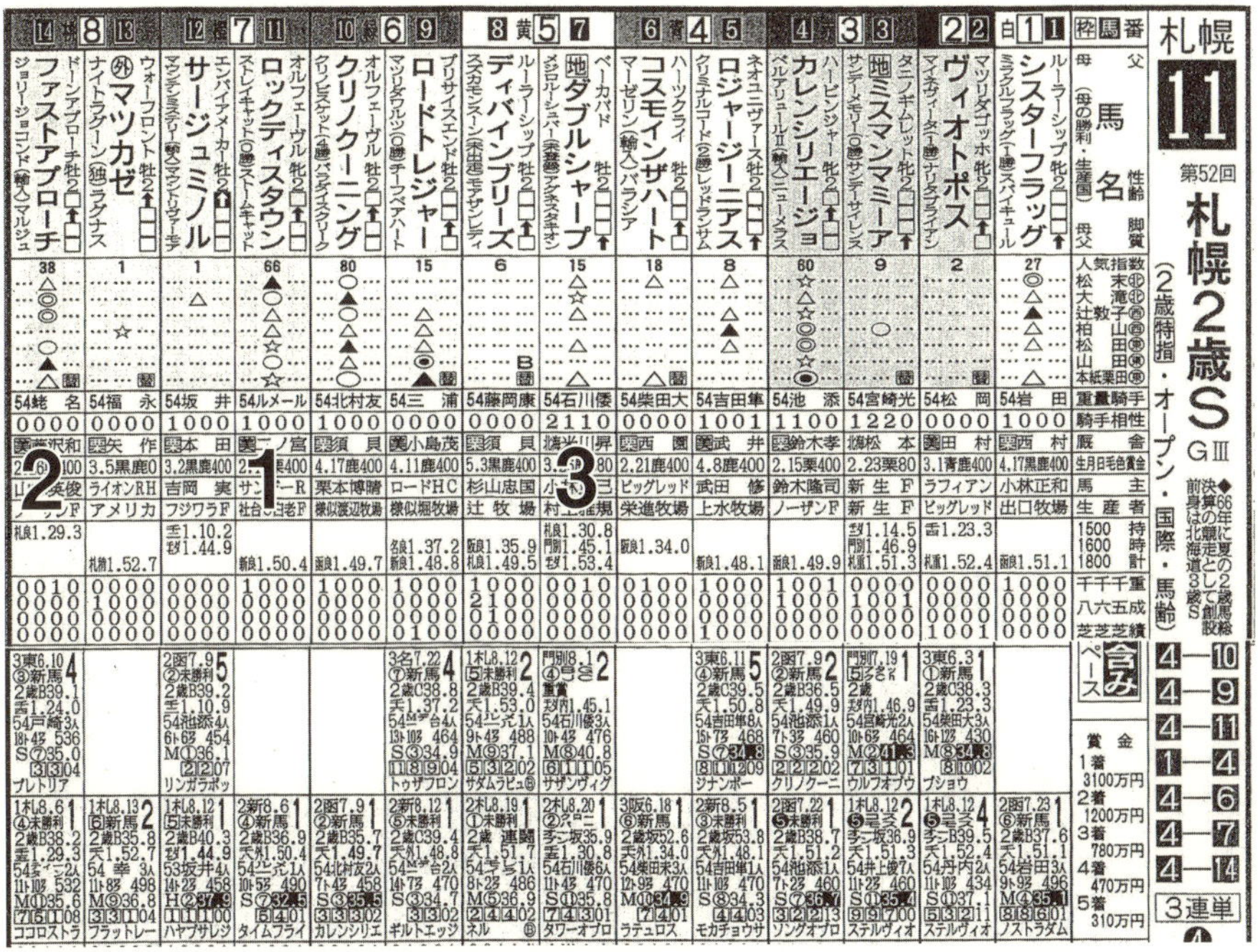

札幌 11 第52回 札幌２歳Ｓ ＧⅢ （２歳特指・オープン・国際・馬齢）

馬番	馬名	性齢	父	母	母父	人気指数	重量騎手	厩舎	生月日毛色賞金	馬主	生産者
1	シスターフラッグ	牝2	ルーラーシップ	ミラクルフラッグ(1勝)	スパイキュール	27	54岩田	西村	4.17黒鹿400	小林正和	出口牧場
2	ヴィオトポス	牝2	マツリダゴッホ	マイネヴィータ(1勝)	ナリタブライアン	2	54松岡	田村	3.1青鹿400	ラフィアン	ビッグレッド
3	ミスマンマミーア	牝2	タニノギムレット	サンデーメモリー(0勝)	サンデーサイレンス	9	54宮崎光	松本	2.23栗80	新生Ｆ	新生Ｆ
4	カレンシリエージョ	牝2	ハービンジャー	ベルアリュールⅡ(輸入)	ニューメラス	60	54池添	鈴木孝	2.15栗400	鈴木隆司	ノーザンＦ
5	ロジャージーニアス	牡2	ネオユニヴァース	クリミナルコード(2勝)	レッドランサム	8	54吉田隼	武井	4.8鹿400	武田修	上水牧場
6	コスモインザハート	牡2	ハーツクライ	マーゼリン(輸入)	バラシア	18	54柴田大	西園	2.21鹿400	ビッグレッド	栄進牧場
7	ダブルシャープ	牡2	ベーカバド	メジロルーシュバー(未登録)	アグネスタキオン	15	54石川倭	米川昇	3.[illegible]80	小[illegible]	村上雅規
8	ディバインブリーズ	牝2	ルーラーシップ	スズカモンスーン(未出走)	モデナサンレディ	6	54藤岡康	須貝	5.3黒鹿400	杉山忠国	辻牧場
9	ロードトレジャー	牡2	ブリサイスエンド	マツリダワルツ(0勝)	チーフベアハート	15	54三浦	小島茂	4.11鹿400	ロードＨＣ	様似堀牧場
10	クリノクーニング	牡2	オルフェーヴル	クリノビスケット(4勝)	パラダイスクリーク	80	54北村友	須貝	4.17鹿400	栗本博晴	様似渡辺牧場
11	ロックディスタウン	牝2	オルフェーヴル	ストレイキャット(0勝)	ストームキャット	66	54ルメール	二ノ宮	2.[illegible]400	サン[illegible]Ｒ	社台[illegible]白老Ｆ
12	サージュミノル	牡2	エンパイアメーカー	マウンテンミステリー(輸入)	マウントリヴァーモア	1	54坂井	本田	3.2黒鹿400	吉岡実	フジワラＦ
13	マツカゼ	牡2	ウォーフロント	ナイトラグーン(独)	ラグナス	1	54福永	矢作	3.5黒鹿0	ライオンＲＨ	アメリカ
14	ファストアプローチ	牡2	ドーンアプローチ	ジョリージョコンド(輸入)	マルジュ	38	54蛯名	芦沢和	2.[illegible]400	山[illegible]英俊	[illegible]ンＦ

馬番能力順位	1	2	3	4	5	6	7	8	9	10	11	12	13	14
札幌11Ｒ	⑪	⑩	④	⑭	①	⑥	⑦	⑤	⑨	③	⑧	②	⑬	⑫
	75	74	66	60	55	53	52	51	50	49	48	46	41	40

１着⑪ロックディスタウン

（１位 75・１番人気）

２着⑭ファストアプローチ

（４位 60・４番人気）

３着⑦ダブルシャープ

（７位 52・７番人気）

単⑪ 300 円

複⑪ 160 円　⑭ 280 円　⑦ 420 円

馬連⑪－⑭ 1760 円

馬単⑪→⑭ 2670 円

３連複⑦⑪⑭ 9330 円

３連単⑪→⑭→⑦ 33770 円

1位75⑪ロックディスタウン（1番人気、3・0倍）、2位74⑩クリノクーニング（2番人気、4・5倍）といった状況。穴党なら、ついクリノから入りそうだが、ここは1位がしぶといポジションだ。

3連単フォーメーションで1位ロックをアタマ、2着には2位クリノの他、6位53⑥コスモインザハート（8番人気）、4位60⑭ファストアプローチを抜擢。3着のヒモは下位まで手広く流した。

レースは、1位ロックが前で粘る4位ファストを直線できっちり捕え1着。3着には9位51⑦ダブルシャープが後方から追い込んだ。3連単は3万馬券と、1位アタマではまずまずの配当に（2位クリノは6着）。

一方、コンピ2位では指数70～66あたりに高回収馬が潜んでいて、単勝回収率102%を記録している。

またコンピ2位以下では、1位との指数差「9～13」あたりが、いずれも複勝回収率100%を超える手堅さを披露している。

さらに、1位との指数差「20」では単勝回収率196%、複勝回収率118%と特筆モノの成績を残している。

GⅡ

1位90はアタマか飛ぶかのピンパー傾向
注目は手堅い1位86と連軸向きの77以下

コンピ1位の単勝回収率70%はかなり低く、よく精査して購入したほうがいいだろう。

ただ、レースでいうと、ダートのGⅡは東海Sしか行なわれていないが、1位馬は4年連続で馬券になっていて好相性だ。

1位90、89は勝率が6割以上で、単勝回収率104%、複勝回収率83%となっている。【22―3―1―9】で1着傾向が強く、単勝回収率はしっかりと100%を超えたが、複勝は伸び悩んだ。

いわゆるピンパーの成績なので、アタマで買い込むか、思い切って4着以下と予想するか、展開や騎手などを考慮して決断を下したい。

　1位馬の指数値別成績を見ると、指数77以下の低指数馬の複勝回収率が高いことに気づく。このゾーンの成績を見ると、単勝回収率79％、複勝回収率102％と、複勝はベタ買いでも儲かる値になっていた。1着より2着の回数が多いので、連軸、もしくはヒモとして扱うのがよさそうだ。

【2―7―5―1】の1位86も挙げておきたい。集計期間中、15年以降は該当馬すべてが3着以内に入り、しっかりと馬券になっている。

　2位との指数差では、期間中最多出走となった「18」の1位馬が【7―4―0―2】で単勝回収率96％、複勝回収率107％とまずまずの好成績だった。

GⅡ●コンピ1位馬の指数別成績

指数	勝率	連対率	複勝率	単回値	複回値
90	64.7%	76.5%	76.5%	98	84
88	61.1%	66.7%	72.2%	110	82
87	0.0%	50.0%	50.0%	0	55
86	13.3%	60.0%	93.3%	32	119
85	50.0%	50.0%	50.0%	110	65
84	11.8%	41.2%	52.9%	28	65
83	28.6%	71.4%	71.4%	95	94
82	18.8%	50.0%	75.0%	45	95
81	42.9%	57.1%	71.4%	80	84
80	40.0%	50.0%	50.0%	163	83
79	0.0%	25.0%	37.5%	0	58
78	14.3%	28.6%	57.1%	30	88
77	33.3%	50.0%	66.7%	136	108
76	0.0%	66.7%	66.7%	0	108
75	33.3%	33.3%	33.3%	120	63
74	0.0%	0.0%	0.0%	0	0
73	100.0%	100.0%	100.0%	440	190
72	0.0%	0.0%	0.0%	0	0
71	0.0%	0.0%	50.0%	0	100
70	0.0%	100.0%	100.0%	0	360
69	0.0%	0.0%	100.0%	0	240
68	—	—	—	—	—

GⅡ●コンピ順位別成績

順位	勝率	連対率	複勝率	単回値	複回値
1位	28.6%	52.1%	65.0%	70	89
2位	16.4%	32.1%	52.1%	63	82
3位	15.7%	26.4%	36.4%	99	74
4位	15.0%	24.3%	35.0%	135	87
5位	6.4%	12.9%	27.1%	66	80
6位	2.9%	12.9%	22.1%	41	84
7位	2.9%	6.5%	15.1%	39	60
8位	3.6%	6.4%	7.9%	71	34
9位	2.9%	8.6%	12.2%	52	60
10位	2.2%	6.7%	9.6%	65	76
11位	0.0%	2.3%	3.9%	0	31
12位	1.7%	4.2%	5.9%	64	44
13位	1.0%	1.0%	3.9%	52	42
14位	2.3%	4.7%	4.7%	80	52
15位	0.0%	2.6%	5.2%	0	80
16位	0.0%	1.8%	3.5%	0	111
17位	0.0%	0.0%	0.0%	0	0
18位	0.0%	0.0%	0.0%	0	0

次位の出走数となる「2位との指数差8」の1位馬も単勝回収率129%、複勝回収率100%と良好な成績を収めている。

一方、2位馬は「指数75以上」の高指数馬が複勝率75・9%と高い確率で馬券に絡んでいる。複勝回収率は109%で、リアルオッズで2番人気なら単勝回収率110%、複勝回収率117円。対抗格に甘んじるなら、本命として扱っても面白い。

高指数馬がよく走るので、指数差はあまり開きがないほうがいいだろう。2位馬で1位との指数差が「17以内」なら単勝回収率86%、複勝回収率91%と控除率を上回るが、「18以上」だと複勝回収率62%で、勝ち馬は1頭も出ていない。2位馬を買うときは、指数差のチェックをしてみては?

GⅠ 1位90、88は全幅の信頼置けず……

高指数から下がっての次走、1位84は確勝!?

コンピ1位の単勝回収率は77%、複勝回収率は81%となっている。いずれも集計期間内のGⅠの単勝1番人気より劣っている数字で、全体的な信頼度はやや低めと見たほうがいいか。

1位90は【2―4―1―1】でほとんど馬券になっているが、2着が多く、勝ち切れないのは気になるところ。

次点の1位88は【5―3―0―5】で、すべての馬が1番人気ということを考慮すると、着外率は結構キツイ数字といっていい。

これはGⅡ戦も同様の傾向で、高いクラスになると、連続好走した馬が青天井式に指数が上がってしまうからではないか。

キタサンブラックは17年、大阪杯から始動し、ジャパンCまで5戦を重ねたが、このうち最も指数が高かったのは宝塚記念の1位88だった。大阪杯、天皇賞春と連続でGⅠを完勝し、いよいよ敵ナシと思われたところで、大敗を喫してしまったわけだ。

現代競馬では何走も続けて、連戦連勝となることは難しいことで、ましてやGIではいわずもがな……だろう。この結果、GIの高指数馬が勝ち切れなかったり、1着と着外の数が同じであったりとする歪みが出ているものだと推察される。

となると、1位馬を狙うなら、低指数馬のほうが余力が残った状態で好走が期待できる。実際に「指数77以下」の1位馬なら単勝回収率116％、複勝回収率93％と、1位に恥じない成績を残しているからだ。

1位80台では、指数84は期間内5勝（88と並び最多タイ）を挙げていて、単勝回収率126％、複勝回収率95％ならば特記事項だ。先述のキタサンブラックは1位88だった宝塚記念で凡走し、84まで下がった天皇賞秋ではしっ

ＧⅠ●コンピ１位馬の指数別成績

指数	勝率	連対率	複勝率	単回値	複回値
90	25.0%	75.0%	87.5%	41	98
88	38.5%	61.5%	61.5%	75	71
87	0.0%	0.0%	100.0%	0	140
86	25.0%	50.0%	50.0%	56	58
85	0.0%	0.0%	50.0%	0	65
84	50.0%	50.0%	70.0%	126	95
83	0.0%	0.0%	66.7%	0	80
82	16.7%	33.3%	50.0%	41	73
81	0.0%	33.3%	50.0%	0	83
80	25.0%	50.0%	50.0%	76	80
79	33.3%	66.7%	66.7%	193	120
78	20.0%	20.0%	20.0%	88	36
77	33.3%	66.7%	66.7%	100	96
76	0.0%	33.3%	66.7%	0	103
75	50.0%	66.7%	66.7%	160	95
74	0.0%	0.0%	0.0%	0	0
73	0.0%	0.0%	33.3%	0	76
72	50.0%	50.0%	50.0%	250	90
70	100.0%	100.0%	100.0%	460	190

指数 69 以下は省略

ＧⅠ●コンピ順位別成績

順位	勝率	連対率	複勝率	単回値	複回値
1位	25.9%	44.7%	56.5%	78	80
2位	17.6%	37.6%	48.2%	90	83
3位	9.4%	18.8%	30.6%	57	62
4位	14.1%	21.2%	30.6%	126	84
5位	8.2%	14.1%	20.0%	102	67
6位	5.9%	14.1%	25.9%	80	102
7位	7.1%	14.1%	21.2%	99	81
8位	3.5%	7.1%	15.3%	74	74
9位	3.5%	8.2%	12.9%	74	84
10位	1.2%	4.7%	9.4%	48	61
11位	0.0%	1.2%	4.7%	0	46
12位	1.2%	6.0%	9.5%	55	91
13位	0.0%	0.0%	2.4%	0	26
14位	0.0%	0.0%	2.4%	0	16
15位	1.2%	3.7%	3.7%	335	64
16位	1.3%	1.3%	1.3%	88	15
17位	0.0%	4.8%	6.3%	0	95
18位	0.0%	0.0%	2.0%	0	166

かり勝利を収めた。

16年もモーリスが札幌記念で指数88ながら２着と思わぬ敗戦を喫し、指数84に下がった天皇賞秋では距離不安を一掃した例もある。高指数から下がっての１位84は特に注意したい。

１位馬は低指数が走ることもあり、２位との指数差はあまり開いていないほうがいいかもしれない。

２位との「指数差１～３」の１位馬は単勝回収率１２１％、複勝回収率１０４％となっていて、16年以降は全馬が連対をキープしている。

17年ジャパンCのレイデオロのように「この馬１位なの？」と思うくらいの馬のほうがよく走るかもしれない（１位81で２着。２位キタサンブラックが78で指数差はわずか「３」だった）。

17年２月のフェブラリーSも同様のケース。１番人気が単勝４・５倍の大混戦レースだったが、勝利したのはコンピ１位72ゴールドドリーム（２番人気）、２位はカフジテイクで、指数70。指数差はたった「２」だった。

当時、４歳だった同馬は３歳時に世代限定戦のユニコーンSを勝ったのが、ここまで唯一の重賞勝利で、チャンピオンズCでも大敗を喫し（翌17年制覇）、ここでの戴冠はまだ時期尚早と見る向きもあった。

ジャパンCのレイデオロもそうだが、力関係など未知数分が大きいコンピ１位馬は思ったより走る印象で、不安な面が大きいときほど指数に頼る手がＧＩでは正解かもしれない。

儲かるコンピ事典④

コース

GI＆クセのあるコース「買い消しのコンピ・ルール」

この章では本書制作班がピックアップしたコースとコンピの出現状況について解析することにしよう。基本的にはGIレースが施行されるコースや、特徴的な傾向のあるコースの一部を取り上げている（データ集計期間は2014年1月5日〜17年11月26日）。

東京芝2400m

オークス、ダービー、ジャパンC
エリートホースの激突する桧舞台
重賞で1、2位外しの馬券はあり得ない

春のクラシックシーズンのメインとなる東京芝2400m。GI以外にもダービートライアル青葉賞（GⅡ）が行なわれることでも知られている。

このコースは、下級条件を含めてコンピ上位馬が堅実に走るコースといっていい。重賞レースに限定すれば、1位【6―4―2―4】、2位【3―4―3―6】という成績。1、2位が2頭とも着外に落ちたのは14年以降行なわれた重賞16レース中、たったの1レースのみ（14年ジャパンC。1位ジェンティルドンナ4着、2位ハープスター5着）。

一方で、1、2位が同時に3着以内へと来たのが7レースという結果を残している。つまり、オークス、ダービー、ジャパンC、青葉賞では、1、2位のどちらかを軸にしなければ馬券を的

東京芝2400m●コンピ順位別成績

順位	勝率	連対率	複勝率	単回値	複回値
1位	33.6%	53.3%	63.6%	80	83
2位	14.7%	33.0%	51.4%	66	80
3位	15.6%	27.5%	44.0%	97	84
4位	11.9%	23.9%	32.1%	85	74
5位	11.9%	21.1%	33.9%	120	87
6位	4.6%	11.9%	23.9%	65	69
7位	2.8%	11.2%	18.7%	66	72
8位	2.9%	8.6%	10.5%	40	61
9位	1.0%	4.0%	8.0%	8	54
10位	0.0%	2.1%	6.4%	0	46
11位	1.2%	4.8%	6.0%	37	42
12位	0.0%	0.0%	0.0%	0	0
13位	1.6%	3.2%	6.3%	84	72
14位	0.0%	0.0%	3.6%	0	61
15位	0.0%	0.0%	0.0%	0	0
16位	0.0%	0.0%	0.0%	0	0
17位	0.0%	0.0%	0.0%	0	0
18位	0.0%	0.0%	9.5%	0	171

中させるのは不可能に近いし、1、2位が同時に馬券になることも珍しくないのだ。17年に行なわれたこの4レースでは、1、2位が2頭とも3着以内に入っており、指数値に関係なく蹴飛ばすのは危険といっていいだろう。

ただし、未勝利戦では1位は【5―5―1―6】とまずまずの成績だが、2位【2―1―3―12】と複勝率33・3％と低迷している。むしろ3位が【7―2―1―8】（複勝率55・6％、単勝回収率266％、複勝回収率118％）という成績を残しており、こちらを軸にする手もありそうだ。

東京芝2400mの総合成績から、注目すべき順位は5位。単勝回収率が120％、複勝回収率87％と健闘している。17年ジャパンCも1着に5位55のシュヴァルグランが入った。ダービーでは5位57のスワーブリチャードが2着といったように、大レースでも存在感を発揮しているのだ。

14位以下の連対は集計期間内ではなかった。あっても3着止まりなので、原則として無視してOKだ。

東京芝1600m

安田記念、NHKマイルC、ヴィクトリアM……府中のマイル戦線で大駆けする順位とは

GI以外にも東京新聞杯や富士S、アルテミスSなどの重賞が施行されるコースだ。

重賞レースにおけるコンピ1位の成績は【10―8―2―12】（勝率31・3％、連対率56・3％、複勝率62・5％、単勝回収率90％、複勝回収率92％）。複勝率ベースではやや物足りない成績を残しているが、単複回収率が90％超えなら、軸に据えて馬券を買うのも立派な戦略だろう。

ただし、2位は【2―8―6―16】（勝率6・3％、連対率31・3％、複勝率50・0％、単勝回収率27％、複勝回収率90％）と勝ち切れない傾向。特に単勝回収率は悲惨な数字だ。2位を

買うなら2、3着付けでよさそう。

重賞全般で注目は6位。【6―1―3―22】（勝率18・8％、連対率21・9％、複勝率31・3％、単勝回収率215％、複勝回収率103％）というように、勝ち切りが目立つし、単複回収率がともに100％を超す。17年もヴィクトリアMで6位55のアドマイヤリードが6番人気（13・5倍）で勝利している。

東京芝1600m●コンピ順位別成績

順位	勝率	連対率	複勝率	単回値	複回値
1位	36.8%	53.3%	64.6%	95	87
2位	14.3%	35.0%	49.0%	57	83
3位	11.9%	24.1%	38.1%	66	81
4位	9.1%	21.7%	33.9%	75	80
5位	5.9%	14.7%	25.2%	60	77
6位	6.6%	12.2%	22.7%	77	78
7位	3.2%	9.9%	16.0%	55	72
8位	4.9%	8.7%	15.4%	103	89
9位	3.2%	8.5%	14.8%	93	92
10位	1.1%	2.9%	4.3%	29	32
11位	1.5%	3.7%	5.9%	57	52
12位	0.4%	2.0%	4.4%	36	51
13位	0.0%	1.4%	2.3%	0	23
14位	0.0%	1.5%	2.5%	0	24
15位	0.6%	1.1%	2.2%	29	45
16位	0.6%	0.6%	0.6%	76	52
17位	1.0%	3.0%	4.0%	40	56
18位	1.3%	1.3%	3.8%	90	209

下級条件を含めた総合成績から、狙ってみたいのが8位。【14―11―19―242】（勝率4・9％、連対率8・7％、複勝率15・4％、単勝回収率103％、複勝回収率89％）という成績。単勝回収率が100％を超えているし、複勝回収率も90％弱であれば、必ずヒモに入れておきたい。

16年安田記念は8位48で8番人気（36・9倍）のロゴタイプが勝利しているし、17年安田記念では8位52で7番人気（12・4倍）のサトノアラジンが優勝するなど、破壊力が高いのだ。

中山芝2000m

ホープフルS含む重賞での1位の信頼度はマズマズも……荒れる皐月賞だけは鬼門！

表を見ればわかる通り、指数に関係なくコンピ1位の複勝率が70％と信頼できる値だ。ただし、皐月賞だけは1位が鬼門のレース。

14年1位76のトゥザワールドは1番人気（3・5倍）で2着を確保したが、15年1位83で1番人気（3・1倍）サトノクラウンは不利もあったとはいえ、6着に敗れている。

16年の1位81で2番人気（2・8倍）リオンディーズは4位入線も降着で5着に。17年は1位80で1番人気（2・4倍）ファンディーナは7着に終わっているのだ。

中山芝2000m●コンピ順位別成績

順位	勝率	連対率	複勝率	単回値	複回値
1位	34.4%	56.7%	70.0%	84	94
2位	16.1%	37.2%	51.7%	69	83
3位	13.9%	26.7%	41.1%	89	77
4位	12.3%	23.5%	35.2%	90	81
5位	6.1%	14.0%	23.5%	86	67
6位	6.1%	12.8%	20.1%	87	68
7位	2.8%	9.0%	18.5%	51	81
8位	2.8%	5.0%	10.6%	34	42
9位	2.4%	7.1%	9.4%	63	63
10位	0.6%	1.2%	5.4%	18	40
11位	0.0%	3.2%	5.8%	0	51
12位	1.3%	2.7%	6.7%	173	105
13位	0.0%	0.7%	4.4%	0	55
14位	0.0%	0.0%	0.8%	0	7
15位	0.0%	0.9%	0.9%	0	34
16位	3.2%	3.2%	4.3%	231	67
17位	0.0%	0.0%	0.0%	0	0
18位	0.0%	0.0%	0.0%	0	0

17年の皐月賞は、3歳牡馬が弱く牝馬のファンディーナでも通用するというような予想も目立っていたが、コンピ的には1位になった時点で着外の可能性が高かったといえる。

集計期間後に行なわれ、17年からGⅠに格上げされたホープフルSでは1位77で1番人気（4・2倍）のタイムフライヤーは快勝したものの、もともとホープフルSは1位が強かったレースだけに、様子見が必要だろう。少なくとも皐月賞の1位は疑ってかかりたい。

しかし、同コースで行なわれるGⅡ、GⅢ戦で1位は【7―3―2―5】という成績を残し複勝率70・6％、単勝回収率124％、複勝率97％を記録。皐月賞以外の重賞では、素直に1位を軸に据えたほうが馬券は的中しやすい。

条件を問わず、指数下位の馬が1着になることが少ないのも特徴だ。6位の勝率が6・1％に対して、7位は2・8％と極端に落ち込んでいるのがわかるだろう。

10位以下は勝利するどころか、馬券になる確率すら低い。もちろん、高配当を獲るためにはヒモに入れておかなければならないのは事実だが、軸にする必要はないだろう。

1位90は【5—3—2—1】、1位88は【9—2—0—2】と安定しており、17年（データ終了期間まで）に同コースで出現した8レースすべてで3着以内を確保している（弥生賞カデナ・1位88など）。

皐月賞以外は1位が信頼でき、1着になるのも6位以内に絞っていいコースといえる。

阪神芝1600m

桜花賞、朝日FS、阪神JF……
仁川のマイルは甘くない
10位馬の下剋上に注意せよ！

コンピ1位は複勝率64・0%と平凡で、下位の馬の下剋上を食らうことも少なくない。突出した単複回収率を記録しているのが、10位だろう。単勝回収率449%、複勝回収率120%は159頭出走させてのものであり、それなりに信頼できる数字だ。

17年桜花賞も1位90で圧倒的1番人気（1・4倍）に推されていたソウルスターリングを、10位で8番人気（40・8倍）レーヌミノルが押さえて勝利したのは、記憶に新しいことだろう。

10位以外でも4、7、9、18位が単勝回収率100%超となっているが、18位は1勝のみな

阪神芝1600m●コンピ順位別成績

順位	勝率	連対率	複勝率	単回値	複回値
1位	30.2%	50.6%	64.0%	73	84
2位	15.7%	34.3%	48.3%	64	77
3位	11.1%	24.6%	36.8%	67	76
4位	15.1%	25.6%	37.8%	121	88
5位	6.4%	14.5%	23.3%	73	70
6位	4.7%	14.0%	24.4%	47	86
7位	5.8%	7.6%	13.4%	101	51
8位	2.9%	9.4%	17.0%	66	86
9位	1.8%	6.1%	12.2%	106	89
10位	4.5%	5.8%	9.0%	449	120
11位	0.7%	1.4%	3.4%	19	45
12位	0.0%	2.9%	6.6%	0	88
13位	0.9%	1.7%	4.3%	34	64
14位	0.0%	1.0%	1.0%	0	26
15位	1.1%	2.1%	4.2%	47	68
16位	0.0%	2.4%	2.4%	0	22
17位	0.0%	0.0%	0.0%	0	0
18位	2.1%	4.3%	4.3%	119	100

ので例外でいいだろう（14年10月以降は2、3着を含めて馬券になっていない）。100％は超えていないが、8位の複勝回収率86％も、出走数を考えれば悪くない数字。つまり、コンピ上位の馬同士では決まりづらいコースが、阪神芝1600m戦なのだ。

GⅠ戦での1位馬は【4―1―1―4】と、単勝回収率111％、複勝回収率76％を記録。まずまずのようにも映るが、取りこぼしも少なくない。

集計期間後に行なわれた阪神JF、朝日杯FSの結果を加えると、【5―1―1―5】と単勝回収率は111％と変わらずも、複勝回収率は72％まで低下。GⅠでは1着に据えるか、思い切って蹴飛ばす手もありそうだ。

GⅠレースではなかなか勝ち切れないが、2位【1―4―0―5】、3位【1―1―3―5】のほうが複軸向きかも知れない。阪神JF、朝日杯FSの結果を加えると、1～3位は複勝率58・3％と並んでいるのだ。

また、同コースで1位指数が78以下の場合は、波乱度が高くなっている。集計期間における1位78以下の成績は【10―11―7―33】（勝率16・4％、連対率34・4％、複勝率45・9％、単勝回収率59％、複勝回収率75％）と低迷。

ちなみに1位79は【2―3―0―0】と、出現回数はともかく、100％馬券になっているのだが、78以下の場合は状況が一変するのだ。

少なくとも1位78以下の際は、ヒモに留めておいて、単勝回収率の高い4、7、9、10位、または複勝回収率の高い8位などを軸にして攻める手もあるだろう。

京都芝1600m

コンピ1位が勝てないマイルCS
重賞では「1位1枠」に勝機ナシ
妙味あるのは4位の激走

コンピ1位の複勝率は63・4％と平均的。2、3位も複勝率ベースはまずまずも、勝ち切れていないのが、表を見ればわかるだろう。

2、3位を上回る勝利数を挙げているのが4位で、単勝回収率は107%と高い値を示しているのも特徴だ。

GIはマイルCSしか行なわれないが、京都金杯、シンザン記念、マイラーズC、デイリー杯2歳Sというように名物レースが多く施行されている。

重賞における1位の成績は【4―3―4―11】(勝率18・2%、連対率31・8%、複勝率50・0%、単勝回収率44%、複勝回収率65%)。ご覧のように信頼できない数字となっている。

マイルCSは14年1位75トーセンラー(2番人気)が4着、15年1位85イスラボニータ(1番人気)が3着、16年1位74サトノアラジン(1番人気)が5着、17年1位82エアスピネル(2番人気)が2着という具合で、集計期間では勝利ナシ。

13年1位74で2番人気(4・7倍)のトーセンラーによる勝利まで遡ることになる。ちなみに過去10年でコンピ1位は2勝しかしていない。

「コンピ1位が1枠の場合は割引」という、故・飯田雅夫氏が提唱したハイパーナビゲーション初期のセオリーがある。このコース、重賞で1位が1枠に入った際の成績は【0―1―2―6】と1着はナシ。

16年マイルCSで1枠2番に入ったサトノアラジンや、16年デイリー杯2歳Sで1枠1番に

京都芝1600m●コンピ順位別成績

順位	勝率	連対率	複勝率	単回値	複回値
1位	29.7%	46.5%	63.4%	83	85
2位	11.0%	36.0%	46.0%	44	79
3位	8.9%	28.7%	45.5%	48	85
4位	11.9%	20.8%	30.7%	107	71
5位	6.9%	13.9%	22.8%	86	59
6位	4.0%	9.9%	18.8%	73	62
7位	4.0%	5.9%	10.9%	100	48
8位	6.0%	7.0%	12.0%	98	50
9位	4.1%	8.2%	17.5%	69	80
10位	7.7%	12.1%	16.5%	251	102
11位	4.9%	6.1%	9.8%	118	73
12位	1.4%	2.9%	2.9%	75	25
13位	1.6%	1.6%	4.8%	71	52
14位	1.7%	3.4%	5.2%	93	66
15位	0.0%	2.3%	4.5%	0	47
16位	0.0%	5.6%	5.6%	0	90
17位	0.0%	0.0%	0.0%	0	0
18位	0.0%	0.0%	0.0%	0	0

入ったタイセイスターリーは、ともに４着以下に敗れている。少なくとも集計期間では勝利もないし、16年1月以降は３着以内もない状況なのは覚えておきたい。

１位以外の指数を検証すると、単勝回収率が１００％を超えるのが４、７、10位。４位は冒頭でも少し触れたが、２、３位を上回る勝利数を挙げているし、１位が危険という場面では軸に据える手もあるだろう。

７位は単勝回収率こそ１００％だが、複勝回収率は48％と安定性を欠いている。10位は単複回収率がともに１００％を超えており高い値を示しているが、17年２月以降は13レース連続して馬券圏外なので、このあたりをどう考えるのかといったことがポイントとなりそうだ。

京都芝２０００ｍ

秋華賞、京都２歳Ｓの１位は凡走もある
秋華賞は４位の激走に期待！

新馬、未勝利で1位馬がグンと躍進

京都競馬場の中でコンピ１位の信頼度が高いコースのひとつといっていいだろう。複勝率は68・７％を記録し、１６００ｍ外回りコースに比べれば５％以上高い値を示している。芝・ダートを問わず、京都における１位全体の複勝率約65％を軽く超えているのだ。

特に、17年11月18日～26日の２週間（４日間）

京都芝2000ｍ●コンピ順位別成績

順位	勝率	連対率	複勝率	単回値	複回値
1位	34.6%	54.7%	68.7%	86	87
2位	19.6%	38.5%	52.0%	80	79
3位	13.3%	27.8%	44.4%	79	80
4位	14.0%	32.4%	48.0%	146	98
5位	6.7%	13.9%	23.9%	64	65
6位	4.0%	9.6%	20.9%	49	65
7位	2.3%	7.5%	13.8%	51	63
8位	2.3%	6.4%	14.0%	39	89
9位	0.0%	3.2%	5.8%	0	55
10位	0.8%	2.3%	3.8%	10	24
11位	0.9%	2.8%	5.7%	101	73
12位	1.2%	2.3%	2.3%	90	29
13位	1.4%	2.9%	5.8%	60	64
14位	1.7%	1.7%	1.7%	414	70
15位	0.0%	2.0%	2.0%	0	48
16位	2.6%	2.6%	2.6%	95	26
17位	6.7%	6.7%	6.7%	769	85
18位	0.0%	0.0%	0.0%	0	0

で、同コースにおける1位は【3―3―1―0】という具合に、7レースすべてで馬券になったほど。特に2、3歳の新馬や未勝利戦では複勝率が高くなっている。

新馬戦では【8―5―5―7】(勝率32・0%、連対率52・0%、複勝率72・0%、単勝回収率97%、複勝回収率96%)。未勝利戦では【23―15―9―13】(勝率38・3%、連対率63・3%、複勝率78・3%、単勝回収率87%、複勝回収率96%)。ともに複勝率が70%を超えている。未勝利戦に至っては、指数に関係なく80%近い値であれば、堅軸といっていいはずだ。

一方、秋華賞、京都2歳Sの重賞での1位は寂しい成績だ。【1―3―1―3】という状況で8レース施行され1勝しか挙げていない。1勝ったのは15年秋華賞のミッキークイーン。1位77で1番人気(3・0倍)での勝利だった。

16年と17年は両重賞で1位が勝てなかったし、16年秋華賞では1位84ビッシュ(1番人気)が10着、17年秋華賞では1位81アエロリット(1番人気)が7着に沈んでいる。

京都2歳Sも例年、10頭前後に収まることを考えると、同コースにおける重賞の1位は寂しい結果といわざるを得ないだろう。

ちなみに、同コースにおいて18頭立てで施行されるのは秋華賞以外にそう多くないが、フルゲートレースの場合、1位の成績は【4―1―0―7】と平凡だ。

同コースで狙い目なのは4位だろう。単勝回収率146%、複勝回収率98%なら軸に据えていい。特に秋華賞では4年中、3年で馬券になっているほど。過去10年の4位の成績は【1―1―2―6】とそれほど目立つ成績ではないが、12年以降の6年間で4度、3着以内に来ているのだ。

秋華賞は1位が強くないため該当しないが、その他の条件では複勝率を併せて考えれば3連単で1位と4位の2頭軸マルチという馬券が楽しめるはず。1~5万円の配当が面白いほど引っかかりそうだ。

中京芝１２００m

高松宮記念の１位は馬券になるもアタマでは不安……コース相性がいいのは2、5位か

1位が複軸としてまったく信用できないコースだ。複勝率52・6%と平凡だし、それでも複勝回収率は81%とまずまずの値だが、単勝回収率は58%という状況。勝利数・勝率では2位に負けている。

14年以降の高松宮記念では0勝・2着1回・3着2回という状況で勝ち切れておらず、17年は1位75メラグラーナ（3番人気）が10着に敗れている。

高松宮記念自体は比較的、1位が馬券になるレース。過去10年では【2―2―4―2】と8レースで馬券になっている。しかし、2勝止まりということからもわかる通り、勝ち切れていないのだ。GⅠでも1位が勝ち切れていないので、平場ではなおさら勝てないといっていい。

高松宮記念以外の重賞は、7月にＣＢＣ賞が同コースで行なわれる。過去10年における1位の成績は【3―0―2―4】（09年は1位馬が指数発表後に取消）。単勝回収率１４２％、複勝回収率１１１％とまずまずの成績だが、やはり取りこぼしが多い。

また、このコースの特徴としては1位が90、88、86では特に平凡な成績となることが少なく

中京芝1200m●コンピ順位別成績

順位	勝率	連対率	複勝率	単回値	複回値
1位	17.1%	35.5%	52.6%	58	81
2位	19.7%	31.6%	42.1%	101	82
3位	10.5%	28.9%	38.2%	60	92
4位	11.8%	17.1%	27.6%	94	77
5位	10.5%	21.1%	34.2%	115	108
6位	5.3%	11.8%	15.8%	77	65
7位	6.7%	14.7%	18.7%	90	76
8位	3.9%	5.3%	7.9%	57	37
9位	2.6%	5.3%	10.5%	35	59
10位	6.7%	9.3%	13.3%	162	71
11位	0.0%	2.8%	14.1%	0	91
12位	2.8%	7.0%	8.5%	69	79
13位	0.0%	3.0%	7.6%	0	99
14位	0.0%	1.6%	1.6%	0	23
15位	1.6%	4.9%	6.6%	190	74
16位	1.7%	1.7%	3.3%	87	37
17位	0.0%	0.0%	1.8%	0	62
18位	0.0%	1.9%	1.9%	0	69

ない。1位がこの3指数に該当した際の成績は【1―3―1―5】という状況で複勝率は50％と低い値だ。

この3指数は圧倒的1番人気に推されることも少なくないし、一般的な複勝率を考えれば凡走しているといって問題ないだろう。16年ＣＢＣ賞も、1位88で1番人気（2・9倍）に推されていたエイシンブルズアイが9着に大敗している。

1位を軸にしない場合の狙い目は2、5位といったところだろう。

2位は単勝回収率が１０１％、複勝回収率82％とオイシイ。複勝率を考えると、1位には劣るところもあるが、しっかりと勝ち切っているのがわかる。

5位は単勝回収率１１５％、複勝回収率１０８％と、ともに１００％超え。さらに複勝率の34・4％は4位を上回っている。

10位も単勝回収率の高さは目立つが、決して効率がいいとはいえず、ヒモで押さえておけば十分だろう。どちらにしても、1位が不安定なコースが中京芝１２００ｍ戦なのだ。

福島芝１２００ｍ

1位がリアルオッズで
単勝3倍以上だと信頼度急降下
回収率の高い指数から攻める手もあり！

ここからはＧⅠは開催されないが、コンピ順位や指数に特徴があるコースを取り上げていくことにしよう。

穴党注目なのが、この福島芝１２００ｍだ。コンピ1位の複勝率が52・6％、2位の複勝率が50・4％という具合で差がほとんどない。

だからといって、1位がまったくダメということではなく、1位が1番人気に推され、単勝3倍未満だった際の成績は【32―21―13―36】（勝率31・4％、連対率52・0％、複勝率64・7％、単勝回収率70％、複勝回収率81％）というように、ごくごく標準的な成績を残している。

福島芝1200m●コンピ順位別成績

順位	勝率	連対率	複勝率	単回値	複回値
1位	22.8%	40.1%	52.6%	63	73
2位	19.2%	33.8%	50.4%	98	94
3位	12.4%	26.6%	36.9%	83	79
4位	10.7%	23.1%	35.0%	101	93
5位	9.4%	17.5%	26.9%	98	78
6位	5.2%	10.7%	18.5%	83	67
7位	5.6%	12.1%	17.2%	86	64
8位	3.8%	8.5%	15.4%	72	76
9位	2.6%	6.9%	10.3%	87	65
10位	3.0%	4.7%	8.2%	74	64
11位	1.7%	6.6%	9.2%	54	74
12位	1.8%	3.7%	6.8%	61	68
13位	0.5%	3.3%	5.6%	25	66
14位	1.5%	3.0%	6.9%	50	87
15位	0.0%	0.0%	1.0%	0	16
16位	0.6%	2.3%	2.8%	323	99

つまり、1位の複勝率が落ちるのは、1番人気でも単勝が3倍以上のオッズを示していると きか、2番人気以下になっている場合なのだ。この条件にあてはまる1位は【21―19―16―74】（勝率16・2％、連対率30・8％、複勝率43・1％、単勝回収率57％、複勝回収率68％）というように落ち込んでしまう。

1位とひと括りにせず、人気とオッズを確認することで、軸の強度を確かめたい。

単複回収率に差はあるものの、1位がさほど強い状況ではないため、コンピ下位の馬でも15位以外は一発あっても不思議のない状況だ。さすがに15位は3着が2回のみと不調で苦戦しているが、出現回数はそれほど多くないとはいえ、16位が飛び込んで波乱決着ということもある。

また、順位よりも指数値により激走が見込めることも。

福島芝1200mで、単複回収率のどちらかが100％を超えた指数を列挙してみよう。

指数90（複100％）、82（単112％、複100％）、81（単137％）、69（単107％）、66（単113％）、65（単131％）、63（単173％）、60（単140％、複100％）、57（単145％）、54（単129％）、52％（単122％）、47（単134％）、44（単140％）、40（単248％）。

指数44と40は出現数を考えると、気になる馬がいたらヒモということでいいだろう。

また、ここに列挙した指数は1レースに出走していても5～6頭前後。先に述べたように1位の信頼度次第で、軸候補以外にも、相手、ヒモに加えてみるといいのかもしれない。特に1位を軸にするなら、指数52や47あたりは面白いはずである。

小倉芝1200m

18頭立てフルゲートで1位危うし！
上級条件では特に赤信号
波乱レースで抜擢すべき順位とは……

小倉芝1200mは、ローカル開催ではそう多くない18頭出走可能な競馬場だ。

その影響もあるのだろうか、【競馬場】の項でも簡単に触れたが、コンピ1位の複勝率は表にもある通りで、60％を割り込む57・2％と決して高い値ではない。しかし、勝率が29・1％と30％近くあり、単勝回収率86％、複勝回収率81％なら無理に切る必要もないだろう。

まず、出走頭数で1位の信頼度が大幅に変わってくる。

17頭以下の際は【45―22―19―34】（勝率37・5％、連対率55・8％、複勝率71・7％、単勝回収率97％、複勝回収率93％）。複勝率は70％を超えているし、単複回収率がともに90％を超えているのであれば、軸としての信頼度は高い部類と判断できる。

小倉芝1200m●コンピ順位別成績

順位	勝率	連対率	複勝率	単回値	複回値
1位	29.1%	45.3%	57.2%	86	81
2位	16.5%	32.7%	46.8%	79	83
3位	13.3%	28.1%	37.9%	76	79
4位	7.4%	21.6%	32.2%	60	83
5位	10.6%	17.6%	23.2%	119	68
6位	4.9%	10.2%	18.9%	68	68
7位	5.7%	8.8%	17.7%	88	84
8位	2.5%	6.8%	14.4%	39	97
9位	2.9%	8.4%	12.8%	66	89
10位	1.5%	6.7%	10.7%	68	95
11位	2.3%	3.9%	8.2%	163	66
12位	0.8%	3.7%	6.2%	48	65
13位	1.8%	4.0%	7.1%	88	90
14位	1.4%	2.8%	2.8%	81	30
15位	0.0%	2.9%	5.2%	0	49
16位	0.5%	0.5%	1.5%	10	16
17位	1.1%	2.2%	4.9%	76	81
18位	0.6%	0.6%	3.7%	20	65

つまり、1位の複勝率を下げているのは18頭立てのフルゲート戦。1位の成績は【38―24―15―88】（勝率23・0％、連対率37・6％、複勝率46・7％、単勝回収率78％、複勝回収率71％）という状況で、複勝率は約25％も低下する。

穴党は小倉芝1200m戦で、18頭立てのケースを狙ってみるのはひとつの戦略だ。

特に1位85以上となる馬の成績が芳しくない。【3―3―2―10】という具合で、単勝回収率は33％、複勝回収率56％と低迷している。

説明するまでもなく1位85以上となる馬は、単勝でも1番人気に推されていることが多く、2倍台前半や1倍台に支持されることもよくある。そういった馬が4着以下に落ちてしまえば、大波乱になるのも間違いないだろう。

フルゲート戦で1000万下条件より上のクラス（1600万下、OP特別、重賞）では特に1位の信頼が置けず【2―4―1―12】という成績。17年は該当した5レースすべてで着外に終わっている。

小倉2歳Sのモズスーパーフレアは、1位86と比較的高い値だったが7着に敗れているし、北九州記念のキングハートも1位82とまずまずの高い値も4着に。16年8月以降、7戦連続で4着以下に終わっている。

1位が危険だということがわかっても、実際は狙い方が難しいのだが、単勝回収率が100％を超える5位（131％）、7位（130％）あたりは狙い目かもしれない。

さらに下位では複勝回収率102％を記録した10位、単勝回収率140％&複勝回収率82％と健闘している11位を思い切って抜擢すると、思わぬ超高配当を手にすることもあるだろう。

新潟芝直線1000m

外枠・内枠・中枠……
枠順と1位馬の関係が明らかに！
1位84以上で◎、1位79以下で×のセオリー

コンピ1位の複勝率は51％と平凡だが、新潟芝直線1000mといえば、圧倒的に外枠有利で知られるコース。

1位が7枠&8枠に入った際の成績は【9—9—6—11】（勝率25・7%、連対率51・4%、複勝率68・6%、単勝回収率75%、複勝回収率100%）。

取りこぼしも目立つが、複勝率は総合成績よりも5%近く高く、複勝回収率が100%という数字も、軸としては信頼できる値といっていいだろう。

新潟芝1000m●コンピ順位別成績

順位	勝率	連対率	複勝率	単回値	複回値
1位	24.0%	41.0%	51.0%	69	74
2位	15.0%	34.0%	42.0%	64	73
3位	10.0%	21.0%	32.0%	69	69
4位	9.1%	15.2%	26.3%	105	73
5位	6.0%	12.0%	18.0%	55	51
6位	9.0%	15.0%	29.0%	103	89
7位	9.1%	15.2%	25.3%	130	96
8位	0.0%	4.0%	7.0%	0	25
9位	3.0%	4.0%	10.0%	52	45
10位	3.0%	9.1%	15.2%	73	78
11位	6.1%	13.3%	17.3%	175	122
12位	3.1%	3.1%	4.1%	65	21
13位	1.0%	5.2%	9.4%	35	101
14位	0.0%	2.2%	4.4%	0	72
15位	0.0%	3.4%	6.8%	0	114
16位	1.2%	1.2%	2.4%	111	41
17位	2.0%	3.9%	3.9%	48	107
18位	0.0%	2.2%	2.2%	0	10

一方、このコースで1位が1～3枠に入った際の成績は【3—2—2—19】（勝率11・5%、連対率19・2%、複勝率26・9%、単勝回収率31%、複勝回収率40%）。大幅に信頼度が低下する。

4～6枠では【12—6—2—19】（勝率30・8%、連対率46・2%、複勝率51・3%、単勝回収率90%、複勝回収率73%）。勝率と単勝回収率で7&8枠を上回るものの、複勝率ベースでは下回っており、複軸向きとはいえず、アタマ固定の馬単や3連単馬券を購入するのがよさそうだ。

また、波乱イメージのある直線競馬だが、1位が84以上となった際は、これほど確実に走るコースも少ないだろう。

1位84以上となった馬の成績は【11—3—2—4】（勝率55・0%、連対率70・0%、複勝率80・0%、単勝回収率141%、複勝回収率

103%)。勝率も高く信頼できる軸馬になるといっていい。

一方で、1位79以下となり、1～5枠に入った際の成績は【3―1―3―25】(勝率9・4%、連対率12・5%、複勝率21・9%、単勝回収率35%、複勝回収率37%)と悲惨。つまり、1位が危ない条件となる。1位79以下で1～5枠なら、軸馬としての信頼度は低い。

コンピ順位別成績で目立つのが、集計期間内に8位が未勝利ということ。100レースで1頭も勝ち上がっていないのは異例といっていい状況だけに、そろそろ出現すると決め撃ちする手もあるだろう。

8位であれば、単勝10倍台になっていることは珍しくないだろうし、相手次第では馬単万馬券、3連単10万円超の配当も狙えるはずだ。

1位が信頼できないとなった場合は、単勝回収率が100%を超す4位(単105%)、6位(単103%)、7位(単130%)、さらに単複回収率がともに100%を超す11位(単175%、複122%)などを狙ってみる手もありそうだ。

北海道シリーズ芝1200m

1位85以上は信頼度抜群
リアルオッズで2番人気の1位74以下馬は赤信号

本来は札幌芝1200mや函館芝1200m戦で分けても問題ないところだと思うが、事典②の競馬場分類の際に、同一として扱ったこともあり、それに準拠することにした。

函館も札幌も芝1200m戦は、1日に何レースも行なわれる。ローカル場は施行コースのバリエーションが限られているため、出現傾向はつかみやすいはずだ。

北海道シリーズ芝1200m戦のコンピ1位は表にもある通り、複勝率58・7%と平凡に映るが、1位85以上に限定した際の成績は【18―6―4―4】(勝率56・3%、連対率75・0%、

北海道シリーズ芝1200m●コンピ順位別成績

順位	勝率	連対率	複勝率	単回値	複回値
1位	26.4%	45.7%	58.7%	66	79
2位	15.4%	32.4%	44.3%	67	75
3位	14.2%	27.6%	37.4%	88	76
4位	9.4%	18.1%	32.7%	86	82
5位	7.1%	15.7%	26.8%	66	70
6位	7.1%	13.0%	19.3%	69	68
7位	6.5%	10.5%	18.1%	101	70
8位	4.5%	11.8%	16.3%	105	89
9位	3.4%	6.7%	11.8%	118	72
10位	4.4%	7.0%	12.3%	192	94
11位	2.9%	7.1%	11.4%	121	89
12位	1.0%	5.6%	9.1%	19	104
13位	0.0%	1.1%	3.3%	0	40
14位	0.6%	3.1%	8.0%	41	148
15位	0.0%	0.0%	2.1%	0	20
16位	0.0%	0.8%	0.8%	0	17

複勝率87・5%)。勝ち切りが目立つし、3着以内を外すことは限りなく少ないといっていいだろう。

17年7月23日函館11R函館2歳Sでは、1位85で1番人気(3・0倍)に推されていたカシアスが勝利。コンピストには関係ないかもしれないが、キャリアの浅い2歳戦では、一般的に人気がかなり高くても実は信頼できないことが珍しくない。

実際、カシアスは85という高い指数にも関わらず、リアルオッズは最終的に3倍だった。しかし、北海道シリーズの芝１２００ｍ戦では1位85以上の勝ち切りも目立つし、堅軸ということを知っていたのであれば、不安なく購入できたのではないか。

コンピの武器は、一般的な競馬知識を持っていなくても、こんな風にきっちりと馬券を買えるところにあるのだ。

1位が苦戦するのは指数が74以下で【13―12―7―44】(勝率17・1%、連対率32・9%、複勝率42・1%、単勝回収率60%、複勝回収率70%)と苦戦傾向。

1位が74以下の場合は、必ずしも1番人気に推されているわけではない。特に2番人気以下だった際は【3―5―3―25】(勝率8・3%、連対率22・2%、複勝率30・6%、単勝回収率38%、複勝回収率58%)と悲惨。

北海道シリーズの開催は、本書が発売されてから、かなり先の開催だが、覚えておいて損はないだろう。

北海道シリーズダ１７００ｍ

1位80以上ならアタマ固定の馬券を
17年からのフルゲート1頭増加の影響は？
大駆け期待は指数47馬だ！

まだまだ先の開催ではあるが、非常にコンピストにとってわかりやすい傾向を示しているのが、函館、札幌のダート１７００ｍ戦だ。

17年からフルゲートは１頭拡大されて14頭となったが、以前は13頭立てがＭＡＸだった。コンピ１位の複勝率が65％と高めの値を示しているのも、フルゲートの頭数と関係していることだろう。

１位が80以上の場合は、さらに信頼度が増すのもこのコースの特徴である。

１位80以上の成績は【83―28―22―40】（勝率48・０％、連対率64・２％、複勝率76・９％、単勝回収率95％、複勝回収率90％）。中でも勝率が50％近いのに驚くことだろう。少なくとも、北海道シリーズのダート１７００ｍ戦で１位80以上ならば、１位を１着固定した馬単、３連単は有効的のはずだ。

17年８月12日札幌９Ｒで、１位86のケルティックソードが１番人気（１・９倍）で勝利して

北海道シリーズ・ダート1700m
●コンピ順位別成績

順位	勝率	連対率	複勝率	単回値	複回値
1位	35.0%	52.8%	65.0%	80	82
2位	15.6%	39.1%	51.4%	71	87
3位	12.3%	23.9%	36.5%	81	72
4位	9.8%	21.7%	33.6%	89	84
5位	7.7%	16.9%	31.1%	65	86
6位	5.2%	12.0%	22.4%	76	75
7位	4.6%	8.3%	16.8%	89	76
8位	3.4%	9.6%	14.0%	65	79
9位	1.5%	5.3%	9.9%	46	69
10位	1.9%	4.5%	8.3%	50	61
11位	2.0%	4.4%	6.4%	127	62
12位	1.1%	1.5%	4.8%	115	81
13位	0.8%	1.7%	3.8%	52	51
14位	0.0%	2.3%	2.3%	0	19

以降、1位80以上は16レース出現し【8—5—3—0】というように、3着以内パーフェクト。このコースで1位80以上となったら、とにかく軸で考えたい。

17年からフルゲートが14頭立てになったが、その際、1位の成績は【14—8—5—16】（勝率32・6％、連対率51・2％、複勝率62・8％、単勝回収率61％、複勝回収率79％）と全体の成績よりもやや低下している。

特に1位の指数が79以下だったら【2—3—2—10】。複勝率は41・2％、単勝回収率30％、複勝回収率62％と低迷しているのがわかる。もちろん、まだ17年間1年程度の傾向で母数は少ないかもしれないが、参考にはなるはずだ。

穴党注目は、コンピ順位というよりも指数47の馬。

【6—12—10—117】（勝率2・9％、連対率8・8％、複勝率13・7％、単勝回収率１１７％、単勝回収率１３１％、複勝回収率１１７％）という成績。過去4年間で単複回収率がともに１００％を超えており、ベタ買いしても儲かるほど。複勝率で13・7％なら、7〜8レースに一度は馬券に絡んでいる計算だ。

コースのコンピ馬券実践編

●17年11月19日福島9R（芝１２００m）
1—11（指数47）—2位：
3連単3万４７５０円

17年11月19日福島9R（3歳上５００万下、芝１２００m）は、コンピ1位馬が堅かった例として取り上げることにしよう。

再度、【福島芝１２００m】の項を見直してもらえればわかるが、ここでのポイントは「1位の複勝率が落ちるのは、1番人気でも単勝が3倍以上のオッズを示しているときか、2番人気以下になっている場合」ということ。

オッズを確認する時間帯で取捨選択が異なることも少なくないが、自分で一定程度の目途（朝イチや直前30分前など）を立てておけば、ブレは少なくなるだろう。

単複のオッズは直前に変動しやすく、最終オッズとは大きく離れていることも少なくないが、違和感を覚えたら購入するのを手控えればいいだけである。

このレースで、1位76の1番人気（最終的に2・6倍）だったのが⑫ジョイフル。9時過ぎにオッズを確認したときは、2倍台をウロチョロしていた。

レース直前の締め切り数分前の前後の時間帯（13時54分～14時00分）で3倍前後という状況。3倍未満であれば買いとなるが、3倍以上のオッズであれば見送ったほうがいい。

しかし、前日土曜日に行なわれた福島芝１２００ｍは3鞍あり、1位はすべて4着以下だったことから、「そろそろ出現しても不思議はない」と判断。最終的に3倍を切る可能性もあったので、3連単フォーメーション馬券を購入。

相手も素直に2位65⑬アプト（2番人気）を指名。1、2位の2頭を1着に、2着にはこれまた素直に3位63⑦ジェスロ（8番人気）、そして、1～3位の上位馬を1、2着欄に塗っているため、【福島芝１２００ｍ】の項でも書いた、回収率の高い指数47の④ポンテファブリチオ（11位、10番人気）を抜擢して2着に付け加えた。馬券画像のように2→4→7の3連単フォーメーションを購入したのだ。

最終的に、1位ジョイフルは2・6倍の1番人気になっていたのが功を奏した。見事に先行から抜け出し1着を確保。指数47ポンテファブリオが2着、2位アプトが3着に入って3連単３万４７５０円が的中した。

ギリギリに1位が3倍未満のオッズになったことも、幸いしたのは間違いないだろう。正直、購入しておいたのがラッキーだった馬券でもある。しかし、1位が3倍未満のオッズなら、堅めの軸になりやすいこと、穴なら指数47あたりが出現しやすいというデータがあってこその結果でもあったのだ。

2017年11月19日福島９Ｒ（３歳上500万下、芝1200ｍ）

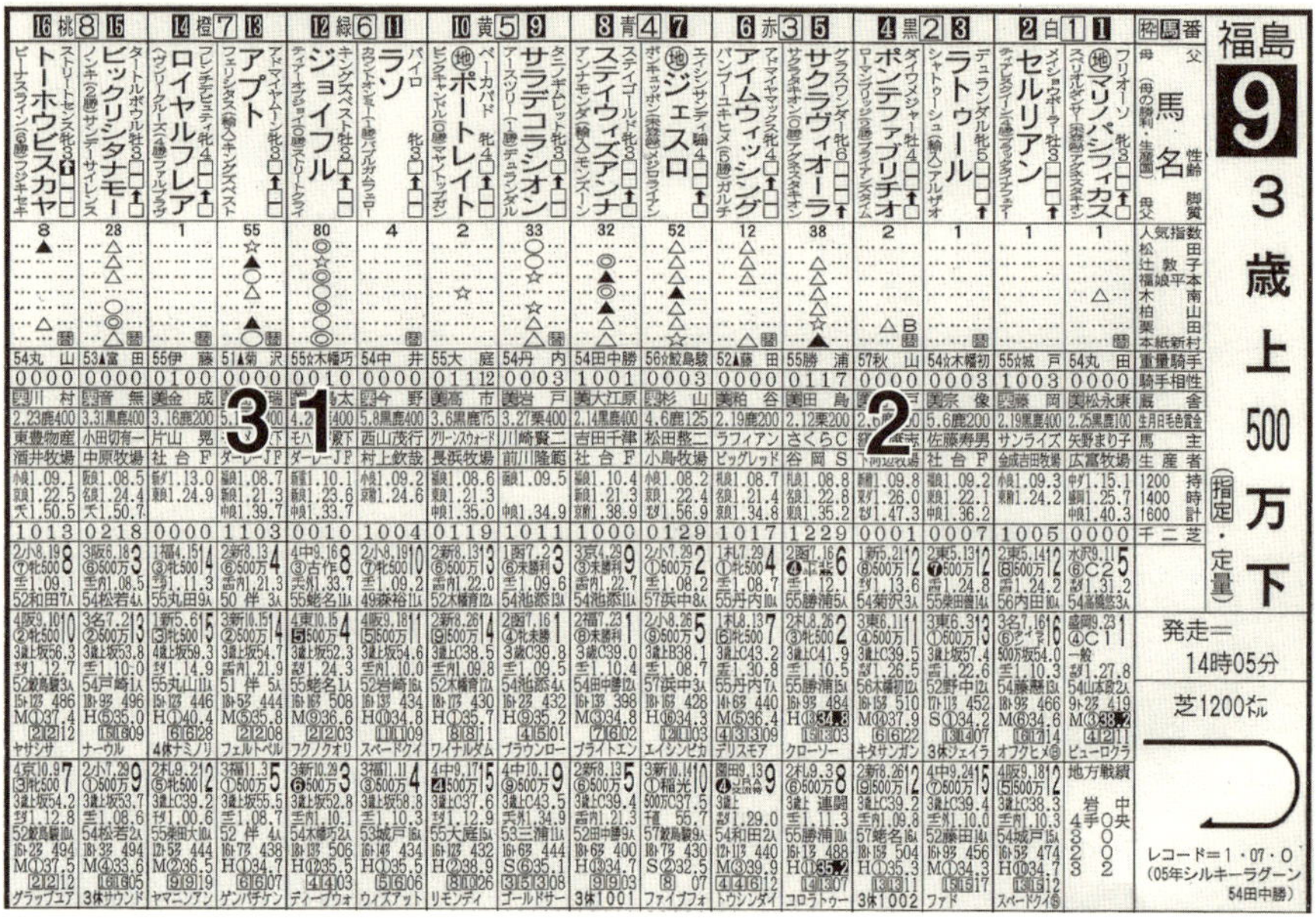

指数	1	2	3	4	5	6	7	8	9	10	11	12	13	14	15	16
9 R	⑫	⑬	⑦	⑤	⑨	⑧	⑮	⑥	⑯	⑪	④	⑩	①	③	②	⑭
	76	65	63	60	59	58	56	50	49	48	47	46	43	42	41	40

１着⑫ジョイフル

（１位 76・１番人気）

２着④ポンテファブリチオ

（11 位 47・10 番人気）

３着⑬アプト

（２位 65・２番人気）

単⑫ 260 円

複⑫ 140 円

④ 290 円

⑬ 230 円

馬連④－⑫ 3020 円

馬単⑫→④ 4960 円

３連複④⑫⑬ 7840 円

３連単⑫→④→⑬ 34750 円

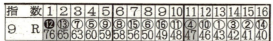

●17年11月11日福島8R（芝1200m）
7−3−5位：3連単1万9740円

時系列は前後するが、1位が信用できないパターンも検証してみることにしよう。

17年11月11日福島8Rは1位75⑥メイショウラバンドが2番人気（5・3倍）という状況だった。最終オッズで2番人気まで浮上したが、朝イチ（9時前後）の段階では10倍前後を示していたし、締め切り数分前までは6〜7倍あり、3、4番人気前後の様相を呈していたのだ。

先に取り上げた11月19日福島10Rのように、3倍を割り込むような1番人気にならないというのが読みだった。しかし、1位が危険ということがわかっても、買い方は難しい。オッズを確認する作業に手間を取られると、ゆっくりと買い目を構築する暇もないだろう。

そこで、4位65⑬コスモプラデシスを軸にした馬券を購入しようと思ったが、最終的に1番人気（4・1倍）になろうかという人気だったため断念。1位を買わないのに、わざわざ人気

2017年11月11日福島８Ｒ（３歳上500万下、芝1200ｍ）

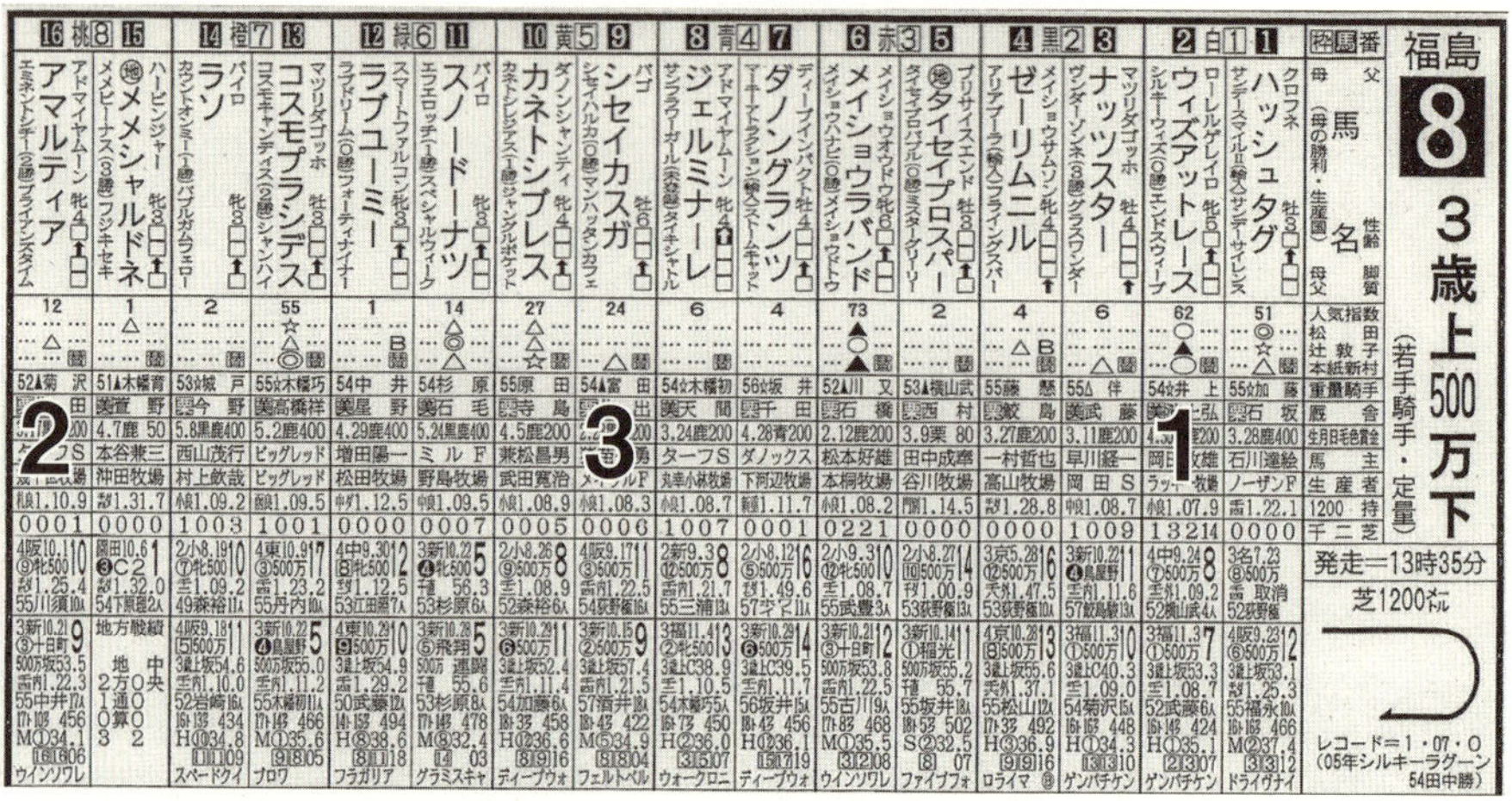

馬番	枠	馬名	性齢	父	母（母の勝利） 母父	人気指数	重量騎手	厩舎	生月日毛色賞金	馬主	生産者	1200持	千二芝
1	1白	ハッシュタグ	牡3	クロフネ	サンデースマイルII（輸入） サンデーサイレンス	51	55☆加藤	石坂	3.28鹿400	石川達絵	ノーザンF	1.22.1	0000
2	1白	ウィズアットレース	牝5	ローレルゲレイロ	シルキーウィズ（0勝） エンドスウィープ	62	54☆井上	美				小1.07.9	13214
3	2黒	ナッツスター	牡4	マツリダゴッホ	ヴンダーゾンネ（3勝） グラスワンダー	6	55△伴	美武藤	3.11鹿200	早川経一	岡田Ｓ	中1.08.7	1009
4	2黒	ゼーリムニル	牝4	メイショウサムソン	アリアーラ（輸入） フライングスパー	4	55藤懸	鮫島	3.27鹿200	一村哲也	高山牧場	1.28.8	0000
5	3赤	㊞タイセイプロスパー	牡3	プリサイスエンド	タイセイプロパブル（0勝） ミスターグリーリー	2	53▲横山武	西村	3.9栗80	田中成奉	谷川牧場	1.14.5	0000
6	3赤	メイショウラバンド	牝6	メイショウオウドウ	メイショウハナビ（0勝） メイショウドトウ	73	52▲川又	石橋	2.12鹿200	松本好雄	本桐牧場	小1.08.2	0221
7	4青	ダノングランツ	牡4	ディープインパクト	マーキーアトラクション（輸入） ストームキャット	4	56☆坂井	千田	4.28青200	ダノックス	下河辺牧場	1.11.7	0001
8	4青	ジェルミナーレ	牝4	アドマイヤムーン	サンフラワーガール（未勝） タイキシャトル	6	54☆木幡初	美天間	3.24鹿200	ターフＳ	丸幸小林牧場	小1.08.7	1007
9	5黄	シセイカスガ	牡6	バゴ	シセイハルカ（0勝） マンハッタンカフェ	24	54▲富田					小1.08.3	0006
10	5黄	カネトシブレス	牝4	ダノンシャンティ	カネトシレジアス（1勝） ジャングルポケット	27	55原田	寺島	4.5鹿200	兼松昌男	武田寛治	小1.08.9	0005
11	6緑	スノードーナツ	牝3	パイロ	エフエロッチ（1勝） スペシャルウィーク	14	54杉原	美石毛	5.24黒鹿400	ミルＦ	野島牧場	中1.09.5	0007
12	6緑	ラブユーミー	牝3	スマートファルコン	ラブドリーム（0勝） フォーティナイナー	1	54中井	美星野	4.29鹿400	増田陽一	松田牧場	中1.12.5	0000
13	7橙	コスモプラシデス	牡3	マツリダゴッホ	コスモキャンティス（2勝） シャンハイ	55	55☆木幡巧	美高橋祥	5.2鹿400	ビッグレッド	ビッグレッド	1.09.5	1001
14	7橙	ラソ	牝3	パイロ	カウントオンミー（1勝） バブルガムフェロー	2	53☆城戸	今野	5.8黒鹿400	西山茂行	村上欽哉	小1.09.2	1003
15	8桃	㊞メメシャルドネ	牝3	ハービンジャー	メメビーナス（3勝） フジキセキ	1	51▲木幡育	美萱野	4.7鹿50	本谷兼三	沖田牧場	1.31.7	0000
16	8桃	アマルティア	牝4	アドマイヤムーン	エミネントシチー（2勝） ブライアンズタイム	12	52▲菊沢					1.10.9	0001

指数	1	2	3	4	5	6	7	8	9	10	11	12	13	14	15	16
8R	⑥75	①67	②66	⑬65	⑨55	⑩54	⑯53	⑪52	⑧51	⑦50	④49	③48	⑭47	⑤46	⑫41	⑮40

１着②ウィズアットレース

（３位 66・３番人気）

２着⑯アマルティア

（７位 53・７番人気）

３着⑨シセイカスガ

（５位 55・９番人気）

単② 570 円

複② 210 円　⑯ 390 円　⑨ 490 円

馬連②－⑯ 4460 円　馬単②→⑯ 8640 円

３連複②⑨⑯ 19740 円　３連単②→⑯→⑨ 98820 円

になっている4位を購入する必要もないと判断したのだ。2、3位馬を軸にしなかったのも同様の理由である。

5位55だったのが⑨シセイカスガ。ただし、最終オッズでは9番人気と、こちらはリアルオッズで激しい人気落ち。ならば、6位か7位のどちらかを軸にしようと考えたが、いかんせん時間がなく、1位がコケると仮定していたため、人気薄の7位53⑯アマルティア（7番人気）を軸に取ったのだ。6位54⑩カネトシブレス（5番人気）はヒモに回している。

このあたりの判断は難しい。ただ、1〜5位をわざわざ軸にする必要がないレースだったということはわかってもらえるだろう。

1位を軸にしないと決めたのであれば、2位以下を検証するのがセオリー。2位以下から単複回収率が高い馬を選ぶというのが基本かもしれない。

そうはいってもデータを集計している人は多くないと思うので、当日の出現傾向で6位以下で複数回出現している順位や指数を軸にする手もあるだろう。

結果は、より人気薄のほうを軸に取ったことが正解で、軸にした7位アマルティアが2着に入った。1着が3位②ウィズアットレース。3着に5位シセイカスガで決着。3連複でも1万9740円という配当になった。結果としては、人気落ちであっても5位シセイカスガを軸にする手もあったことだろう。

いずれにしても1位がコケると判断したら、思い切って攻めるといいのは確かである。

儲かるコンピ事典⑤

重賞

本命党から穴党まで
ビッグチャンス!
「コンピ王特選重賞12」

コンピ・バイアスで「堅い重賞」と「波乱重賞」を見抜く！

過去10年における平地重賞レースでのコンピ順位別成績は、表の通りである。1位は複勝率58・9％と60％を割り込み、やや低迷しているのがわかるだろう。ただ、詳細を見ていけば、重賞ごとの差が大きいというのも事実なのだ。

例えば、神戸新聞杯で1位馬は【6―3―1―0】と、過去10年すべてで馬券になっている。勝ち切れていないが、プロキオンSも【2―2―4―0】と3着以内パーフェクトだ。

一方で、中京記念【0―1―1―8】、東京新聞杯【1―0―1―8】、函館記念【1―1―0―8】など、1位が大苦戦しているレースもあるのだ。

中京記念のように1位がコケるだけではなく、2、3位も不調で超特大配当が飛び出す場合もあれば、1位は飛んでも近年では比較的穏当な東京新聞杯のような重賞もあり、まあ千差万別。堅い重賞でも、コンピと過去の結果を照らし合わせると、違いが目立つこともよくある。

神戸新聞杯は1位馬が過去10年すべて指数82以上の馬の出走だった。この指数のレベルで10

過去10年平地重賞●コンピ順位別成績

順位	着別度数	勝率	連対率	複勝率	単回値	複回値
1位	345- 239- 149- 512/ 1245	27.7%	46.9%	58.9%	78	83
2位	210- 193- 168- 674/ 1245	16.9%	32.4%	45.9%	78	81
3位	156- 121- 137- 831/ 1245	12.5%	22.2%	33.3%	83	72
4位	115- 110- 122- 898/ 1245	9.2%	18.1%	27.9%	84	78
5位	102- 114- 109- 920/ 1245	8.2%	17.3%	26.1%	92	84
6位	86- 99- 123- 934/ 1242	6.9%	14.9%	24.8%	92	94
7位	58- 65- 91- 1028/ 1242	4.7%	9.9%	17.2%	74	72
8位	48- 75- 74- 1042/ 1239	3.9%	9.9%	15.9%	84	83
9位	30- 56- 57- 1087/ 1230	2.4%	7.0%	11.6%	54	72
10位	27- 40- 61- 1094/ 1222	2.2%	5.5%	10.5%	65	78
11位	20- 33- 26- 1114/ 1193	1.7%	4.4%	6.6%	71	58
12位	19- 35- 41- 1056/ 1151	1.7%	4.7%	8.3%	68	85
13位	11- 22- 32- 1019/ 1084	1.0%	3.0%	6.0%	84	69
14位	9- 14- 17- 962/ 1002	0.9%	2.3%	4.0%	45	54
15位	7- 14- 21- 877/ 919	0.8%	2.3%	4.6%	80	75
16位	4- 11- 6- 780/ 801	0.5%	1.9%	2.6%	41	45
17位	0- 6- 10- 364/ 380	0.0%	1.6%	4.2%	0	72
18位	0- 2- 3- 300/ 305	0.0%	0.7%	1.6%	0	48

年程度のスパンなら、1位が3着以内をすべてキープしていても不思議はない。

ただ、プロキオンSでは1位70台でも馬券になっているなど、同じ複勝率１００％といっても中身は異なる。

1位が弱い中京記念や東京新聞杯、函館記念だって、指数80以上の馬は複数存在していたことを考えると、重賞ごとにおける差が無視できないのはわかるだろう。

複勝率１００％は逃しているものの、フェブラリーS、天皇賞秋は過去10年中9年で1位が3着以内をキープしているし、勝ち上がり率もまずまず。有馬記念は1位が6勝を挙げているGIだ。

同じグランプリでありながら、宝塚記念の1位馬は【0−4−2−4】と未勝利に終わっている。また、GII青葉賞のように1位馬が【5−0−0−5】と、極端な成績を残しているケースも。

そこで、今回はGIの一部と、神戸新聞杯のように1位が堅いレース、中京記念などのように1位が危険なレースを、だいたい月イチペースで12レースほどピックアップ。そのデータや攻略ポイントを掲載することにしよう。

フェブラリーS（GI）

2018年2月18日　東京ダート1600m

1位が堅軸！　2位も強力
配当は安くても確実にしとめたい

コンピ1位馬が17年に勝利し、これで過去10年中6勝を挙げた。コンピ1位が重賞&GIレースで10年中6勝を挙げているのは、フェブラリーSの他に神戸新聞杯、有馬記念がある。

4着以下に敗れたのも12年のトランセンド1頭のみで、13年以降は必ず3着以内には来ているのだ。17年は1位指数が72と低い値で、かつ2番人気（5・0倍）と、飛ぶ可能性も強そうだったゴールドドリームがしっかりと勝利。フェブラリーSにおいて1位が強いことを裏付け

フェブラリーS
●過去10年コンピ順位別成績

順位	着別度数
1位	6- 1- 2- 1/ 10
2位	0- 2- 3- 5/ 10
3位	2- 2- 3- 3/ 10
4位	1- 0- 0- 9/ 10
5位	0- 2- 0- 8/ 10
6位	0- 0- 1- 9/ 10
7位	0- 1- 0- 9/ 10
8位	0- 1- 1- 8/ 10
9位	0- 1- 0- 9/ 10
10位	0- 0- 0- 10/ 10
11位	0- 0- 0- 10/ 10
12位	0- 0- 0- 10/ 10
13位	0- 0- 0- 10/ 10
14位	0- 0- 0- 10/ 10
15位	1- 0- 0- 9/ 10
16位	0- 0- 0- 9/ 9

フェブラリーS●過去3年成績

配当は上から馬単、3連複、3連単

年月日	着順	枠番	馬番	馬名	人気	コンピ	配当
2015年2月22日	1	2	4	コパノリッキー	1	1位(84)	2100円
	2	7	14	インカンテーション	5	8位(51)	3060円
	3	5	10	ベストウォーリア	3	3位(61)	12370円
2016年2月21日	1	7	14	モーニン	2	3位(64)	1510円
	2	4	7	ノンコノユメ	1	1位(86)	3820円
	3	2	4	アスカノロマン	7	8位(51)	16010円
2017年2月19日	1	2	3	ゴールドドリーム	2	1位(72)	2520円
	2	5	9	ベストウォーリア	5	5位(59)	2140円
	3	5	10	カフジテイク	7	2位(70)	9240円

る結果となった。

2位は勝てない傾向だが、17年もカフジテイクが3着に入りしぶとさを見せている。2位を上回る成績を残している3位は17年、不発に終わった。

4位以下は目立つ成績を残している順位がないというのが現状。ただし、近年は5～8位に位置する馬が、1頭は3着以内に来る傾向がある。そういった意味では08年に7位55のブルーコンコルドが馬券になって以降、まったく絡んでいない7位あたりの巻き返しにも注意。

出現数が多い順位を狙うのがコンピ馬券術の基本だが、出現数が目立たない順位の反撃や下剋上を予測するのもひとつの戦略だからだ。

ただ、巻き返すといっても、10位以下は14年の15位41コパノリッキー（16番人気、272・1倍）が勝利しただけということを考えると、原則、無視してOKだろう。

直接、日刊コンピとは関係ないが、コパノリッキーはこの年のフェブラリーSこそ低順位&ド人気薄だったが、最終的にダートGIで11勝を挙げる名馬中の名馬だった。

●フェブラリーSのコンピ・ポイント

・1位&2位、1位&3位の2頭が馬券になるケースも目立っている。

・近年は5~8位のうちの1頭が、3着以内をキープすることも。

・10位以下は原則的に無視してOK。唯一の勝利はコパノリッキーで、これは例外だ！

中山記念（GⅡ）

2018年2月25日　中山芝1800m

7年連続で馬券圏内の3位狙い

――果たして吉か、凶か

厳密にいえば、2月に行なわれることのほうが多いこの重賞も3、4月のトライアルからGIシーズン開幕につながる2回中山のメインに行なわれるため、カテゴリー上は3月に分類している。

コンピで過去10年を振り返ると、勝利数は1～3位が3勝ずつと互角も、複勝率では過去10年で3着以内8回を数える3位がトップとなっている。

17年も3位60ネオリアリズム（3番人気、7・1倍）が勝利し、これで11年リーチザクラウン3着以降、7年連続で3着以内をキープした。このあたりは難しい判断だが、18年はあえて3位を消す手もあるだろう。さすがに3位が8年連続して3着以内をキープするとは考えづらい（7年連続でも凄いのだが……）。

仮に18年も3位が3着以内をキープすると、複勝率90%となる。重賞では1位ですら複勝率90%となることは稀であり、たった10年のサン

中山記念
●過去10年コンピ順位別成績

順位	着別度数
1位	6- 1- 2- 1/ 10
2位	0- 2- 3- 5/ 10
3位	2- 2- 3- 3/ 10
4位	1- 0- 0- 9/ 10
5位	0- 2- 0- 8/ 10
6位	0- 0- 1- 9/ 10
7位	0- 1- 0- 9/ 10
8位	0- 1- 1- 8/ 10
9位	0- 1- 0- 9/ 10
10位	0- 0- 0- 10/ 10
11位	0- 0- 0- 10/ 10
12位	0- 0- 0- 10/ 10
13位	0- 0- 0- 10/ 10
14位	0- 0- 0- 10/ 10
15位	1- 0- 0- 9/ 10
16位	0- 0- 0- 9/ 9

中山記念●過去3年成績

年月日	着順	枠番	馬番	馬名	人気	コンピ	配当
2015年3月1日	1	4	4	ヌーヴォレコルト	3	3位（64）	1720円
	2	6	7	ロゴタイプ	2	2位（74）	1860円
	3	8	11	ステファノス	4	4位（58）	7520円
2016年2月28日	1	7	9	ドゥラメンテ	1	1位（78）	1100円
	2	8	10	アンビシャス	4	3位（67）	920円
	3	2	2	リアルスティール	2	2位（69）	3780円
2017年2月26日	1	1	1	ネオリアリズム	3	3位（60）	22790円
	2	5	5	サクラアンプルール	8	10位（41）	52870円
	3	7	9	ロゴタイプ	7	5位（57）	315300円

プルとはいっても、この数字を達成するとは思えないからだ。

頭数が揃わない傾向にある重賞だが、反動や下剋上を狙うという意味では、過去10年で出現のない6位や9位に注目したい。1位または2位を軸にし、6位や9位が3着以内に入ってくれば、3連複ベースでも万馬券が望めることだろう。

また、指数45以下で馬券になったのは17年2着の10位41で8番人気（45・3倍）のサクラアンプルールのみ。原則して無視してOKだが、10、17年と3連単で超高配当が飛び出した例もあり、指数や順位が低くても気になる馬がいたら押さえておこう。

●中山記念のコンピ・ポイント

・過去10年で1～3位が3勝ずつと、勝利する馬はコンピ上位馬。
・3位は複勝率80％をキープ。18年は消し頃の可能性が高い⁉
・指数45以下で馬券になったのは過去10年で一度のみ。

ダービー卿CT（GⅢ）
2018年3月31日　中山芝1600m

近3年で乗ってる4位は18年も……？不振の3位の一発逆転も考えたい

過去10年で見ると、コンピ1位は勝てずに複勝率も低いということになるが、近5年では【1―0―3―1】と、14年を除いてはしっかりと馬券になっている。

1位唯一の勝利はモーリス。説明するまでもなく、この後、世界的名馬になった馬だ。つまり、1位は3着には来るものの、歴史的名馬でもない限り勝てないということになる。

そこで浮上するのが4位だ。【3―3―1―3】という成績を残し、17年は、4位59ロジチャリス（5番人気、11・1倍）が勝利。15年以降は3年連続して連対以上の成績を収めているのだ。中山記念の項でも指摘したが、この流れに乗るのか、あえて4位を切るのかがポイントとなるだろう。

一方、上位で不振なのが2位。17年は2位75で1番人気（3・4倍）に推されたキャンベルジュニアが2着を確保したが、過去10年で2年連続して出現したことはない。1位の馬をリアルオッズで逆転し、1番人気に推されることもよくあるということを考えると、軸としては不向きだろう。

3位はさらに不振。過去10年で、10年に3着が一度あるのみ。消し続ける手もあるだろうし、そろそろ反動による出現も考えたい。

指数との兼ね合いもあるとは思うが、ここはあえて裏目を狙って、「1、2位は基本消して3位軸」という一発を狙ってみたい。

10位以下（17、18位が馬券に絡んだ11年は阪神開催）はあっても2、3着。中でも12～14位は一応、拾っておきたい。3位軸で12～14位が相手なら超高配当馬券の可能性もある。

●ダービー卿CTのコンピ・ポイント

・過去10年で見ると1位不振だが、直近5年中4年で3着圏内に。

・4位は複勝率70％をキープし、3年連続2着以上を確保。

・穴をあけるのは12～14位。絡めば3連単10万円超の可能性も。

ダービー卿CT
●過去10年コンピ順位別成績

順位	着別度数
1位	1- 0- 3- 6/ 10
2位	0- 3- 0- 7/ 10
3位	0- 0- 1- 9/ 10
4位	3- 3- 1- 3/ 10
5位	1- 0- 1- 8/ 10
6位	1- 0- 1- 8/ 10
7位	1- 1- 0- 8/ 10
8位	2- 2- 0- 6/ 10
9位	0- 1- 0- 9/ 10
10位	0- 0- 0- 10/ 10
11位	0- 0- 0- 10/ 10
12位	1- 0- 0- 9/ 10
13位	0- 0- 1- 9/ 10
14位	0- 0- 2- 8/ 10
15位	0- 0- 0- 10/ 10
16位	0- 0- 0- 9/ 9
17位	0- 0- 0- 1/ 1
18位	0- 0- 0- 1/ 1

ダービー卿ＣＴ●過去３年成績

年月日	着順	枠番	馬番	馬名	人気	コンピ	配当
2015年4月5日	1	5	10	モーリス	1	1位（79）	2310円
	2	5	9	クラリティシチー	4	4位（57）	14680円
	3	2	4	インパルスヒーロー	9	5位（56）	51710円
2016年4月3日	1	5	10	マジックタイム	5	5位（53）	12830円
	2	7	14	ロゴタイプ	4	4位（55）	6930円
	3	3	6	サトノアラジン	2	1位（80）	59230円
2017年2月26日	1	2	3	ロジチャリス	5	4位（58）	4820円
	2	3	5	キャンベルジュニア	1	2位（75）	2100円
	3	4	8	グランシルク	2	1位（76）	15660円

天皇賞春（GI）

2018年4月29日　京都芝3200m

1位は指数90でも大苦戦
強い2位をそのまま買っていい？

データを見て17年のコンピ1位がサトノダイヤモンドだったことに驚く人もいるだろう。

1位はご覧の通り苦戦傾向にあるし、過去10年で馬券になった3回中2回が、2番人気だったのだ。つまり、少し疑われている際の1位のほうが馬券になりやすい。

一方で1位90となったオルフェーヴル、ゴールドシップはともに着外に終わるなど、堅い1位と思われているときほど危険なGIである。

ちなみに1位88

天皇賞春
●過去10年コンピ順位別成績

順位	着別度数
1位	1- 0- 2- 7/ 10
2位	4- 2- 0- 4/ 10
3位	0- 3- 2- 5/ 10
4位	1- 2- 1- 6/ 10
5位	1- 1- 0- 8/ 10
6位	1- 0- 1- 8/ 10
7位	0- 0- 1- 9/ 10
8位	0- 0- 0- 10/ 10
9位	0- 1- 0- 9/ 10
10位	1- 0- 0- 9/ 10
11位	0- 0- 1- 9/ 10
12位	0- 0- 0- 10/ 10
13位	0- 0- 1- 9/ 10
14位	0- 0- 0- 10/ 10
15位	1- 0- 0- 8/ 9
16位	0- 0- 0- 9/ 9
17位	0- 1- 1- 7/ 9
18位	0- 0- 0- 7/ 7

天皇賞春●過去3年成績

年月日	着順	枠番	馬番	馬名	人気	コンピ	配当
2015年5月3日	1	1	1	ゴールドシップ	2	5位（56）	8480円
	2	7	14	フェイムゲーム	7	9位（49）	57160円
	3	1	2	カレンミロティック	10	11位（47）	236300円
2016年5月1日	1	1	1	キタサンブラック	2	2位（64）	29950円
	2	2	3	カレンミロティック	13	17位（41）	32350円
	3	4	8	シュヴァルグラン	3	4位（59）	242730円
2017年4月30日	1	2	3	キタサンブラック	1	2位（78）	1430円
	2	3	6	シュヴァルグラン	4	5位（55）	610円
	3	8	15	サトノダイヤモンド	2	1位（83）	3780円

のキズナも4着と、馬券圏内をキープできなかった。90、88といった高い指数の1位が3着にも届かないGⅠなのだ。

2位は過去10年で4勝、17年も2位78で1番人気（2・2倍）のキタサンブラックが勝利している。近6年中、15年を除き5年で馬券になっているのが2位なのだ。ただ、2位は連対するか着外かの極端な傾向にあり、そろそろ飛ぶ可能性もあるだろう。

3位は勝てないものの、2、3着なら5回も馬券になっているのであれば無視はできない。ただし、馬券になったのは08～12年にかけて。13年以降は1頭も3着以内に来ていないのは気になるところだ。

一ケタ順位で一度も馬券になっていないのは8位。過去10年では4着が2回あるのみと不振傾向だが、ぼちぼち馬券に絡む可能性も考えたいところ。

17年こそ堅い決着だったが、09～16年までは3連単10万円超の決着が続いていた。12年は15位43→2位66→3位65の3頭で決着し3連単145万馬券だったことも……。指数下位の馬はどこまで押さえるのかは難しいが、気になる馬は拾っておきたい。

●天皇賞春のコンピ・ポイント

・過去10年では2位の連対有力。近6年中5年で活躍！

・09～16年まで3連単10万円超。順位や指数下位の馬の下剋上に注意。

・一ケタ順位で馬券圏内のない8位の巻き返しに期待する手も。

日本ダービー（GⅠ）

2018年5月27日　東京芝2400m

5位以内の馬が勝ち、6位以内で連対無謀な穴狙いは禁物のGⅠ

17年もコンピ2位65レイデオロ（2番人気、5・3倍）が勝利し、10年連続して5位以内の馬が勝った。

10年に7番人気（31・4倍）で勝利したエイシンフラッシュも、コンピでは4位だったのだ。意外にリアルオッズで人気を落としていたようだが、コンピ上ではアタマで買える馬の1頭だったのは間違いない。

2位馬は近5年で【3―1―0―1】という成績を残しており、1位よりも馬券になる確率が高まっている。

3位は馬09年にロジユニヴァースが勝利して以来、2、3着はあるものの、勝ち星から遠ざかっている。ただ2、3着ではコンスタントに来ているし、12年以降は着外といっても5着には入っているので、どちらにしてもヒモには組み入れておいたほうが無難だろう。

日本ダービー
●過去10年コンピ順位別成績

順位	着別度数
1位	3- 1- 2- 4/ 10
2位	3- 1- 0- 6/ 10
3位	1- 2- 2- 5/ 10
4位	2- 0- 0- 8/ 10
5位	1- 2- 0- 7/ 10
6位	0- 2- 1- 7/ 10
7位	0- 1- 1- 8/ 10
8位	0- 0- 1- 9/ 10
9位	0- 0- 1- 9/ 10
10位	0- 0- 1- 9/ 10
11位	0- 1- 0- 9/ 10
12位	0- 0- 0- 10/ 10
13位	0- 0- 1- 9/ 10
14位	0- 0- 0- 10/ 10
15位	0- 0- 0- 10/ 10
16位	0- 0- 0- 10/ 10
17位	0- 0- 0- 10/ 10
18位	0- 0- 0- 8/ 8

日本ダービー●過去3年成績

年月日	着順	枠番	馬番	馬名	人気	コンピ	配当
2015年5月31日	1	7	14	ドゥラメンテ	1	1位（84）	2220円
	2	1	1	サトノラーゼン	5	6位（54）	3950円
	3	6	11	サトノクラウン	3	3位（64）	15760円
2016年5月29日	1	2	3	マカヒキ	3	4位（64）	1420円
	2	4	8	サトノダイヤモンド	2	2位（70）	850円
	3	1	1	ディーマジェスティ	1	3位（67）	4600円
2017年5月28日	1	6	12	レイデオロ	2	2位（65）	2860円
	2	2	4	スワーブリチャード	3	5位（57）	2220円
	3	8	18	アドミラブル	1	1位（81）	11870円

さすがに人気薄といっても、14位以下の馬では3着も厳しい。穴となるのは7〜11位に該当する馬か。15年以降は不発に終わっているが、08年は2、3着を占めたこともあるし、14年まではコンスタントに出現していた。

指数で検索すれば46以下の馬の3着以内はナシ。順位だけではなく指数もチェックが必要だ。

基本的にはコンピ順位の上位馬が強いレースで、1〜3着を占めるケースが目立つ。特に15年以降は6位以内の3頭で決着している。無理な穴狙いは禁物といってよさそう。

二ケタ順位の馬を狙う場合は、3連系であれば3軸目のヒモに置くことをオススメする。13年、14年は1、2位が順位上位の馬だったが、3着には二ケタ順位の馬が入っていた。

●日本ダービーのコンピ・ポイント

・過去10年では5位以内の馬が勝利している。1着馬の下剋上はない。

・2位は近5年で【3—1—0—1】と好調をキープしている。

・46以下の馬は3着以内ナシ。二ケタ順位はあっても3着まで。

中京記念（GⅢ）
2018年7月22日　中京芝1600m

1、2位のアタマはナシ 7位活躍も新規台頭は6、8位か

過去10年でコンピ1位馬まったく勝てず、馬券になったのも、たったの2回。2位は4回ほど馬券になっているが、こちらも勝利ナシ。

1、2位とも過去10年で1着がない重賞は、中京記念だけ。距離や開催時期が変わっているとはいえ、これだけ1、2位馬が勝てない重賞も珍しいといっていい。

3位は1勝止まり、4位は3着以内ナシと不振傾向で、上位を軸に据えるのは避けたほうが無難だろう。

活躍が目立つのは7位。12年以降は毎年3着以内に入っているのだ。17年も7位54ウインガ

ニオン（5番人気、9・0倍）が勝利。2、3着に1位&2位入ったため、3連単配当は中京記念としては異例の安さの2万2780円だったが、7位が1、2着なら3連単ベースで万馬券になるのは間違いないだろう。

ただ7位は、さすがに出現過多と思われる。そろそろ飛ぶ可能性もあるだろう。狙い目として新たに浮上してくるのは6、8位あたりの順位か。ともに過去10年で3回馬券圏内に来ており、7位の出現傾向と併せて注目だろう。

波乱傾向が強いといっても、指数42〜40の馬は苦戦で1頭も馬券になっていない。46〜43は1着こそないものの、2、3着に食い込むことは少なくないので、ヒモには必ず加えておきたい。

中京記念
●過去10年コンピ順位別成績

順位	着別度数
1位	0- 1- 1- 8/ 10
2位	0- 1- 3- 6/ 10
3位	1- 0- 0- 9/ 10
4位	0- 0- 0- 10/ 10
5位	2- 0- 0- 8/ 10
6位	1- 1- 1- 7/ 10
7位	4- 1- 1- 4/ 10
8位	1- 1- 1- 7/ 10
9位	0- 0- 0- 10/ 10
10位	0- 2- 0- 8/ 10
11位	0- 1- 0- 9/ 10
12位	0- 0- 2- 8/ 10
13位	1- 2- 0- 7/ 10
14位	0- 0- 0- 10/ 10
15位	0- 0- 1- 9/ 10
16位	0- 0- 0- 10/ 10
17位	0- 0- 0- 3/ 3
18位	0- 0- 0- 3/ 3

中京記念●過去3年成績

年月日	着順	枠番	馬番	馬名	人気	コンピ	配当
2015年7月26日	1	3	6	スマートオリオン	6	7位（51）	30130円
	2	1	1	アルマディヴァン	13	13位（45）	38850円
	3	5	10	ダローネガ	3	2位（68）	256590円
2016年7月24日	1	7	13	ガリバルディ	7	8位（50）	11700円
	2	4	7	ピークトラム	6	7位（54）	14750円
	3	6	12	ケントオー	4	2位（69）	87790円
2017年7月23日	1	2	3	ウインガニオン	5	7位（54）	5480円
	2	3	6	グランシルク	2	2位（69）	3590円
	3	8	15	ブラックムーン	1	1位（74）	22780円

また、過去10年で出現のない9位あたりの一発を考えてもいいだろう。未出現の順位を狙うのは効率がいいとはいえないが、これだけ出現に偏りが見られるのであれば、そろそろ潮目が変わることを期待して軸を決めたい。

●中京記念のコンピ・ポイント

・過去10年で1、2位の勝利ナシ。

・7位は12年以降、6年連続して馬券になるなどと偏りが目立つ。

・指数46〜43の馬は1着ナシも、ヒモならチャンスあり。

小倉記念（GⅢ）
2018年8月5日　小倉芝2000m

1位は大不振、軸は2、3位から相手には5、6位を抜擢したい

中京記念と同様、過去10年でコンピ1位が勝利ナシ、馬券になったのも3回しかない。17年も1位82で1番人気（3・2倍）のストロングタイタンが8着に敗れている。16年は12頭立てと少頭数戦にも関わらず、3連単31万馬券になったことも。

ただ、中京記念は2位も不振だったが、小倉記念は2位&3位が比較的好調な重賞だ。17年は1、2着、15年は2、3着というように、2位&3位馬が同時に馬券になることもあるほど（ちなみに14年は1、3着）。まずは2位&3位のどちらかを軸に選びたい。

4位は連対なく3着が二度、7位は過去10年で出現ナシとやや不振傾向だが、巻き返しに期待する手もあるだろう。

5、6位は12年以降に必ず1頭、馬券になっているのも注目だ。究極的に点数を絞るなら、2位&3位を軸にした2頭軸による3連複や3連単で5、6位を相手にした馬券だろう。14年以降はこれで3年当たった計算となる。

コンピ下位の馬は12、16位といった特定順位の馬で勝利や連対例があるが、原則として、あっても3着止まりになる傾向が強い。8位以下は3着候補に入れておけばOKだろう。

話を戻して、1位が馬券になったのは08、09、13年の3レース。このうち、08、09年は二ケタ順位の馬が馬券になっている。その際、3位は馬券圏外で、1位を軸にするのであれば思い切って、下位の馬を相手にピックアップする手もあるだろう。1位は4年連続で馬券に絡まず、18年もその傾向が続くか注目だ。

●小倉記念のコンピ・ポイント

・過去10年で1位の勝利ナシ。4年連続で馬券圏外。

・軸は2位&3位のどちらかを。14年以降はセットで出現する傾向が目立つ。

・5、6位のどちらかが12年以降、必ず1頭は馬券になっている。

小倉記念
●過去10年コンピ順位別成績

順位	着別度数
1位	0- 2- 1- 7/ 10
2位	2- 2- 1- 5/ 10
3位	2- 1- 1- 6/ 10
4位	0- 0- 2- 8/ 10
5位	1- 2- 0- 7/ 10
6位	2- 2- 1- 5/ 10
7位	0- 0- 0- 10/ 10
8位	0- 0- 1- 8/ 9
9位	0- 0- 1- 9/ 10
10位	0- 0- 1- 9/ 10
11位	0- 0- 0- 10/ 10
12位	2- 0- 0- 8/ 10
13位	0- 0- 1- 7/ 8
14位	0- 0- 0- 7/ 7
15位	0- 0- 0- 6/ 6
16位	1- 1- 0- 2/ 4
17位	0- 0- 0- 4/ 4
18位	0- 0- 0- 3/ 3

小倉記念●過去3年成績

年月日	着順	枠番	馬番	馬名	人気	コンピ	配当
2015年8月9日	1	8	15	アズマシャトル	6	5位（59）	6030円
	2	3	5	ベルーフ	2	3位（65）	6870円
	3	2	3	ウインプリメーラ	3	2位（66）	41990円
2016年8月7日	1	3	3	クランモンタナ	11	12位（40）	35060円
	2	5	5	ベルーフ	4	6位（55）	30720円
	3	2	2	エキストラエンド	6	9位（48）	321730円
2017年8月6日	1	2	2	タツゴウゲキ	4	3位（60）	3850円
	2	6	8	サンマルティン	2	2位（70）	6820円
	3	4	5	フェルメッツァ	6	6位（54）	30410円

神戸新聞杯（GⅡ）

2018年9月23日　中京芝2400m

1位が超堅軸、相手も2位が強い　指数下位の大駆けは期待薄

過去10年で1位が必ず3着以内をキープしている。非常に軸馬がしっかりしている重賞だ。相手も2位になることが目立っており、過去10年中6年で、1位&2位がセットで馬券になっていた計算だ。

一方で、3、4位は低調。17年のように1～3着を1位～3位馬が独占したことは、08年、10年に続き三度目。ただし、前回の出現から間隔が空いていることからもわかる通り、上位馬すべ

神戸新聞杯
●過去10年コンピ順位別成績

順位	着別度数
1位	6- 3- 1- 0/ 10
2位	2- 2- 2- 4/ 10
3位	0- 1- 2- 7/ 10
4位	0- 1- 1- 8/ 10
5位	1- 0- 1- 8/ 10
6位	0- 0- 1- 9/ 10
7位	0- 1- 0- 9/ 10
8位	1- 1- 0- 8/ 10
9位	0- 0- 1- 9/ 10
10位	0- 1- 1- 8/ 10
11位	0- 0- 0- 10/ 10
12位	0- 0- 0- 9/ 9
13位	0- 0- 0- 8/ 8
14位	0- 0- 0- 8/ 8
15位	0- 0- 0- 6/ 6
16位	0- 0- 0- 3/ 3
17位	0- 0- 0- 2/ 2
18位	0- 0- 0- 2/ 2

神戸新聞杯●過去3年成績

年月日	着順	枠番	馬番	馬名	人気	コンピ	配当
2015年9月27日	1	4	6	リアファル	3	5位（55）	2290円
	2	3	5	リアルスティール	1	1位（82）	5170円
	3	5	9	トーセンバジル	7	9位（51）	28170円
2016年9月25日	1	8	14	サトノダイヤモンド	1	1位（90）	1260円
	2	8	15	ミッキーロケット	6	4位（56）	3070円
	3	7	12	レッドエルディスト	4	5位（55）	8010円
2017年9月24日	1	5	8	レイデオロ	1	1位（82）	860円
	2	4	5	キセキ	2	2位（71）	890円
	3	2	2	サトノアーサー	3	3位（63）	3180円

てが堅いというケースも珍しいといっていい。

ヒモもハッキリしており、11位以下は1頭も馬券になったことはない。指数でいえば45以下の馬は全滅だ。18頭立てになることもあるので、低順位、低指数の馬はバッサリ切ってしまうことをオススメする。

1位が指数90、88に推された際は、4戦4勝とすべて勝利しているのも特徴的。

13年1位90エピファネイア（1番人気、1・4倍）、16年1位90サトノダイヤモンド（1番人気、1・2倍）、11年1位88オルフェーヴル（1番人気、1・7倍）、14年1位88ワンアンドオンリー（1番人気、1・6倍）。

これら4頭とも、すべて単勝1倍台に支持され勝利している。

その際、2位が2着になったのは11年のみ（2位71・ウインバリアシオン）。馬券を買う際は、1位が90、88なら1着固定の馬単、3連単で、2着には3〜10位の馬の中からオイシイ配当をマークすればいいということになる。

また、1位82は17年こそレイデオロが勝利したが、【1─3─0─0】と2着が基本だ。

●神戸新聞杯のコンピ・ポイント

・過去10年で1位の3着以内率パーフェクト！

・1位90、88ならすべて1着に!!

・11位以下、指数45以下は1頭も馬券になっていない。

天皇賞秋（GⅠ）

2018年10月28日　東京芝2000m

10年で着外は1回、ここも1位が強い！
一方、2、3位は並び立たず……

神戸新聞杯にはやや見劣る成績だが、それでもコンピ1位は、過去10年で5勝を挙げ3着以内9回をキープしており、1位が堅いGIといえる。

ただ、神戸新聞杯と違うのは1位が堅い軸でも、ヒモが狂いやすいということ。過去10年、1〜3位で1〜3着を占めたのは08年の1回のみという状況で、神戸新聞杯とは明らかに配当傾向は異なる。

2、3位馬はそこそこ馬券になっているが、過去10年で勝利した馬はいない。17年のサトノクラウンなど数多の名馬が該当しているが、2着が最高という成績だ。また、2位&3位が同時に出現したのは、1~3着を1~3位で占めた08年のみ。つまり、2位&3位の2頭軸といったような馬券は無理筋。

1位以外で勝利を挙げているのは4位（2勝）、5位（1勝）、7位（2勝）。8位以下はあっても2、3着というケースが目立っている。

11位以下では、17年のレインボーラインが14位で一度3着に入った以外はすべて着外だ。このあたりの傾向を読み解くの

天皇賞秋
●過去10年コンピ順位別成績

順位	着別度数
1位	5- 2- 2- 1/ 10
2位	0- 1- 4- 5/ 10
3位	0- 3- 0- 7/ 10
4位	2- 0- 0- 8/ 10
5位	1- 1- 1- 7/ 10
6位	0- 0- 2- 8/ 10
7位	2- 1- 0- 7/ 10
8位	0- 0- 0- 10/ 10
9位	0- 1- 0- 9/ 10
10位	0- 1- 0- 9/ 10
11位	0- 0- 0- 10/ 10
12位	0- 0- 0- 10/ 10
13位	0- 0- 0- 10/ 10
14位	0- 0- 1- 9/ 10
15位	0- 0- 0- 10/ 10
16位	0- 0- 0- 9/ 9
17位	0- 0- 0- 9/ 9
18位	0- 0- 0- 7/ 7

天皇賞秋●過去3年成績

年月日	着順	枠番	馬番	馬名	人気	コンピ	配当
2015年11月1日	1	4	8	ラブリーデイ	1	1位（75）	10390円
	2	7	14	ステファノス	10	10位（50）	24850円
	3	8	16	イスラボニータ	6	6位（55）	109310円
2016年10月30日	1	5	8	モーリス	1	1位（84）	3700円
	2	7	12	リアルスティール	7	7位（55）	7430円
	3	8	14	ステファノス	6	5位（58）	32400円
2017年8月6日	1	4	7	キタサンブラック	1	1位（84）	1660円
	2	1	2	サトノクラウン	2	3位（66）	15290円
	3	4	8	レインボーライン	13	14位（44）	55320円

は難しいが、基本的に11位以下は消し、気になる馬がいたらヒモで押さえるというスタンスでいいだろう。

指数で見れば、49以下で馬券になったのは、昨年の14位44レインボーライン1頭。指数は低いものの、49〜46がGIレースで馬券になっていないのは意外と珍しい。

それでいて3連単ベースでは15年に10万馬券を記録するなど、時に高配当となることもあり、1位の相手は幅広く選びたい。

●天皇賞秋のコンピ・ポイント

・過去10年で1位は5勝し、着外は一度のみ。
・2、3位馬は馬券になるが、過去10年勝利ナシ。
・11位以下、指数49以下の馬で馬券になったのは17年のみ。

エリザベス女王杯（GI）

2018年11月11日　京都芝2200m

5〜7位が穴のポイントゲッター

17年は5、7位絡めて12万馬券獲り

コンピ1、2位は馬券になるが、勝てない傾向が続いている。複軸としては信頼度もそこそこあるので、迷ったらどちらかを軸にする手はあるだろう。17年こそ1、2位は馬券にならなかったが、13〜16年は4年連続して馬券になったこともあるので、迷ったら1位または2位を軸にする手も立派な戦略だ。

7位以内で勝利がないのは3位だけとなった。8位以下も年によってはボチボチ馬券になっており注意は必要。

09年は1着15位43クィーンスプマンテ（11番人気、77・1倍）、2着16位42のテイエムプリキュア（16番人気、91・6倍）。そして3着が1位88ブエナビスタ（1番人気、1・6倍）という結果で、馬連10万2030円、馬単25万910円、3連複15万7480円、3連単154万5760円の超配当が飛び出した。

16年も二ケタ順位である11位47シングウィズジョイ（12番人気）が2着に入り、3連単15万馬券を演出。二ケタ順位でワンツーの3連単154万馬券となった09年以来、久々の馬券圏内突入となった。

穴を狙うのであれば、5~7位を絡めて馬券を買うのがベターだ。1、2位馬が2、3着で、5~7位馬が1着というケースも目立つ。馬券に絡んでいない順位馬と高確率で絡んでいる順位の馬をうまくまとめれば、高配当ゲットも近いことだろう。

17年は過去のコンピ・データを使って、3連単12万7540円を的中したレースだった。

軸にしたのは5位56⑩ミッキークイーン(3番人気)。5位は16年にも勝利しているし、5~7位を絡めるのがエリザベス女王杯で高配当を

エリザベス女王杯
●過去10年コンピ順位別成績

順位	着別度数
1位	1- 4- 1- 4/ 10
2位	1- 2- 4- 3/ 10
3位	0- 1- 1- 8/ 10
4位	2- 0- 0- 8/ 10
5位	1- 0- 2- 7/ 10
6位	2- 0- 1- 7/ 10
7位	2- 0- 0- 8/ 10
8位	0- 0- 1- 9/ 10
9位	0- 1- 0- 9/ 10
10位	0- 0- 0- 10/ 10
11位	0- 1- 0- 9/ 10
12位	0- 0- 0- 10/ 10
13位	0- 0- 0- 10/ 10
14位	0- 0- 0- 10/ 10
15位	1- 0- 0- 9/ 10
16位	0- 1- 0- 8/ 9
17位	0- 0- 0- 8/ 8
18位	0- 0- 0- 7/ 7

エリザベス女王杯●過去3年成績

年月日	着順	枠番	馬番	馬名	人気	コンピ	配当
2015年11月15日	1	6	12	マリアライト	6	7位(52)	4730円
	2	8	18	ヌーヴォレコルト	1	2位(75)	3770円
	3	4	8	タッチングスピーチ	4	3位(70)	23590円
2016年11月13日	1	2	3	クイーンズリング	3	5位(58)	22570円
	2	5	9	シングウィズジョイ	12	11位(47)	20680円
	3	1	1	ミッキークイーン	2	2位(68)	158930円
2014年11月12日	1	3	5	モズカッチャン	5	7位(54)	15890円
	2	2	4	クロコスミア	9	9位(50)	20760円
	3	5	10	ミッキークイーン	3	5位(56)	127540円

2017年11月12日京都11Ｒエリザベス女王杯（牝馬ＧⅠ、芝2200ｍ）

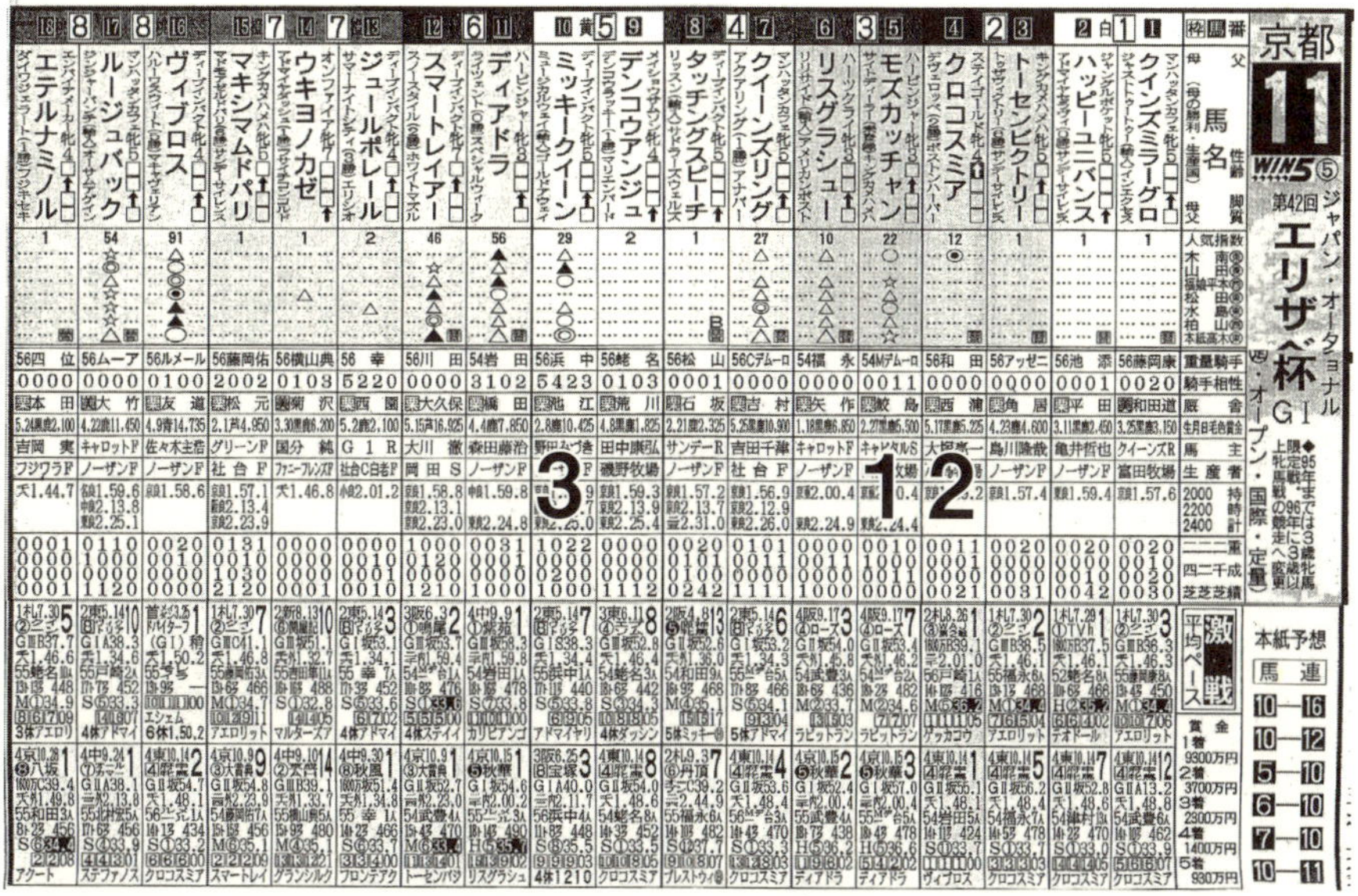

馬番能力順位	1	2	3	4	5	6	7	8	9	10	11	12	13	14	15	16	17	18
京都11R	⑯ 82	⑪ 66	⑰ 65	⑫ 63	⑩ 56	⑦ 55	⑤ 54	⑥ 51	④ 50	⑬ 48	⑨ 47	⑧ 46	② 45	① 44	⑭ 43	⑮ 42	⑱ 41	③ 40

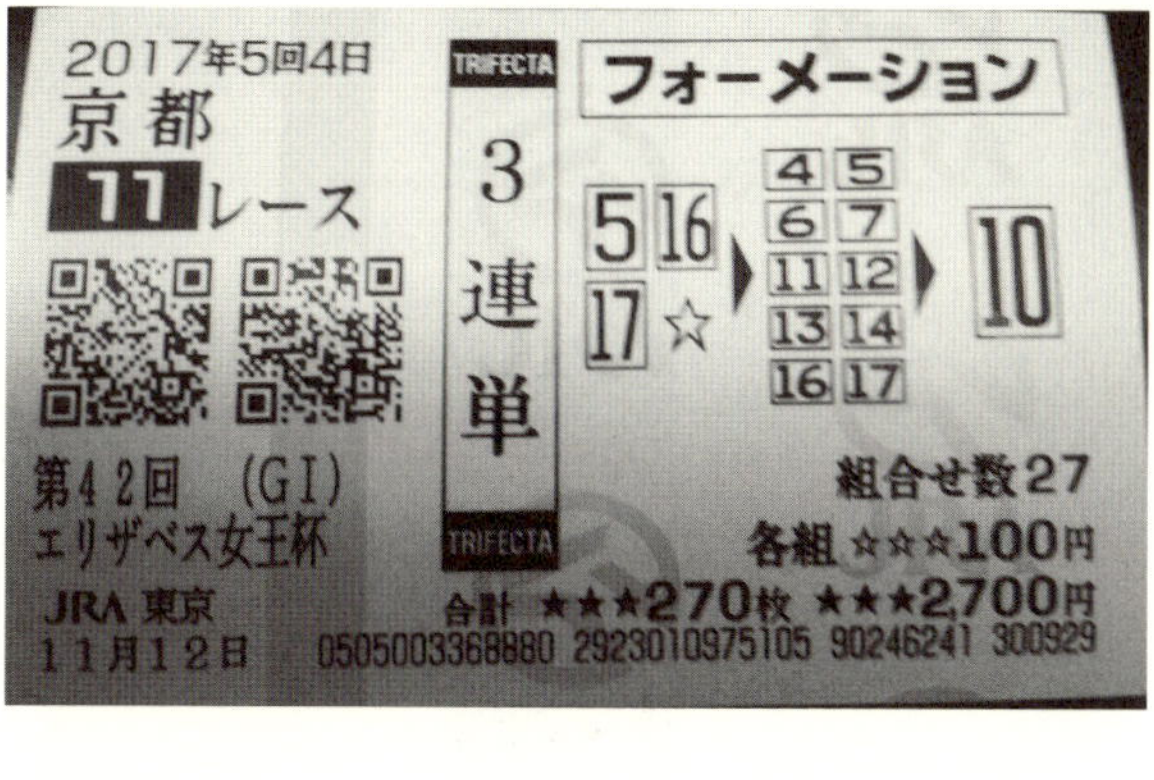

１着⑤モズカッチャン
（７位 54・５番人気）
２着④クロコスミア
（９位 50・９番人気）
３着⑩ミッキークイーン
（５位 56・３番人気）
単⑤ 770 円
複⑤ 260 円
④ 630 円
⑩ 240 円
馬連④ー⑤ 8030 円
馬単⑤→④ 15890 円
３連複④⑤⑩ 20760 円
３連単⑤→④→⑩ 127540 円

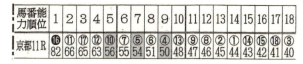

獲るポイントのひとつだったからだ。

16年に5位が勝利していることもあり、2、3着に入ることを想定した3連単フォーメーション。1着には、そろそろ反動により勝ってもいい1位82⑯ヴィブロス（1番人気）、前9年で未勝利の3位65⑰ルージュバック（2番人気）、穴として注目の7位54⑤モズカッチャン（5番人気）を配置。ヒモは、その3頭にその他の下位馬を含めた。

レースは、7位モズカッチャンが勝利。2着に9位50④クロスコミア（9番人気）、3着には軸としたミッキークイーン。3連単12万7540円と高額配当をゲットすることができた。10位以下の馬を無理に絡めなくても、3連単10万円程度の馬券が的中することの一例だろう。

18年はここまで不振の3位や8位の勝利を絡めつつ、5～7位と1、2位をうまく組み合わせた3連単や3連複馬券にチャレンジする手はある。

●エリザベス女王杯のコンピ・ポイント

・1、2位は2、3着なら高確率。
・5～7位が高配当馬券のキモ。
・10位以下はあっても2着まで。気になる馬だけ押さえたい。

有馬記念（GⅠ）
2018年12月23日　京都芝2200m

「1位＝1番人気」なら鉄板級
ヒモ穴は指数49～47馬だ！

17年もコンピ1位88キタサンブラック（1番人気、1・9倍）が勝利し、過去10年で1位は6勝を挙げた。重賞レースの中でも1位が堅いといっていいだろう。

1位が4着以下に沈んだのは2回だけ。14、15年と2年連続して圏外になったが、ともに1番人気に推されなかった馬だ。1位が1番人気なら、連対以上の成績を収めている。

ただし16年のように、1～3位馬3頭で1～3着を占める例は少ない。17年も3着こそ2位

68シュヴァルグラン（3番人気）が確保したが、2着には10位49クイーンズリング（8番人気）が入って3連単2万5040円とまずまずの配当を提供している。

1位と2位が同時に出現しても、ヒモに低順位の馬を入れておくことは立派な戦略だ。指数46以下の馬はほぼ馬券にならない。41が馬券になっているが、08年のアドマイヤモナークのみ。つまり、46以下の馬は09年以降、1頭も馬券になっていないのだ。

穴を狙うのであれば指数49～47の3頭をマークしよう。17年クイーンズリング以外では、14年2着のトゥザワールドが10位49（9番人気）で該当。3連単10万馬券のキーホースとなっている。この順位の馬は1着はないので、3連単なら2、3

有馬記念
●過去10年コンピ順位別成績

順位	着別度数
1位	6- 2- 0- 2/ 10
2位	2- 1- 4- 3/ 10
3位	0- 0- 1- 9/ 10
4位	1- 0- 1- 8/ 10
5位	0- 2- 0- 8/ 10
6位	0- 1- 0- 9/ 10
7位	0- 0- 1- 9/ 10
8位	0- 0- 1- 9/ 10
9位	1- 0- 0- 9/ 10
10位	0- 2- 1- 7/ 10
11位	0- 0- 0- 10/ 10
12位	0- 1- 1- 8/ 10
13位	0- 1- 0- 9/ 10
14位	0- 0- 0- 9/ 9
15位	0- 0- 0- 8/ 8
16位	0- 0- 0- 7/ 7

有馬記念●過去3年成績

年月日	着順	枠番	馬番	馬名	人気	コンピ	配当
2015年12月27日	1	4	7	ゴールドアクター	8	9位（51）	13780円
	2	5	9	サウンズオブアース	5	5位（56）	20360円
	3	6	11	キタサンブラック	4	4位（58）	125870円
2016年12月25日	1	6	11	サトノダイヤモンド	1	1位（88）	770円
	2	1	1	キタサンブラック	2	2位（72）	1050円
	3	1	2	ゴールドアクター	3	3位（62）	3940円
2017年12月24日	1	1	2	キタサンブラック	1	1位（88）	3810円
	2	2	3	クイーンズリング	8	10位（49）	5420円
	3	5	10	シュヴァルグラン	3	2位（68）	25040円

着付けの馬券には組み入れておきたい。3連複ならヒモには加えておこう。

反動による出現を狙うのであれば3位だろう。3位は過去10年で16年のみ馬券に絡んだだけ。そろそろ巻き返しがあってもいいはずだ。

●有馬記念のコンピ・ポイント

・1位が1番人気なら08年以降すべて馬券圏内に。2、3番人気なら着外！

・穴をあけるのは指数49〜47馬。1位&2位の2頭軸なら、この3頭のみへ流す手も。

・指数46以下の馬はほぼ馬券にならない。09年以降は大苦戦だ。

中山金杯（GⅢ）

2019年1月　中山芝2000m

1位は連対を外しているが2〜4位の上位陣は好調

18年の結果は発売日の関係で載せられないが、過去10年で勝利しているのはコンピ4位以内の馬で安定している。

以前は「荒れる金杯」というイメージもあったが、10年以降は3連単10万円超の配当が出ておらず、基本的に一ケタ順位同士で決着することが目立つ。馬連、馬単では5位以内の2頭で決着することが増えてきた。

15年は4位59→2位67の決着で、馬連1540円、馬単2880円。16年は3位66→2位67の決着で馬連1670円、馬単3160円。17年は2位78→4位57で馬連1760円、馬単2690円という状況だ。

このように、上位といっても、1位は12年以降連対がないのもポイント。18年の結果は出ていないが、1位が連対を外しているようであれば、19年も同様の傾向を示す可能性もあるだろう。

12年以降、6年中5年で3着以内をキープしているのが2位。15〜17年にかけて3年連続で連対の成績を残している。

3位も16、17年と3着以内に2年連続で入っている。4位は14年以降、4年中3年で連対している。

ている。点数を絞るのであれば、2～4位の馬連、馬単ボックスという手もあるだろう。

その下の5位は2着4回・3着1回と複勝率50％をキープしているが、14年以降は15年に3着があったのみで、連対していない。

12年以降は7位以内の3頭で決まっており、無理な穴狙いは禁物といっていい状況が続いている。3連系の馬券を狙うのであれば、2位または3位を軸に、7位以内の馬へ流せばかなりの確率で的中するはずだ。

●中山金杯のコンピ・ポイント

・1～4位で10勝を挙げている。
・3年連続、2～4位の2頭で1、2着を占めている。
・12年以降の1～3着は、7位以内の3頭。

中山金杯
●過去10年コンピ順位別成績

順位	着別度数
1位	2- 0- 2- 6/ 10
2位	3- 3- 1- 3/ 10
3位	3- 0- 1- 6/ 10
4位	2- 1- 1- 6/ 10
5位	0- 4- 1- 5/ 10
6位	0- 0- 1- 8/ 9
7位	0- 1- 1- 8/ 10
8位	0- 0- 0- 10/ 10
9位	0- 1- 0- 9/ 10
10位	0- 0- 1- 9/ 10
11位	0- 0- 0- 10/ 10
12位	0- 0- 0- 10/ 10
13位	0- 0- 0- 10/ 10
14位	0- 0- 0- 9/ 9
15位	0- 0- 1- 7/ 8
16位	0- 0- 0- 8/ 8
17位	0- 0- 0- 1/ 1

中山金杯●過去3年成績

年月日	着順	枠番	馬番	馬名	人気	コンピ	配当
2015年1月4日	1	1	2	ラブリーデイ	4	4位（59）	2880円
	2	2	4	ロゴタイプ	1	2位（67）	3630円
	3	3	5	デウスウルト	5	5位（57）	16690円
2016年1月5日	1	4	5	ヤマカツエース	3	3位（66）	3160円
	2	5	7	マイネルフロスト	5	2位（67）	1850円
	3	6	10	フルーキー	1	1位（74）	11190円
2017年1月5日	1	3	3	ツクバアズマオー	1	2位（78）	2690円
	2	2	2	クラリティスカイ	6	4位（57）	2360円
	3	1	1	シャイニープリンス	4	3位（58）	10430円

【事典番外編①】追跡リポート！コンピ1位90馬の次走

●1位90で勝ち上がった馬の次走は……

集計期間内（2014年1月5日〜17年11月26日）における、1位90は総合で【364―138―78―120】（勝率52・0％、連対率71・7％、複勝率82・9％）と、高い成績を残している。

1位90というのは、圧倒的な1番人気に推されている場合が少なくない。そこで、1位90を記録した馬が次走でどういった成績を残したのかを検証してみることにしよう。

1位90時は前出のように364勝。例外はあるものの、次走は昇級となることが大半だろう。集計期間内に勝ち上がった延べ364頭のうち、345頭が出走を果たしている。

その次走成績は【69―53―46―174】（勝率20・2％、連対率35・7％、複勝率49・1％、単勝回収率68％、複勝回収率76％）をマーク。その場合の順位別成績をまとめたのが、左の表だ。

1位90で勝利し、次走も1位に推された場合の成績は【34―27―20―24】（勝率32・4％、連対率58・1％、複勝率77・1％、単勝回収率72％、複勝回収率98％）という具合で、標準的な1位よりも信頼度が高い。

また、その次走指数が84以上の場合、【16―11―10―7】（勝率36・4％、連対率61・4％、複勝率84・1％、単勝回収率61％、複勝回収率97％）と堅い軸になる。

つまり、1位90で勝ち上がった馬が、次走でも1位に推され指数84以上であれば、これほど堅い軸になる馬はいないのだ。

さらに細かく指数を見ていくと、2走続けて指数90だった馬は【6―1―2―2】、次走88だった場合は【7―4―2―1】という成績を残している。1位90で勝ち上がった馬が、次走も圧倒的1番人気に推されるような指数であれば、ほとんど凡走しないのだ。

　1位90で勝利した馬を見つけたら、まずはメモに残しておき、次走の順位と指数を確認するといいだろう。

コンピ1位90勝利馬の次走順位別成績

順位	着別度数	勝率	連対率	複勝率	単回値	複回値
1位	34- 27- 20- 24/105	32.4%	58.1%	77.1%	72	98
2位	18- 11- 5- 30/ 64	28.1%	45.3%	53.1%	88	76
3位	6- 9- 8- 23/ 46	13.0%	32.6%	50.0%	59	79
4位	5- 2- 5- 22/ 34	14.7%	20.6%	35.3%	98	67
5位	4- 2- 4- 14/ 24	16.7%	25.0%	41.7%	88	94
6位	1- 1- 3- 9/ 14	7.1%	14.3%	35.7%	52	110
7位	1- 0- 0- 13/ 14	7.1%	7.1%	7.1%	89	28
8位	0- 0- 1- 8/ 9	0.0%	0.0%	11.1%	0	31
9位	0- 0- 0- 10/ 10	0.0%	0.0%	0.0%	0	0
10位	0- 1- 0- 9/ 10	0.0%	10.0%	10.0%	0	38
11位	0- 0- 0- 5/ 5	0.0%	0.0%	0.0%	0	0
12位	0- 0- 0- 4/ 4	0.0%	0.0%	0.0%	0	0
13位	0- 0- 0- 1/ 1	0.0%	0.0%	0.0%	0	0
14位	―	―	―	―	―	―
15位	0- 0- 0- 1/ 1	0.0%	0.0%	0.0%	0	0
16位	―	―	―	―	―	―
17位	0- 0- 0- 1/ 1	0.0%	0.0%	0.0%	0	0
18位	―	―	―	―	―	―

　1位90で勝利した馬が、次走2、3位でも、複勝率は50％を超えており、まずまずの成績を残している。しかし、4位以下になった場合は【11―6―13―97】（勝率8・7％、連対率13・4％、複勝率23・6％、単勝回収率58％、複勝回収率56％）という成績だ。

　つまり、1位90で勝ち上がった馬が4位以下なら勝ち切れないケースが目立つし、気になった馬がいれば押さえる程度でいいだろう。

●1位90で2、3着だった馬の次走は……

では、1位90で2、3着をキープしていた馬の成績も見てみることにする。

　基本的には同条件に出走するケースが大半のはず。もちろん、相手関係にもよると思うが、2、3着をキープしているのであれば、基本的にはコンピ上位に推されているケースが少なくないだろう。

1位90で2、3着だった馬の次走成績は【70—41—24—74】（勝率33・5％、連対率53・1％、複勝率64・6％、単勝回収率80％、複勝回収率80％）と、率ベースでは平均的な1位の成績とほぼ同じだ。

ただし、これが1位に推されると【55—29—15—41】（勝率39・3％、連対率60・0％、複勝率70・7％、単勝回収率74％、複勝回収率81％）と、単勝回収率以外の数字はすべてアップしたのだ。

さらに細かく検証すると、そのときの指数が90だった場合は【14—6—1—8】（勝率48・3％、連対率69・0％、複勝率72・4％、単勝回収率71％、複勝回収率79％）という具合で、意外にもそれほど数値は伸びていない。

これは1位88の場合も同様で【4—6—1—4】という成績。前走1位90で2、3着に入り、次走も1位90、88の場合、成績は大きく伸びるわけではないのだ。

しかし、1位86の成績は【10—4—2—4】と複勝率は80％となり、単勝回収率94％、複勝回収率89％と逆転現象が起きる。

●1位90で4着以下だった馬の次走は……

ついでに、1位90で4着以下だった馬の成績も分析することにしよう。

1位90で4着以下に負けた馬の次走成績は【33—15—11—51】（勝率30・0％、連対率43・6％、複勝率53・6％、単勝回収率91％、複勝回収率86％）。複勝率は低いが、単複回収率はそこそこ高いことがわかる。

2、3着になった馬よりも、むしろ4着以下に落ちた馬をマークしたほうが馬券的に役立つのだ。

また、1位90で4着以下だった馬が、次走でも1位になっていた場合は【21—8—2—10】（勝率51・2％、連対率70・7％、複勝率75・6％、単勝回収率114％、複勝回収率100％）を記録。

4着以下に敗れていても、次走で再び1位に推されているのであれば、馬券的にもオイシイというのがわかる。

特に指数85以上の場合は【13―2―0―1】という成績を残している。つまり、1位90で4着以下だった馬が、次走で1位85以上ならこれほど堅い軸はないのだ。

馬券的にオイシイ順番としては、次の通りだ。

①1位90で4着以下→次走も1位（指数85以上なら堅軸）

②1位90で1着→次走も1位（指数84以上なら堅軸）

あとは、1位90で2、3着→次走も1位90または88だった馬は、飛ぶ可能性も25%近くあると覚えておきたい。

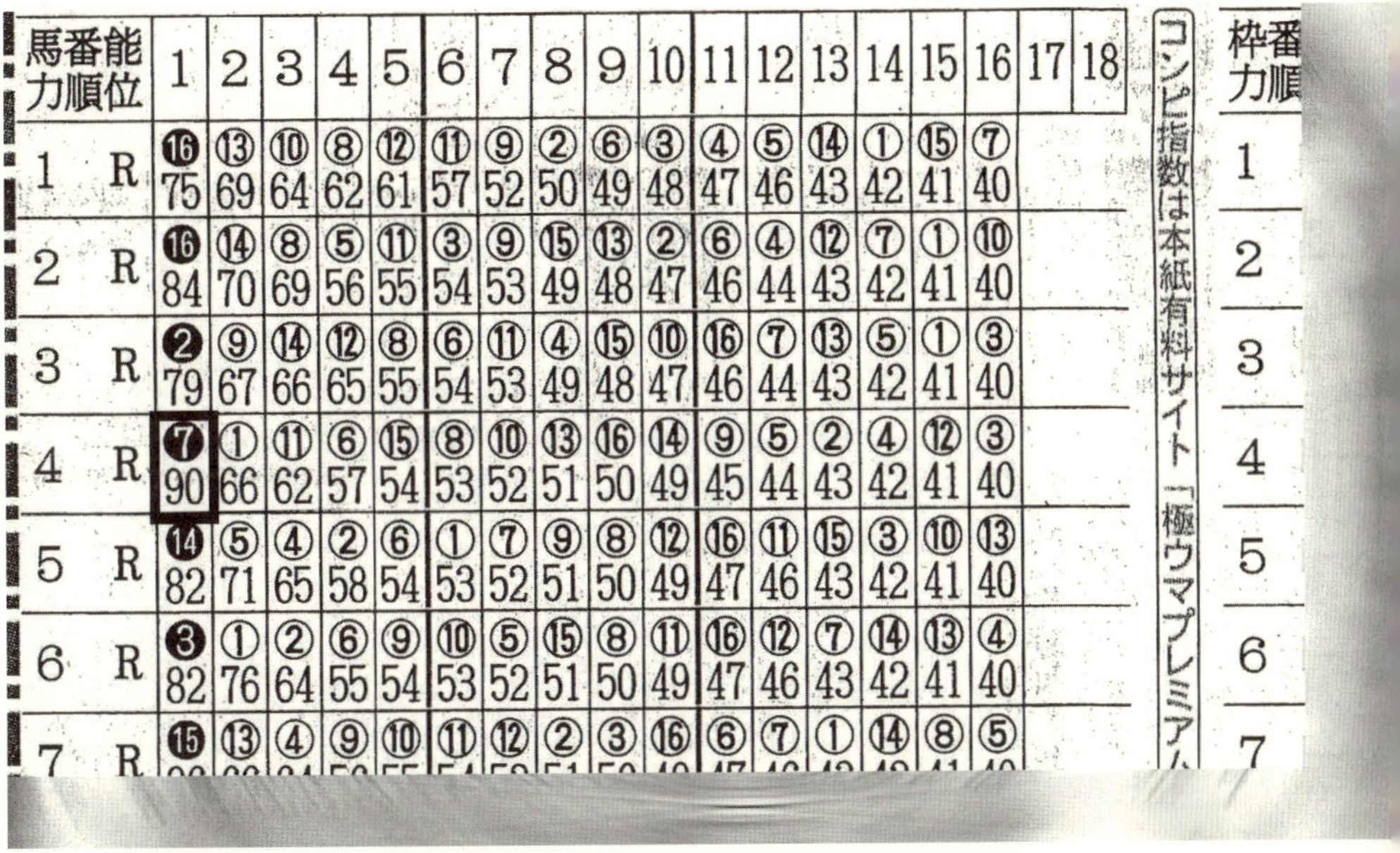

馬番能力順位		1	2	3	4	5	6	7	8	9	10	11	12	13	14	15	16	17	18
1	R	⑯ 75	⑬ 69	⑩ 64	⑧ 62	⑫ 61	⑪ 57	⑨ 52	② 50	⑥ 49	③ 48	④ 47	⑤ 46	⑭ 43	① 42	⑮ 41	⑦ 40		
2	R	⑯ 84	⑭ 70	⑧ 69	⑤ 56	⑪ 55	③ 54	⑨ 53	⑮ 49	⑬ 48	② 47	⑥ 46	④ 44	⑫ 43	⑦ 42	① 41	⑩ 40		
3	R	② 79	⑨ 67	⑭ 66	⑫ 65	⑧ 55	⑥ 54	⑪ 53	④ 49	⑮ 48	⑩ 47	⑯ 46	⑦ 44	⑬ 43	⑤ 42	① 41	③ 40		
4	R	⑦ 90	① 66	⑪ 62	⑥ 57	⑮ 54	⑧ 53	⑩ 52	⑬ 51	⑯ 50	⑭ 49	⑨ 45	⑤ 44	② 43	④ 42	⑫ 41	③ 40		
5	R	⑭ 82	⑤ 71	④ 65	② 58	⑥ 54	① 53	⑦ 52	⑨ 51	⑧ 50	⑫ 49	⑯ 47	⑪ 46	⑮ 43	③ 42	⑩ 41	⑬ 40		
6	R	③ 82	① 76	② 64	⑥ 55	⑨ 54	⑩ 53	⑤ 52	⑮ 51	⑧ 50	⑪ 49	⑯ 47	⑫ 46	⑦ 43	⑭ 42	⑬ 41	④ 40		
7	R	⑮ [illegible]	⑬ [illegible]	④ [illegible]	⑨ [illegible]	⑩ [illegible]	⑪ [illegible]	⑫ [illegible]	② [illegible]	③ [illegible]	⑯ [illegible]	⑥ [illegible]	⑦ [illegible]	① [illegible]	⑭ [illegible]	⑧ [illegible]	⑤ [illegible]		

【事典番外編②】知られざるコンピ指数40馬の実態

日刊コンピで最低の指数は40。レースによっては、存在しない場合もあるが、基本的には出走馬の中で、これが最低指数である。

集計期間内で指数40馬の成績は【56－108－148－11962】（勝率0・5％、連対率1・3％、複勝率2・5％、単勝回収率54％、複勝回収率52％）。

数値的には無視してもOKという状況だが、少しでも来るパターンを把握できれば、思わぬ超高配当を得る可能性もあるはず。

確実に獲れるというわけではないが、どういったときに指数40が馬券になるのかの一端をつかめれば、いずれビッグチャンスが訪れることもあるだろう。

●指数40馬が馬券になりやすい条件

最低指数馬が馬券になる条件として、普通は未勝利や新馬戦といった下級条件を想像するところ。

しかし、少しでも確率が上がるのは16000万下、OP特別、重賞といった上級条件だ。【13－25－16－1446】（勝率0・9％、連対率2・5％、複勝率3・6％、単勝回収率86％、複勝回収率67％）と、率ベースの数字はわずかだがアップする。

中でも上級条件のダート戦に限れば【6－7－5－445】（勝率1・3％、連対率2・7％、複勝率3・8％、単勝回収率192％、複勝回収率78％）という具合で、単勝回収率が100％を超える。

15年、ダートGIのチャンピオンズCを勝利したのが、16位40で12番人気（66・4倍）だったサンビスタ。リアルオッズでは4ポイントもアップしていた馬だった。指数40といっても、こうした馬にはわずかながらでも、チャンスがあるということか。

1600万以上のクラスで、芝・ダート関係なく指数40で「3ポイント以上、コンピ順位より人気を上げていた馬」の成績は【8—19—11—723】（勝率1・1％、連対率3・5％、複勝率5・0％、単勝回収率64％、複勝回収率78％）。

単複回収率はそれほど高くないものの、複勝率は5％までアップする。20頭に1頭は3着以内に来る確率があるということだ。

●指数40馬とリアルオッズの関係

前項で触れたように、指数40が馬券になる際のヒントにオッズがある。

指数40で「単勝万馬券未満」だった馬の成績は【34—63—88—2583】（勝率1・2％、連対率3・5％、複勝率6・7％、単勝回収率75％、複勝回収率83％）と、単複回収率は平凡も複勝率は6・7％までアップしたのだ。

これが「単勝万馬券馬」となると、勝率0・2％、連対率0・7％、単勝回収率47％、複勝回収率43％と厳しい成績。指数40馬が「単勝万馬券未満」ならクラスに関係なく、激走する下地があるということだ。

●指数40馬の前走に注目すると……

では、他にも指数40の激走ポイントがないかを探していくことにしよう。

勝てないまでも「前走で1秒未満の着差だった馬」は【6—26—32—1352】（勝率0・4％、連対率2・3％、複勝率4・5％、単勝回収率17％、複勝回収率77％）。わずかながらも2、3着の可能性を残している。

さらに詳細に見ると、0秒0〜0秒2の敗戦なら【0—2—3—41】という具合で、複勝率10・9％を記録。複勝回収率は282％と高い値を示したのだ。なかなか出現するパターンではないが、覚えておいて損はないだろう。

1秒台の敗戦なら複勝率3・0％、2秒台の敗戦では複勝率2・3％という具合で、着差が広がれば広がるほど激走率も低下してしまう。

また、前走で勝利している馬の激走ポイントも探ってみることにしよう。

前走で勝利していた馬が次走で指数40となるパターンとしては、2、3歳の若駒が新馬や未勝利後、重賞にいきなり挑戦するパターンや、長期休養明けというケース、大幅な条件変更の際に現れやすい。

このパターンで勝利した馬は、残念ながらナシ。クビ差やハナ差といった同タイムでの勝利馬も【0―1―1―106】と苦戦傾向にある。一方で、0秒6差以上離して勝利した馬も【0―0―0―4】と、数そのものが少ないとはいえ馬券圏内ナシなのだ。

狙えるのは0秒1～0秒5差の範囲で勝利した馬。【0―6―3―135】と勝利ナシだが、連対率4・2％、複勝率6・3％、複勝回収率73％とまずまずの結果を残している。

このように、前走0秒0～0秒2差で負けていた指数40馬が最も可能性を残しているし、次いで前走勝利した馬で0秒1～0秒5差だった指数40馬と続く。

なかなかピンポイントで狙うのは難しいというのがデータが示す結果だが、15年ヴィクトリアMで世間をアッといわせたミナレットも、このパターンに該当していた馬なのだ。

ミナレットの前走は福島牝馬Sに出走し0秒2差5着というもの。次走がヴィクトリアMで、18位40、18番人気（291・8倍）とまったく人気がなかった。

しかし、大外18番枠から逃げの手に出て3着に粘り3連単2070万馬券に貢献している。他にも14年宝塚記念で9番人気2着に入ったカレンミロティックもこのパターンだった。

0秒0～0秒2差で負けていた馬が、指数40で出走なら、ヒモで押さえておきたいところ。激走すれば超配当になるのは間違いない。

王様判定ボードと合体せよ!

九星／開催日

女王様シート

手順の詳細は巻頭本文を参照。
ラストに「2018年度JRA日程の九星・開催日早見表付き」

日刊コンピ 九星別判定

女王様シート

チャレンジ！ 九星

七赤	四緑	一白
八白	五黄	二黒
九紫	六白	三碧

1位 90 の場合

▼買い目候補となるコンピ順位

3位	2位	1位	1位	5位	3位	1位	2位	3位
4位	★	3位	7位	2位	9位	7位	2位	9位
8位	3位	6位	8位	1位	1位	3位	3位	10位
3位	9位	6位	5位	1位	1位	7位	2位	5位
6位	8位	7位	2位	1位	1位	4位	★	5位
5位	8位	★	2位	4位	9位	3位	3位	4位
★	★	3位	5位	7位	6位	10位	11位	11位
9位	5位	4位	10位	2位	6位	3位	7位	2位
11位	9位	2位	3位	1位	5位	4位	8位	6位

日刊コンピ
開催日別判定

女王様シート

1位

90

の場合

7日	8日	1日
6日	他	2日
5日	4日	3日

開催日

チャレンジ！

▼買い目候補となるコンピ順位

8位	2位	3位	11位	4位	3位	11位	★	1位
11位	1位	9位	4位	6位	2位	4位	3位	3位
6位	9位	8位	3位	1位	1位	6位	4位	1位
2位	3位	10位	2位	1位	2位	4位	9位	5位
★	2位	8位	1位	1位	1位	5位	4位	4位
5位	9位	9位	5位	6位	7位	5位	6位	6位
9位	8位	3位	10位	7位	7位	6位	5位	8位
3位	2位	11位	2位	2位	8位	4位	7位	7位
★	2位	★	8位	7位	3位	11位	5位	5位

日刊コンピ
九星別判定

女王様シート

チャレンジ！

九星

七赤	四緑	一白
八白	五黄	二黒
九紫	六白	三碧

1位
89
88
の場合

▼買い目候補となるコンピ順位

11位	10位	6位	1位	3位	2位	4位	9位	1位
★	9位	7位	6位	4位	3位	5位	3位	2位
3位	3位	5位	11位	1位	1位	2位	2位	3位
8位	★	9位	6位	1位	1位	2位	2位	5位
11位	6位	10位	2位	1位	1位	5位	9位	5位
4位	8位	10位	5位	4位	4位	2位	3位	★
★	★	★	4位	★	4位	5位	4位	3位
2位	10位	2位	3位	7位	9位	3位	9位	2位
★	11位	9位	6位	4位	1位	7位	6位	4位

シートでは１位指数の出現数の多寡によって、このように
２つ、３つの指数をまとめている場合があります。

日刊コンピ
開催日別判定

女王様シート

1位 89 88 の場合

7日	8日	1日
6日	他	2日
5日	4日	3日

開催日 チャレンジ！

▼買い目候補となるコンピ順位

8位	7位	6位	★	4位	★	2位	3位	1位
9位	2位	11位	1位	5位	11位	4位	4位	4位
★	2位	5位	8位	1位	2位	3位	2位	2位
3位	★	6位	9位	1位	1位	6位	5位	2位
3位	3位	★	1位	1位	1位	9位	3位	6位
5位	10位	6位	10位	10位	9位	8位	6位	11位
2位	3位	8位	6位	6位	4位	3位	5位	★
2位	4位	★	3位	9位	7位	2位	5位	★
7位	6位	5位	2位	2位	3位	9位	★	11位

日刊コンピ
九星別判定

女王様シート

チャレンジ！ 九星

七赤	四緑	一白
八白	五黄	二黒
九紫	六白	三碧

1位 87 86・85 の場合

▼買い目候補となるコンピ順位

9位	5位	4位	5位	2位	9位	3位	2位	1位
6位	4位	8位	11位	1位	3位	6位	3位	6位
3位	3位	10位	8位	1位	1位	4位	5位	7位
8位	★	6位	7位	1位	1位	2位	5位	5位
6位	★	4位	2位	2位	1位	4位	9位	7位
4位	4位	8位	6位	3位	2位	2位	5位	6位
2位	8位	3位	5位	6位	10位	★	3位	4位
★	4位	5位	3位	7位	9位	10位	2位	5位
10位	11位	★	9位	3位	2位	1位	1位	8位

日刊コンピ
開催日別判定

女王様シート

1位 87 86・85 の場合

開催日 チャレンジ！

7日	8日	1日
6日	他	2日
5日	4日	3日

▼買い目候補となるコンピ順位

1位	2位	3位	4位	5位	6位	8位	★	10位
9位	5位	8位	4位	11位	9位	2位	2位	3位
8位	3位	8位	6位	1位	1位	2位	3位	3位
6位	2位	9位	11位	1位	1位	6位	2位	7位
3位	★	8位	1位	1位	1位	2位	5位	7位
4位	7位	4位	4位	3位	★	4位	5位	6位
8位	10位	2位	5位	11位	9位	5位	2位	5位
5位	4位	3位	3位	5位	9位	6位	8位	4位
1位	1位	2位	11位	★	3位	2位	9位	2位

日刊コンピ
九星別判定
女王様シート

チャレンジ!
九星

七赤	四緑	一白
八白	五黄	二黒
九紫	六白	三碧

1位
84
83
の場合

▼買い目候補となるコンピ順位

3位	4位	7位	1位	5位	3位	8位	3位	5位
8位	9位	★	9位	3位	5位	6位	1位	4位
4位	10位	7位	9位	1位	1位	1位	2位	3位
6位	3位	10位	3位	1位	5位	7位	4位	4位
4位	8位	10位	2位	2位	1位	3位	5位	3位
★	9位	10位	2位	2位	2位	1位	6位	5位
4位	3位	11位	5位	10位	6位	9位	10位	2位
5位	2位	8位	6位	4位	8位	3位	★	6位
6位	9位	9位	10位	5位	1位	2位	4位	5位

日刊コンピ

開催日別判定

女王様シート

1位

84

83

の場合

7日	8日	1日
6日	他	2日
5日	4日	3日

開催日

チャレンジ！

▼買い目候補となるコンピ順位

10位	3位	★	5位	9位	3位	★	2位	1位
11位	6位	3位	2位	4位	6位	10位	2位	3位
8位	2位	4位	1位	1位	1位	3位	2位	4位
9位	3位	2位	4位	1位	2位	5位	4位	2位
8位	10位	10位	1位	1位	1位	6位	3位	3位
5位	8位	6位	11位	9位	7位	7位	6位	9位
2位	5位	10位	9位	3位	8位	★	9位	8位
11位	3位	2位	10位	6位	★	9位	3位	2位
10位	9位	9位	3位	5位	9位	5位	★	3位

日刊コンピ
九星別判定
女王様シート

チャレンジ！
九星

七赤	四緑	一白
八白	五黄	二黒
九紫	六白	三碧

1位 82 の場合

▼買い目候補となるコンピ順位

8位	★	3位	1位	4位	3位	6位	2位	9位
2位	4位	8位	4位	1位	5位	5位	8位	5位
4位	10位	★	6位	1位	5位	3位	4位	4位
6位	11位	9位	8位	1位	2位	2位	2位	10位
11位	9位	7位	1位	2位	1位	7位	5位	3位
4位	5位	6位	3位	3位	1位	1位	★	9位
5位	6位	3位	9位	10位	8位	8位	3位	2位
4位	7位	2位	5位	8位	10位	2位	9位	1位
3位	6位	1位	★	11位	10位	★	4位	4位

日刊コンピ
開催日別判定

女王様シート

1位 82 の場合

7日	8日	1日
6日	他	2日
5日	4日	3日

開催日 チャレンジ！

▼買い目候補となるコンピ順位

5位	6位	9位	8位	2位	3位	★	11位	1位
3位	10位	★	10位	10位	9位	2位	4位	4位
4位	2位	10位	4位	2位	3位	3位	2位	3位
★	1位	6位	10位	1位	1位	7位	1位	2位
9位	1位	11位	2位	2位	1位	7位	5位	3位
8位	8位	6位	5位	8位	8位	9位	6位	2位
4位	3位	★	4位	11位	9位	6位	★	4位
1位	2位	3位	5位	10位	11位	★	5位	3位
1位	2位	3位	6位	9位	10位	11位	11位	★

日刊コンピ
九星別判定

女王様シート

チャレンジ！

九星

七赤	四緑	一白
八白	五黄	二黒
九紫	六白	三碧

1位 81 の場合

▼買い目候補となるコンピ順位

1位	2位	3位	5位	3位	6位	6位	7位	8位
4位	9位	9位	7位	7位	2位	2位	5位	9位
5位	2位	3位	1位	2位	6位	1位	3位	3位
8位	10位	3位	3位	1位	2位	1位	5位	11位
10位	6位	10位	1位	2位	5位	5位	11位	4位
7位	5位	7位	4位	6位	1位	11位	8位	4位
11位	5位	2位	9位	8位	9位	★	6位	2位
11位	10位	8位	8位	10位	★	★	5位	4位
11位	11位	4位	3位	6位	9位	★	3位	8位

日刊コンピ
開催日別判定
女王様シート

1位
81
の場合

7日	8日	1日
6日	他	2日
5日	4日	3日

← 開催日 チャレンジ！

▼買い目候補となるコンピ順位

11位	11位	8位	3位	★	2位	6位	★	4位
★	4位	10位	2位	2位	3位	5位	5位	1位
3位	4位	★	1位	1位	5位	1位	2位	2位
★	5位	2位	9位	1位	3位	8位	3位	1位
6位	★	7位	1位	1位	2位	5位	5位	6位
5位	9位	10位	8位	4位	10位	6位	4位	3位
3位	★	★	10位	6位	6位	10位	9位	2位
1位	2位	8位	2位	4位	6位	5位	8位	9位
4位	3位	9位	10位	11位	10位	8位	2位	4位

日刊コンピ
九星別判定

女王様シート

九星チャレンジ！

七赤	四緑	一白
八白	五黄	二黒
九紫	六白	三碧

1位 80 の場合

▼買い目候補となるコンピ順位

6位	8位	3位	4位	★	3位	2位	1位	3位
7位	5位	9位	9位	4位	7位	6位	4位	2位
6位	3位	5位	4位	9位	1位	9位	2位	6位
8位	5位	8位	6位	1位	2位	1位	3位	11位
6位	2位	10位	2位	3位	1位	★	7位	5位
★	7位	7位	3位	2位	5位	1位	5位	10位
9位	10位	6位	10位	11位	★	9位	3位	4位
5位	11位	7位	11位	11位	9位	5位	2位	5位
4位	3位	★	2位	8位	3位	4位	1位	9位

日刊コンピ
開催日別判定

女王様シート

1位 80 の場合

7日	8日	1日
6日	他	2日
5日	4日	3日

← 開催日 チャレンジ！

▼買い目候補となるコンピ順位

2位	3位	4位	5位	★	10位	9位	7位	1位
9位	2位	1位	1位	10位	11位	3位	4位	5位
6位	3位	4位	5位	2位	2位	10位	3位	3位
7位	6位	1位	4位	1位	1位	3位	3位	2位
4位	6位	11位	1位	2位	1位	2位	2位	2位
★	10位	★	★	7位	8位	11位	10位	3位
7位	9位	6位	9位	11位	7位	5位	10位	4位
8位	4位	5位	4位	6位	9位	7位	5位	5位
2位	3位	6位	3位	3位	8位	9位	8位	6位

日刊コンピ
九星別判定

女王様シート

チャレンジ！
九星

七赤	四緑	一白
八白	五黄	二黒
九紫	六白	三碧

1位 79 の場合

▼買い目候補となるコンピ順位

6位	2位	9位	2位	9位	9位	2位	9位	1位
7位	10位	4位	10位	9位	5位	1位	5位	2位
3位	7位	2位	8位	2位	5位	6位	4位	3位
6位	10位	7位	9位	2位	2位	1位	8位	1位
6位	★	★	2位	10位	2位	1位	3位	6位
5位	8位	4位	4位	3位	3位	1位	9位	6位
3位	5位	2位	9位	1位	9位	7位	8位	9位
8位	10位	8位	3位	11位	11位	5位	9位	6位
4位	11位	4位	3位	7位	6位	4位	3位	10位

日刊コンピ
開催日別判定

女王様シート

1位 79 の場合

7日	8日	1日
6日	他	2日
5日	4日	3日

◀ 開催日 チャレンジ！

▼買い目候補となるコンピ順位

1位	2位	3位	11位	★	7位	8位	8位	3位
3位	4位	2位	4位	10位	6位	2位	4位	2位
2位	1位	6位	9位	1位	8位	3位	3位	2位
5位	2位	7位	6位	2位	1位	5位	1位	1位
10位	9位	6位	1位	2位	2位	5位	3位	4位
5位	4位	6位	5位	7位	3位	3位	5位	5位
10位	★	10位	7位	10位	★	★	8位	6位
8位	9位	10位	9位	9位	11位	8位	8位	6位
2位	3位	5位	4位	★	4位	3位	2位	9位

日刊コンピ
九星別判定

女王様シート

チャレンジ！

九星

七赤	四緑	一白
八白	五黄	二黒
九紫	六白	三碧

1位 78 の場合

▼買い目候補となるコンピ順位

3位	8位	★	2位	3位	10位	6位	9位	1位
2位	9位	4位	6位	9位	3位	6位	9位	2位
★	2位	3位	2位	2位	8位	8位	6位	3位
5位	10位	4位	4位	7位	1位	1位	1位	5位
4位	6位	10位	1位	2位	4位	3位	★	11位
3位	8位	5位	6位	11位	3位	5位	3位	2位
4位	5位	6位	10位	10位	5位	7位	6位	★
10位	9位	7位	11位	5位	9位	5位	3位	★
11位	8位	3位	2位	9位	4位	1位	9位	10位

日刊コンピ 開催日別判定 女王様シート

1位 78 の場合

開催日 チャレンジ！

7日	8日	1日
6日	他	2日
5日	4日	3日

▼買い目候補となるコンピ順位

2位	3位	★	8位	9位	8位	11位	★	1位
6位	7位	5位	6位	11位	10位	3位	7位	9位
7位	1位	9位	4位	2位	2位	2位	4位	2位
5位	5位	★	9位	1位	5位	1位	5位	7位
6位	11位	8位	2位	1位	5位	5位	1位	3位
3位	6位	11位	1位	4位	11位	6位	3位	2位
3位	2位	★	10位	8位	8位	3位	6位	4位
★	3位	3位	★	4位	4位	7位	6位	3位
9位	2位	6位	2位	3位	5位	7位	6位	2位

日刊コンピ
九星別判定
女王様シート

チャレンジ！
九星

七赤	四緑	一白
八白	五黄	二黒
九紫	六白	三碧

1位 77 の場合

▼買い目候補となるコンピ順位

11位	7位	9位	2位	5位	3位	5位	3位	4位
10位	10位	10位	7位	7位	8位	11位	9位	2位
8位	3位	2位	4位	1位	2位	11位	1位	6位
11位	1位	★	1位	3位	2位	9位	9位	10位
★	4位	3位	1位	1位	2位	10位	10位	11位
3位	6位	6位	5位	2位	5位	11位	7位	4位
9位	11位	1位	9位	8位	5位	7位	★	2位
4位	3位	2位	★	11位	10位	10位	3位	9位
6位	2位	9位	3位	4位	5位	11位	1位	4位

日刊コンピ
開催日別判定

女王様シート

1位
77
の場合

7日	8日	1日
6日	他	2日
5日	4日	3日

◀ 開催日
チャレンジ！

▼買い目候補となるコンピ順位

11位	10位	9位	2位	8位	9位	4位	2位	1位
★	8位	7位	★	3位	6位	5位	1位	3位
3位	★	9位	4位	3位	2位	11位	1位	5位
8位	5位	6位	1位	5位	2位	2位	5位	5位
11位	8位	10位	3位	1位	2位	2位	6位	4位
3位	6位	★	9位	9位	1位	10位	6位	★
7位	4位	4位	4位	10位	9位	7位	7位	9位
7位	6位	5位	★	2位	10位	3位	7位	3位
2位	1位	4位	3位	2位	8位	6位	1位	2位

日刊コンピ 九星別判定

女王様シート

九星 チャレンジ!

七赤	四緑	一白
八白	五黄	二黒
九紫	六白	三碧

1位 76 75 の場合

▼買い目候補となるコンピ順位

1位	2位	3位	2位	3位	1位	1位	2位	★
2位	8位	9位	3位	6位	9位	5位	9位	★
2位	4位	7位	8位	5位	5位	9位	4位	3位
★	11位	7位	3位	1位	5位	1位	4位	★
1位	★	2位	2位	4位	1位	10位	1位	10位
2位	10位	6位	4位	2位	2位	1位	8位	★
4位	6位	7位	11位	2位	7位	3位	2位	6位
2位	★	6位	3位	★	10位	2位	8位	3位
5位	9位	5位	4位	8位	9位	4位	5位	9位

日刊コンピ 開催日別判定

女王様シート

1位 76 75 の場合

7日	8日	1日
6日	他	2日
5日	4日	3日

← 開催日 チャレンジ！

▼買い目候補となるコンピ順位

10位	9位	★	2位	3位	4位	3位	2位	1位
11位	8位	★	4位	3位	8位	5位	9位	9位
★	4位	8位	2位	5位	3位	2位	3位	8位
3位	10位	10位	1位	1位	4位	4位	2位	4位
6位	11位	★	5位	5位	3位	2位	6位	★
★	6位	★	9位	1位	1位	3位	5位	11位
9位	8位	9位	5位	★	10位	10位	9位	10位
4位	5位	7位	6位	7位	2位	11位	7位	★
3位	5位	8位	6位	5位	4位	2位	9位	3位

日刊コンピ
九星別判定

女王様シート

1位 74 の場合

チャレンジ！ 九星

七赤	四緑	一白
八白	五黄	二黒
九紫	六白	三碧

▼買い目候補となるコンピ順位

4位	5位	6位	7位	3位	4位	3位	2位	1位
7位	9位	7位	8位	2位	5位	9位	6位	2位
8位	4位	9位	8位	1位	2位	5位	4位	3位
8位	11位	9位	1位	1位	1位	2位	★	5位
5位	★	11位	1位	3位	2位	3位	6位	9位
4位	5位	5位	10位	8位	10位	2位	3位	7位
4位	3位	9位	7位	7位	6位	5位	4位	3位
6位	2位	10位	3位	4位	6位	7位	9位	2位
1位	1位	★	3位	4位	5位	6位	8位	1位

日刊コンピ
開催日別判定
女王様シート

1位
74
の場合

7日	8日	1日
6日	他	2日
5日	4日	3日

◀開催日 チャレンジ！

▼買い目候補となるコンピ順位

4位	7位	8位	9位	9位	2位	3位	2位	1位
4位	6位	★	1位	★	3位	5位	1位	5位
4位	9位	4位	1位	2位	2位	2位	9位	5位
3位	1位	8位	1位	1位	3位	8位	9位	2位
10位	5位	6位	2位	2位	5位	2位	4位	10位
8位	6位	10位	9位	4位	★	6位	7位	11位
5位	11位	8位	11位	7位	6位	★	2位	8位
10位	★	6位	3位	7位	11位	3位	4位	6位
11位	3位	5位	4位	2位	11位	9位	3位	5位

日刊コンピ
九星別判定
女王様シート

チャレンジ！
九星

七赤	四緑	一白
八白	五黄	二黒
九紫	六白	三碧

1位
73
72
の場合

▼買い目候補となるコンピ順位

★	9位	11位	1位	2位	5位	11位	5位	1位
8位	2位	1位	4位	7位	5位	8位	3位	2位
4位	7位	6位	1位	1位	1位	★	8位	3位
4位	11位	10位	8位	5位	9位	9位	7位	1位
9位	10位	10位	5位	2位	6位	10位	1位	2位
5位	8位	3位	6位	3位	2位	2位	5位	6位
2位	7位	5位	11位	9位	9位	10位	★	3位
6位	3位	1位	10位	2位	★	2位	9位	7位
★	★	9位	10位	8位	11位	7位	5位	4位

日刊コンピ
開催日別判定
女王様シート

1位
73
72
の場合

7日	8日	1日
6日	他	2日
5日	4日	3日

開催日
チャレンジ！

▼買い目候補となるコンピ順位

3位	5位	6位	9位	1位	8位	★	3位	2位
2位	3位	8位	10位	2位	9位	2位	6位	5位
8位	4位	5位	7位	2位	2位	★	★	9位
7位	1位	6位	9位	1位	1位	5位	3位	2位
5位	4位	6位	2位	2位	1位	3位	3位	6位
3位	7位	★	4位	11位	11位	7位	7位	5位
6位	11位	8位	5位	2位	2位	9位	4位	4位
3位	9位	3位	3位	★	4位	4位	★	2位
3位	5位	2位	4位	1位	2位	4位	8位	3位

日刊コンピ
九星別判定
女王様シート

チャレンジ！

九星

七赤	四緑	一白
八白	五黄	二黒
九紫	六白	三碧

1位
71
70
の場合

▼買い目候補となるコンピ順位

4位	★	2位	2位	2位	2位	9位	6位	10位
3位	10位	8位	4位	1位	1位	10位	3位	11位
11位	1位	7位	8位	1位	2位	6位	★	8位
11位	6位	6位	7位	1位	5位	5位	5位	11位
6位	2位	9位	5位	4位	5位	7位	★	4位
3位	2位	3位	4位	3位	1位	1位	11位	11位
10位	9位	3位	★	9位	10位	10位	11位	★
8位	7位	6位	2位	★	★	9位	2位	3位
1位	1位	1位	1位	3位	2位	9位	4位	9位

日刊コンピ
開催日別判定
女王様シート

1位 71 70 の場合

7日	8日	1日
6日	他	2日
5日	4日	3日

◀ 開催日

チャレンジ！

▼買い目候補となるコンピ順位

6位	4位	2位	2位	3位	8位	★	11位	10位
3位	★	1位	6位	2位	9位	9位	8位	5位
7位	5位	★	3位	2位	3位	10位	3位	4位
5位	2位	7位	3位	1位	2位	4位	2位	2位
4位	3位	7位	5位	1位	1位	4位	5位	4位
4位	11位	★	10位	9位	1位	★	9位	3位
10位	5位	5位	2位	5位	11位	9位	9位	2位
3位	2位	8位	7位	6位	★	10位	10位	1位
3位	2位	8位	4位	5位	1位	9位	1位	1位

日刊コンピ
九星別判定
女王様シート

チャレンジ！

九星

七赤	四緑	一白
八白	五黄	二黒
九紫	六白	三碧

1位 69以下の場合

▼買い目候補となるコンピ順位

2位	3位	7位	2位	11位	2位	4位	8位	1位
8位	10位	7位	7位	11位	1位	1位	10位	2位
4位	8位	3位	10位	5位	1位	9位	9位	6位
11位	6位	11位	5位	5位	4位	3位	4位	1位
5位	6位	7位	2位	2位	3位	10位	★	8位
3位	4位	8位	9位	2位	3位	1位	1位	★
2位	9位	11位	9位	10位	5位	8位	3位	7位
4位	3位	10位	2位	★	10位	1位	9位	9位
6位	5位	11位	5位	★	3位	2位	3位	6位

日刊コンピ
開催日別判定
女王様シート

1位
69以下
の場合

7日	8日	1日
6日	他	2日
5日	4日	3日

開催日
チャレンジ!

▼買い目候補となるコンピ順位

9位	3位	4位	2位	8位	11位	10位	★	3位
6位	9位	4位	5位	3位	★	11位	1位	8位
8位	6位	9位	1位	2位	1位	2位	5位	3位
3位	1位	1位	7位	1位	2位	5位	9位	9位
8位	9位	6位	2位	2位	1位	3位	★	9位
3位	10位	10位	10位	7位	7位	10位	10位	6位
★	4位	★	★	★	5位	6位	4位	4位
11位	10位	4位	4位	5位	6位	11位	2位	2位
9位	2位	1位	1位	2位	3位	6位	9位	5位

【九星、開催日】早見表 （1～6月）

1月	九星	開催日		
6日（土）	八白土星	1回中山1日	1回京都1日	
7日（日）	九紫火星	1回中山2日	1回京都2日	
8日（祝）	一白水星	1回中山3日	1回京都3日	
13日（土）	六白金星	1回中山4日	1回京都4日	1回中京1日
14日（日）	七赤金星	1回中山5日	1回京都5日	1回中京2日
20日（土）	四緑木星	1回中山6日	1回京都6日	1回中京3日
21日（日）	五黄土星	1回中山7日	1回京都7日	1回中京4日
27日（土）	二黒土星	1回東京1日	2回京都1日	1回中京5日
28日（日）	三碧木星	1回東京2日	2回京都2日	1回中京6日

2月	九星	開催日		
3日（土）	九紫火星	1回東京3日	2回京都3日	
4日（日）	一白水星	1回東京4日	2回京都4日	
10日（土）	七赤金星		2回京都5日	1回小倉1日
11日（祝）	八白土星	1回東京5日	2回京都6日	
12日（月）	九紫火星	1回東京6日		1回小倉2日
17日（土）	五黄土星	1回東京7日	2回京都7日	1回小倉3日
18日（日）	六白金星	1回東京8日	2回京都8日	1回小倉4日
24日（土）	三碧木星	2回中山1日	1回阪神1日	1回小倉5日
25日（日）	四緑木星	2回中山2日	1回阪神2日	1回小倉6日

3月	九星	開催日		
3日（土）	一白水星	2回中山3日	1回阪神3日	1回小倉7日
4日（日）	二黒土星	2回中山4日	1回阪神4日	1回小倉8日
10日（土）	八白土星	2回中山5日	1回阪神5日	2回中京1日
11日（日）	九紫火星	2回中山6日	1回阪神6日	2回中京2日
17日（土）	六白金星	2回中山7日	1回阪神7日	2回中京3日
18日（日）	七赤金星	2回中山8日	1回阪神8日	2回中京4日
24日（土）	四緑木星	3回中山1日	2回阪神1日	2回中京5日
25日（日）	五黄土星	3回中山2日	2回阪神2日	2回中京6日
31日（土）	二黒土星	3回中山3日	2回阪神3日	

雪や台風による開催変更にはご注意ください。

2018年（平成30年）JRA開催の

4月	九星	開催日		
1日（日）	三碧木星	3回中山4日	2回阪神4日	
7日（土）	九紫火星	3回中山5日	2回阪神5日	1回福島1日
8日（日）	一白水星	3回中山6日	2回阪神6日	1回福島2日
14日（土）	七赤金星	3回中山7日	2回阪神7日	1回福島3日
15日（日）	八白土星	3回中山8日	2回阪神8日	1回福島4日
21日（土）	五黄土星	2回東京1日	3回京都1日	1回福島5日
22日（日）	六白金星	2回東京2日	3回京都2日	1回福島6日
28日（土）	三碧木星	2回東京3日	3回京都3日	1回新潟1日
29日（日）	四緑木星	2回東京4日	3回京都4日	1回新潟2日

5月	九星	開催日		
5日（土）	一白水星	2回東京5日	3回京都5日	1回新潟3日
6日（日）	二黒土星	2回東京6日	3回京都6日	1回新潟4日
12日（土）	八白土星	2回東京7日	3回京都7日	1回新潟5日
13日（日）	九紫火星	2回東京8日	3回京都8日	1回新潟6日
19日（土）	六白金星	2回東京9日	3回京都9日	1回新潟7日
20日（日）	七赤金星	2回東京10日	3回京都10日	1回新潟8日
26日（土）	四緑木星	2回東京11日	3回京都11日	
27日（日）	五黄土星	2回東京12日	3回京都12日	

6月	九星	開催日		
2日（土）	八白土星	3回東京1日	3回阪神1日	
3日（日）	七赤金星	3回東京2日	3回阪神2日	
9日（土）	一白水星	3回東京3日	3回阪神3日	
10日（日）	九紫火星	3回東京4日	3回阪神4日	
16日（土）	三碧木星	3回東京5日	3回阪神5日	1回函館1日
17日（日）	二黒土星	3回東京6日	3回阪神6日	1回函館2日
23日（土）	五黄土星	3回東京7日	3回阪神7日	1回函館3日
24日（日）	四緑木星	3回東京8日	3回阪神8日	1回函館4日
30日（土）	七赤金星	2回福島1日	3回中京1日	1回函館5日

【九星、開催日】早見表 (7～12月)

7月	九星	開催日		
1日 (日)	六白金星	2回福島2日	3回中京2日	1回函館6日
7日 (土)	九紫火星	2回福島3日	3回中京3日	2回函館1日
8日 (日)	八白土星	2回福島4日	3回中京4日	2回函館2日
14日 (土)	二黒土星	2回福島5日	3回中京5日	2回函館3日
15日 (日)	一白水星	2回福島6日	3回中京6日	2回函館4日
21日 (土)	四緑木星	2回福島7日	3回中京7日	2回函館5日
22日 (日)	三碧木星	2回福島8日	3回中京8日	2回函館6日
28日 (土)	六白金星	2回新潟1日	2回小倉1日	1回札幌1日
29日 (日)	五黄土星	2回新潟2日	2回小倉2日	1回札幌2日

8月	九星	開催日		
4日 (土)	八白土星	2回新潟3日	2回小倉3日	1回札幌3日
5日 (日)	七赤金星	2回新潟4日	2回小倉4日	1回札幌4日
11日 (土)	一白水星	2回新潟5日	2回小倉5日	1回札幌5日
12日 (日)	九紫火星	2回新潟6日	2回小倉6日	1回札幌6日
18日 (土)	三碧木星	2回新潟7日	2回小倉7日	2回札幌1日
19日 (日)	二黒土星	2回新潟8日	2回小倉8日	2回札幌2日
25日 (土)	五黄土星	2回新潟9日	2回小倉9日	2回札幌3日
26日 (日)	四緑木星	2回新潟10日	2回小倉10日	2回札幌4日

9月	九星	開催日		
1日 (土)	七赤金星	2回新潟11日	2回小倉11日	2回札幌5日
2日 (日)	六白金星	2回新潟12日	2回小倉12日	2回札幌6日
8日 (土)	九紫火星	4回中山1日	4回阪神1日	
9日 (日)	八白土星	4回中山2日	4回阪神2日	
15日 (土)	二黒土星	4回中山3日	4回阪神3日	
16日 (日)	一白水星	4回中山4日	4回阪神4日	
17日 (祝)	九紫火星	4回中山5日	4回阪神5日	
22日 (土)	四緑木星	4回中山6日	4回阪神6日	
23日 (祝)	三碧木星	4回中山7日	4回阪神7日	
29日 (土)	六白金星	4回中山8日	4回阪神8日	
30日 (日)	五黄土星	4回中山9日	4回阪神9日	

2018年（平成30年）JRA開催の

10月	九星	開催日		
6日　(土)	八白土星	4回東京1日	4回京都1日	
7日　(日)	七赤金星	4回東京2日	4回京都2日	
8日　(祝)	六白金星	4回東京3日	4回京都3日	
13日（土）	一白水星	4回東京4日	4回京都4日	3回新潟1日
14日（日）	九紫火星	4回東京5日	4回京都5日	3回新潟2日
20日（土）	三碧木星	4回東京6日	4回京都6日	3回新潟3日
21日（日）	二黒土星	4回東京7日	4回京都7日	3回新潟4日
27日（土）	五黄土星	4回東京8日	4回京都8日	3回新潟5日
28日（日）	四緑木星	4回東京9日	4回京都9日	3回新潟6日

11月	九星	開催日		
3日　(土)	七赤金星	5回東京1日	5回京都1日	3回福島1日
4日　(日)	六白金星	5回東京2日	5回京都2日	3回福島2日
10日（土）	九紫火星	5回東京3日	5回京都3日	3回福島3日
11日（日）	八白土星	5回東京4日	5回京都4日	3回福島4日
17日（土）	二黒土星	5回東京5日	5回京都5日	3回福島5日
18日（日）	一白水星	5回東京6日	5回京都6日	3回福島6日
24日（土）	四緑木星	5回東京7日	5回京都7日	
25日（日）	三碧木星	5回東京8日	5回京都8日	

12月	九星	開催日		
1日　(土)	四緑木星	5回中山1日	5回阪神1日	4回中京1日
2日　(日)	五黄土星	5回中山2日	5回阪神2日	4回中京2日
8日　(土)	二黒土星	5回中山3日	5回阪神3日	4回中京3日
9日　(日)	三碧木星	5回中山4日	5回阪神4日	4回中京4日
15日（土）	九紫火星	5回中山5日	5回阪神5日	4回中京5日
16日（日）	一白水星	5回中山6日	5回阪神6日	4回中京6日
22日（土）	七赤金星	5回中山7日	5回阪神7日	
23日（日）	八白土星	5回中山8日	5回阪神8日	
28日（金）	四緑木星	5回中山9日	5回阪神9日	

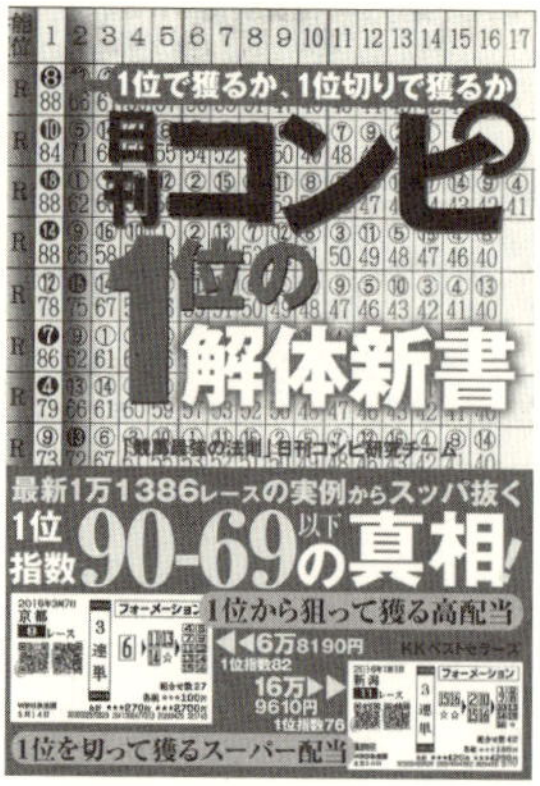

「競馬最強の法則」日刊コンピ研究チーム

年刊本として日刊コンピ最新馬券術アンソロジーを編集刊行（いずれもＫＫベストセラーズ）。2008年『史上最強！日刊コンピ攻略大全』、09年『日刊コンピ大頭脳』、10年『日刊コンピ奇跡の法』､11年『日刊コンピの金賞』､12年『日刊コンピ大宝典』､13年『日刊コンピ王！』､14年『進撃！日刊コンピ王』､15年『一獲千金！日刊コンピ王』､16年『爆万！日刊コンピ王』、17年『神ってるぜ！日刊コンピ王』。他に『日刊コンピ１位の気になる真相！』（競馬ベスト新書）、『日刊コンピ　ハイパーサーチ』、『日刊コンピ ブロックバスター』『日刊コンピ１位の解体新書』『日刊コンピ ハイパー万券サーチ』。

日刊《にっかん》コンピ王《おう》2018 コンピの事典《じてん》

2018年2月5日　初版第一刷発行

著者◎「競馬《けいば》最強《さいきょう》の法則《ほうそく》」日刊《にっかん》コンピ研究《けんきゅう》チーム

発行者◎栗原武夫
発行所◎ＫＫベストセラーズ
〒170 − 8457　東京都豊島区南大塚２丁目29番７号
電話　03 − 5976 − 9121（代表）

印刷◎錦明印刷
製本◎フォーネット社

© Keiba Saikyou no Housoku Nikkan Compi Kenkyu Team ,Printed in Japan,2018
ISBN978 − 4 − 584 − 13841 − 0　C 0075

定価はカバーに表示してあります。乱丁・落丁本がございましたらお取り換えいたします。本書の内容の一部あるいは全部を複製・複写（コピー）することは、法律で認められた場合を除き、著作権及び出版権の侵害になりますので、その場合はあらかじめ小社あてに許諾を求めてください。

日刊コンピ
1位の解体新書

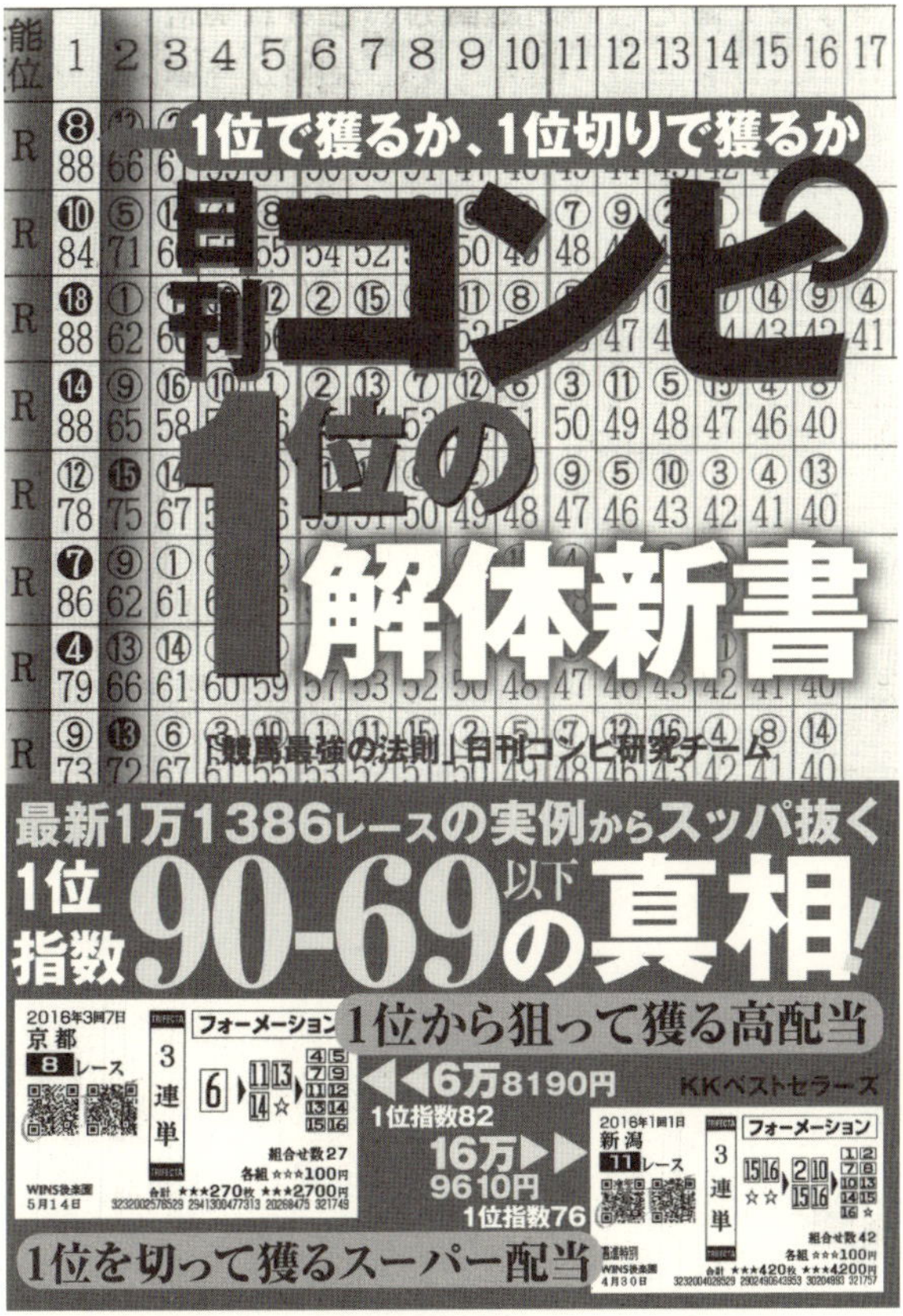

「競馬最強の法則」日刊コンピ研究チーム

定価:本体1574円＋税　　Ｂ６版並製

１位で獲るか、１位切りで獲るか——。

日刊コンピ１位90〜69以下の指数別勝率、回収率を完全公開。

併せて１位馬と組み合わせる順位、

１位馬が飛んで穴馬券になるケースなども徹底研究。

日刊コンピ
ハイパー万券サーチ

「競馬最強の法則」日刊コンピ研究チーム

定価:本体1574円+税　　Ｂ６版並製

最新データで甦る飯田ハイパーのレガシー。

一発ＫＯ！のヘビー級からフライ級まで

配当別コンピ順位をズバリ！